Datenschutz einfach umsetzen

Der Praxisratgeber zur DSGVO für Selbstständige und kleine Unternehmen

Michael Rohrlich

Akademische Arbeitsgemeinschaft | Mannheim

Postfach 10 01 61 · 68001 Mannheim
Telefon 0621/8626262
Telefax 0621/8626263
www.akademische.de

1. Auflage

Stand: Januar 2023

Zum Zwecke der besseren Lesbarkeit verwenden wir allgemein die grammatisch männliche Form. Selbstverständlich meinen wir aber bei Personenbezeichnungen immer alle Menschen unabhängig von ihrer jeweiligen geschlechtlichen Identität.

Redaktion: Dr. Torsten Hahn, Benedikt Naglik, Annette Winkler

Geschäftsführer: Christoph Schmidt, Stefan Wahle

Layout und Umschlaggestaltung: futurweiss kommunikationen, Wiesbaden

Bildquelle: ©lassedesignen – stock.adobe.com

Printed in Poland

ISBN 978-3-96533-286-7

Vorwort

Mit dem Thema Datenschutz müssen sich alle Unternehmen auseinandersetzen, vom Solo-Selbstständigen über kleine und mittlere Betriebe bis zum Großunternehmen.

Und trotzdem ist Datenschutz und vor allem die EU-Datenschutzgrundverordnung (DSGVO) auch im sechsten Jahr ihrer Anwendbarkeit für viele noch ein rotes Tuch. Denn aus Unternehmenssicht hat dieses Gesetz eine Vielzahl von neuen Dokumentationspflichten sowie bürokratischer Hürden mit sich gebracht. Außerdem sieht sich der Datenschutz häufig dem Ruf ausgesetzt, ein »Verhinderer« von innovativen Technologien zu sein.

Datenschutz sollte jedoch nicht nur als unausweichliche Pflicht im Betriebsalltag sondern auch als Chance eines jeden Unternehmers verstanden werden!

Ihre Kunden, Mitarbeiter und Vertragspartner müssen darauf vertrauen können, dass die zur Verfügung gestellten personenbezogenen Daten bei Ihnen in guten Händen und geschützt sind. Nur so ist ein erfolgreiches Miteinander gewährleistet. Die Umsetzung der Datenschutzvorgaben im eigenen Betrieb schützt auf der einen Seite vor kostspieligen Fehlern - umgekehrt werden aber auch die Daten des eigenen Betriebs geschützt.

Im Bereich Datenschutzrecht gibt es seit Einführung der DSGVO immer wieder Neuerungen, etwa durch neue Gesetze oder Gerichtsentscheidungen.

Der Inhalt dieses Ratgebers erfasst die Rechtslage bis einschließlich Januar 2023. Sie sollten sich regelmäßig über zukünftige Entwicklungen informieren.

In diesem Ratgeber finden Sie einen fundierten Überblick über die verschiedenen Pflichten, welche die DSGVO Ihnen als Unternehmer auferlegt. Praxistipps, Checklisten, Musterformulierungen und weiter Arbeitshilfen, die wir Ihnen auch als Download zur Verfügung stellen, unterstützen Sie, das Thema Datenschutz im eigenen Unternehmen erfolgreich anzugehen.

Rechtsanwalt Michael Rohrlich, Würselen

Alle **Checklisten, Muster und Musterformulierungen** stehen Ihnen auch als Download im Servicebereich des Ratgebers im Internet zur Verfügung.

Hier finden Sie auch alle **weiterführenden Links**.

Der Link zum Servicebereich befindet sich am Ende des Praxisratgebers.

Inhalt

1 Erster Überblick: Worum geht es?

1.1 Weshalb der Datenschutz für Sie wichtig ist

Was ist eigentlich Datenschutz? Warum geht mich Datenschutz als Selbstständiger oder kleines Unternehmen überhaupt etwas an? Müssen sich um Datenschutz nicht nur die großen Unternehmen wie Siemens, Google & Co. kümmern?!

Solche oder ähnliche Fragen werden immer wieder gestellt, wenn es um das Thema Datenschutzrecht geht. Und tatsächlich ist es so, dass das zentrale Gesetz, die **EU-Datenschutzgrundverordnung (DSGVO),** ursprünglich dazu gedacht war, große internationale Unternehmen und deren Umgang mit den persönlichen Daten ihrer Kunden bzw. Nutzer zu regulieren. Sowohl Personen, deren Daten verarbeitet werden, als auch die zuständigen Datenschutzaufsichtsbehörden sollten durch die DSGVO gesetzlich verankerte Möglichkeiten bekommen, um sich gegen rechtswidrige Datenverarbeitung zur Wehr zu setzen und die Entscheidungsbefugnis über ihre persönlichen Daten zu behalten und zu verteidigen.

Und doch ist das Thema Schutz von personenbezogenen Daten auch für Solo-Selbstständige sowie kleine und mittlere Unternehmen immens wichtig. Zum einen, weil es ganz klare gesetzliche Pflichten gibt, die bei Verstößen Sanktionen nach sich ziehen können. Sie können also sich und Ihr Unternehmen vor kostspieligen Fehlern bewahren. Zum anderen können Sie durch eine gute Datenschutzorganisation in Ihrem Unternehmen sehr viel für die Sicherheit Ihrer Daten tun, sodass beispielsweise auch Geschäftsgeheimnisse besser geschützt werden. Und nicht zu vergessen: Mit der Umsetzung von Datenschutzmaßnahmen sollten Sie offensiv umgehen, indem Sie diese z.B. im Rahmen von Kundengesprächen hervorheben. Das ist umso wichtiger, wenn Sie Produkte oder Dienstleistungen anbieten, die ein gewisses Vertrauensverhältnis zwischen Ihnen und Ihren Kunden voraussetzen (z.B. bei Steuerberatern und Unternehmensberatern, bei Anbietern von Coachings, aber auch bei einem Piercing- oder Tattoo-Studio).

1.2 Ziel und Zielgruppe des Ratgebers

Dieser Ratgeber wendet sich nicht nur, aber insbesondere an **kleinere Betriebe, Freiberufler** und **Einzelunternehmer.** Denn im Unterschied zu mittleren oder großen Unternehmen gibt es bei kleineren Unternehmen oder Solo-Selbstständigen in aller Regel keine eigene Rechts-, Datenschutz- oder Compliance-Abteilung, die sich mit den Themen Datenschutz und IT-Sicherheit befasst. Die gesetzlichen Regelungen in diesen Bereichen gelten aber grundsätzlich für alle gleichermaßen, sodass deren Umsetzung zu den Hauptaufgaben des Selbstständigen, des Inhabers bzw. des Geschäftsführers gehört. Bei nur wenigen oder gar keinen Angestellten kommt oft niemand infrage, der offiziell als Datenschutzbeauftragter benannt oder zumindest in diesem Bereich weitergebildet werden kann. Zudem fehlt häufig das Budget, um auf externes Know-how zurückzugreifen.

Wie dem auch sei – die gesetzlichen Verpflichtungen bleiben und müssen umgesetzt werden. Es ist nachvollziehbar, wenn die immens gestiegenen Dokumentationspflichten als lästig und als weitere bürokratische Hürde empfunden werden. Aber hier ist es im Grunde genauso wie mit der Steuererklärung – auch diese ist lästig, muss aber erledigt werden. Es gehört zu den unternehmerischen Pflichten, sich an Recht und Gesetz zu halten. Drohen bei Nichtabgabe einer Steuererklärung Nachzahlungen oder Steuerprüfungen, so droht im Bereich des Datenschutzes gleich von mehreren Seiten Ungemach. Die zuständige Datenschutzaufsichtsbehörde kann prüfen und ggf. Sanktionen erlassen, u.a. auch eine Geldbuße verhängen. Mitbewerber oder Verbraucherinstitutionen können abmahnen und Personen, deren Daten verarbeitet werden, können unter Umständen Schadensersatz bzw. Schmerzensgeld fordern. Die Beachtung und Umsetzung der datenschutzrechtlichen Vorgaben ist insofern zugleich die Erfüllung der Verpflichtung, dem eigenen Unternehmen keinen Schaden zuzufügen. Das gilt umso mehr, wenn das Unternehmen bei Kleinbetrieben und Selbstständigen häufig deckungsgleich mit dem Gründer und Eigentümer ist.

Daher ist es Ziel dieses Ratgebers, Ihnen als selbstständigem Unternehmer das erforderliche Grundwissen im Datenschutz zu vermitteln und Ihnen zugleich **praktische Hilfestellungen und Anleitungen** in Form von Checklisten, Mustern, Vorlagen an die Hand zu geben, die Ihnen die Umsetzung des Datenschutzes in Ihrem Unternehmen erleichtern. Auch unterstützt Sie der Ratgeber mit zahlreichen Verweisen auf Quellen mit weiterführenden Informationen bzw. Materialien – so haben Sie alle notwendigen Ansprechpartner, Anlaufstellen und Tools auf einen Blick zur Verfügung.

Mithilfe dieses Ratgebers erhalten Sie den passenden »Werkzeugkasten«, um im Dschungel des Datenschutzrechts nicht die Orientierung zu verlieren und sich weitgehend selbst »hindurchzukämpfen«. Es gibt sicherlich ein paar Aspekte, die Sie nicht ganz alleine bewältigen können. Aber auch hier erhalten Sie das notwendige Fachwissen, um sich qualifizierte Hilfe zu holen und dann gemeinsam eine passende Lösung zu finden.

1.3 Die Datenschutzgrundverordnung gilt für alle

Nach Maßgabe der im Mai 2016 in Kraft getretenen und 2018 wirksam gewordenen DSGVO müssen **alle Unternehmen, Behörden und Vereine in der Europäischen Union** das Datenschutzrecht beachten. Das bedeutet, sie müssen sich um den sicheren Umgang mit den Daten ihrer Kunden, ihrer Vertragspartner und auch ihrer Mitarbeiter kümmern.

Ziel ist der Schutz von natürlichen Personen bei der Verarbeitung ihrer personenbezogenen Daten in allen Mitgliedstaaten der EU.

Daten von juristischen Personen, also etwa einer GmbH oder einer AG, sind hingegen ausgenommen.

Die Vorgaben der DSGVO gelten nach einer zweijährigen Übergangsphase seit dem 25.5.2018 grundsätzlich für alle gleich, vom Selbstständigen bzw. Einzelunternehmer über mittelständische Betriebe bis hin zu internationalen Großkonzernen. Nur an wenigen Stellen im Gesetz sind Ausnahmen für kleinere Betriebe vorgesehen.

Es kommt also nicht darauf an, wie viele Mitarbeiter Sie haben, in welcher Branche Sie tätig sind, wie Ihre Umsatzzahlen aussehen oder in welcher Unternehmensform Sie organisiert sind. An die Vorschriften der DSGVO müssen sich alle halten, die von Kunden, Mitarbeitern, Vertragspartnern, Bürgern oder Mitgliedern personenbezogene Daten verarbeiten, also erheben, speichern, ordnen, nutzen bzw. auswerten, übermitteln oder löschen.

Erfasst wird somit jeder Selbstständige und jedes Unternehmen mit Kunden und/oder Mitarbeitern.

DSGVO gilt vor nationalem Recht

Die DSGVO regelt den Bereich Datenschutz und geht nationalen Vorschriften, wie etwa dem deutschen Bundesdatenschutzgesetz (BDSG), vor. In speziellen Bereichen und Branchen wird die DSGVO teilweise durch Spezialgesetze ergänzt.

Beispiele:

- Online-Bereich: Telekommunikations-Telemedien-Datenschutz-Gesetz (TTDSG)
- Bereich der Sozialhilfe etc.: Sozialgesetzbücher
- Medizinischer Bereich: u.a. Transplantationsgesetz (TPG)
- Bereich des Steuerrechts: Steuerberatergesetz (StBG)
- Bereich des Arbeitsrechts: Betriebsverfassungsgesetz (BetrVG)

1.4 Weshalb die Relevanz des Datenschutzes steigt

Obwohl die DSGVO bereits seit Mai 2018 in Kraft ist, fällt auf, dass der Datenschutz immer häufiger in den Medien präsent ist und mehr darüber diskutiert wird. Es gibt verschiedene Gründe, weshalb die Relevanz des Datenschutzes gestiegen ist.

Erhöhter Druck durch das Accountability-Prinzip (Nachweisprinzip)

Ein Grund für die zunehmende Relevanz und Wichtigkeit des Datenschutzes ist das mit der DSGVO neu eingeführte sogenannte **Accountability-Prinzip (Nachweisprinzip).** Aufgrund dieses Nachweisprinzips muss Ihnen ein etwaiger Datenschutzverstoß nicht mehr von der Aufsichtsbehörde nachgewiesen werden – vielmehr ist es an Ihnen zu belegen, dass Sie rechtskonform handeln. Dies kommt fast schon einer Beweislastumkehr gleich und hat in der Praxis gravierende Auswirkungen.

Achtung: Es reicht nicht mehr aus, sich datenschutzkonform zu verhalten. Im Zweifel müssen Sie es auch nachweisen können.

Und das wiederum führt zu einem nicht zu unterschätzenden Dokumentationsaufwand. Das mag lästig oder gar überflüssig erscheinen, ist aber nun einmal leider unbedingt notwendig, um Sanktionen zu vermeiden.

Durch Corona hat der Datenschutz an Bedeutung gewonnen

Nicht nur, aber gerade auch aufgrund der Corona-Pandemie hat der Datenschutz mehr und mehr an Bedeutung gewonnen. Viele Unternehmer mit Ladenlokal bieten seit der Pandemie und den verschiedenen Lockdowns verstärkt **Online-Vertrieb, »Click & Collect«**

oder **Lieferservice** an – und behalten dieses Standbein auch ohne Corona-Beschränkungen bei. Aber egal, ob Ihre Kunden die nächste Übergangsjacke, ein Schnitzel oder Bücher online bzw. telefonisch ordern – in jedem Fall müssen Sie als Unternehmer spezielle datenschutzrechtliche Pflichten beachten.

Und auch das Home-Office ist für viele zur Gewohnheit und zu einer nicht mehr wegzudenkenden Arbeitsform geworden. Wenn Ihre Angestellten aber mehr im **Home-Office** arbeiten, hat dies nicht nur arbeits-, sondern vor allem auch datenschutzrechtliche Auswirkungen. Denn der Arbeitnehmer verarbeitet dann die Daten der Kunden, Mitarbeiter oder Vertragspartner des Unternehmens nicht mehr in der geschützten Büro-Umgebung, sondern in seinen Privaträumlichkeiten. Dort ist in der Regel kein allzu hohes IT-Sicherheitsniveau vorhanden. Zudem halten sich im Home-Office, also zu Hause, auch andere Familienmitglieder auf.

2 Diese Grundlagen des Datenschutzes müssen Sie kennen

2.1 Anwendbarkeit des Datenschutzrechts

Die DSGVO sieht vor, dass ihre Vorschriften zum Schutz natürlicher Personen bei der Verarbeitung personenbezogener Daten und zum freien Verkehr solcher Daten dienen. Es geht also um **Daten von Menschen,** hingegen werden Daten von Unternehmen genauso wie reine Maschinen- oder Statistikdaten ohne jeden Personenbezug nicht erfasst.

2.1.1 Welche Daten werden von der DSGVO geschützt?

Gemäß Art. 2 Abs. 1 DSGVO gilt die Verordnung

- für die ganz oder teilweise automatisierte Verarbeitung personenbezogener Daten sowie
- für die nicht automatisierte Verarbeitung personenbezogener Daten, die in einem Dateisystem gespeichert sind oder dort gespeichert werden sollen.

In Zeiten immer stärker voranschreitender Digitalisierung geht es in erster Linie um die automatisierte Datenverarbeitung, die mithilfe von Computertechnik im weitesten Sinne erfolgt – unabhängig davon, ob dies mittels Computer, Tablet, Smartphone oder anderen technischen Datenverarbeitungsgeräten geschieht. Außerdem werden auch solche Datenverarbeitungen von der DSGVO erfasst, bei denen Daten zwar nicht automatisiert verarbeitet werden, aber in einem Dateisystem gespeichert werden bzw. werden sollen. Der Begriff »**Dateisystem**« umfasst nicht, wie man vielleicht denken könnte, eine elektronische Datenstruktur in Form von Dateien und Ordnern auf einem Computer. Ein Dateisystem im Sinne der DSGVO meint auch Daten in herkömmlicher Weise, zumeist also in Papierform, die in bestimmter Art und Weise angeordnet sind. Soweit diese Daten, egal ob handschriftlich oder als Computerausdruck, mithilfe von zumindest zwei Kriterien geordnet werden, gilt dies bereits als Dateisystem.

Die DSGVO-Vorschriften gelten beispielsweise auch

- bei Papier-Rechnungen, die chronologisch und nach Absendern sortiert in Aktenordnern abgeheftet sind oder
- bei Visitenkarten, die nach Namen und Unternehmen geordnet werden.

Es gibt auch Ausnahmen

Datenverarbeitungen, die den Bereich der EU-Außen- und Sicherheitspolitik betreffen oder solche, die außerhalb des EU-Rechts angesiedelt sind, unterfallen ebenso wenig der DSGVO wie Verarbeitungstätigkeiten der Strafverfolgungs- und Ordnungsbehörden.

Praktisch bedeutsamer als diese Ausnahmen ist jedoch das sogenannte **Haushaltsprivileg.** Wer für rein private Zwecke etwa eine Geburtstagsliste führt, der fällt nicht in den Anwendungsbereich der DSGVO. Wird diese Geburtstagsliste allerdings online offen, z.B. in den sozialen Medien, geführt, greift das Haushaltsprivileg nicht. Denn die konkrete Datenverarbeitung muss nicht nur privaten Zwecken dienen, sondern auch mit privaten Mitteln erfolgen. Wer die Geburtstagsliste also online bereitstellt, sodass sie nicht nur für einen eng begrenzten Personenkreis wie z.B. Familienangehörige, sondern für jedermann frei zugänglich ist, verlässt den rein privaten Bereich und muss sich an alle datenschutzrechtlichen Vorschriften halten.

Die DSGVO findet bei nahezu allen Datenverarbeitungen Anwendung, die mit der Kerntätigkeit von Unternehmen, Behörden und Vereinen zu tun haben. Insgesamt ist der Anwendungsbereich der DSGVO sehr weit gefasst. In Zweifelsfällen sollten deren Vorgaben also befolgt werden.

2.1.2 Wo gilt die DSGVO überall?

Auch der räumliche Anwendungsbereich der DSVGO ist sehr weit gezogen. Sie findet Anwendung, wenn die verantwortliche Stelle und/oder die betroffene Person ihren Sitz in der Europäischen Union haben.

Es werden somit alle Unternehmen, Behörden und Vereine mit Sitz in der EU erfasst. Zusätzlich gilt die DSGVO beispielsweise auch noch für Unternehmen aus China, Indien, Russland oder den USA, sofern sie Daten von in der EU ansässigen Personen verarbeiten oder diese beobachten. Letzteres kann schon dadurch erfüllt sein, dass auf einer Internetseite eine Analysesoftware, wie z.B. Google Analytics, Matomo oder Etracker, eingesetzt wird. Auch solche Unternehmen, die gegenüber EU-Bürgern Waren bzw. Dienstleistungen anbieten, die an europäischen Konzernen beteiligt sind oder die Mitarbeiter aus EU-Staaten beschäftigen, haben sich an die DSGVO zu halten.

Auch hier gilt die Faustregel: Im Zweifel muss die DSGVO beachtet werden.

2.2 Die zentralen Begriffe müssen Sie kennen

Leider lässt sich das Datenschutzrecht nicht verstehen und folglich auch nicht korrekt in die Praxis umsetzen, ohne die zentralen Begriffe zu kennen. Auch wenn manches ziemlich theoretisch klingt, führt an diesen Begriffen kein Weg vorbei.

2.2.1 Von zentraler Bedeutung: »personenbezogene Daten« und »betroffene Person«

»Personenbezogene Daten« – das ist der zentrale Begriff im Datenschutzrecht.

Personenbezogene Daten sind definiert als Informationen, die sich auf eine identifizierte oder identifizierbare natürliche Person (den sog. »Betroffenen«) beziehen. Bei dem Betroffenen (oder auch der »betroffenen Person«) handelt es sich um den Menschen, dessen Daten verarbeitet werden.

Der Begriff der personenbezogenen Daten soll nach dem Willen des Gesetzgebers sehr weit zu verstehen sein. Nur reine Unternehmensdaten, wie etwa Bilanzen oder auch Maschinendaten ohne jeglichen Bezug zu einem Menschen, sind davon ausgeschlossen.

Über den Familiennamen wird eine Person beispielsweise problemlos identifiziert. Schwieriger ist die Einordnung der Formulierung »identifizierbar«. Identifizierbar ist eine natürliche Person dann, wenn sie direkt oder indirekt identifiziert werden kann. Die Identifizierung kann dabei mittels Zuordnung zu einer Kennung erfolgen, die Ausdruck der physischen, physiologischen, genetischen, psychischen, wirtschaftlichen, kulturellen oder sozialen Identität dieser Person ist. An diesen Merkmalen wird schnell deutlich, wie weitreichend das Verständnis von personenbezogenen Daten in der DSGVO ist.

Kundennummern werden in einem Unternehmen mittels eines internen Zahlencodes erstellt. Mithilfe interner Systeme des Unternehmens können diese Zahlencodes einzelnen Kunden, also konkreten Menschen, zugeordnet werden. Somit handelt es sich bei den Zahlencodes um personenbezogene Daten einer identifizierbaren Person.

Wenn Sie sich nicht sicher sind, sollten Sie in Ihrem beruflichen Alltag im Zweifel davon ausgehen, dass Sie es mit personenbezogenen Daten zu tun haben.

Um den Begriff mit etwas mehr Leben zu füllen, hier einige Beispiele typischer Kategorien von Daten mit Personenbezug:

Persönliche Daten	Name, Anschrift, Geburtsdatum
Kontaktdaten	Telefonnummer, Faxnummer, E-Mail-Adresse
Finanzdaten	Bankverbindung, Gehaltsabrechnung
Allgemeine äußere Merkmale	Größe, Gewicht, Haar- oder Augenfarbe
Biometrische Daten	Fingerabdruck, Iris-Scan, DNA-Probe
Fotos/Videos	Digital-Aufnahmen mit erkennbarer Darstellung von Personen
Gesundheitsdaten	Krankmeldung, Diagnose, Überweisung, Rezept
Kfz-Kennzeichen	
IP-Adressen	Kombination aus Zahlen bzw. Buchstaben, »Anschrift« eines Endgeräts, z.B. eines Laptops, in einem Netzwerk

Am Beispiel des Kfz-Kennzeichens wird deutlich, wie weit der Begriff der personenbezogenen Daten zu verstehen ist. Wenn ein fremdes Auto an Ihnen vorbeifährt, können Sie normalerweise nicht anhand des Nummernschilds auf den Halter schließen. Allerdings ist dies mithilfe der Zulassungsbehörde möglich, was für den Personenbezug im Sinne der DSGVO ausreicht. Aber natürlich kommt es immer auf den Kontext an: Wenn Sie nur ein Geburtsdatum vorliegen haben, werden Sie dadurch noch keinen Bezug zu einer bestimmten Person herstellen können. Wenn jetzt aber noch ein Nachname oder vielleicht der Hinweis, dass es sich um einen Bekannten von Ihnen handelt, hinzukommt, ist die Identifizierung der betreffenden Person schon naheliegender. Prinzipiell werden die in der Tabelle aufgeführten Datenkategorien als solche mit Personenbezug eingestuft.

Wichtig: Es spielt keine Rolle, ob die Daten auf einem Computer elektronisch gespeichert oder in Papierform in Ordnern oder Karteikästen abgelegt sind. Den Datenschutz müssen Sie in jedem Fall beachten.

Besonders sensible Daten

Neben »normalen« personenbezogenen Daten gibt es auch noch »besondere« Datenkategorien, die der Gesetzgeber als besonders sensibel ansieht (Art. 9 Abs. 1 DSGVO). Hierunter fallen:

- rassische und ethnische Herkunft
- politische Meinungen
- religiöse oder weltanschauliche Überzeugungen
- Gewerkschaftszugehörigkeit
- genetische Daten
- biometrische Daten
- Gesundheitsdaten
- Daten zum Sexualleben bzw. zur sexuellen Orientierung

Diese Datenarten dürfen nur unter bestimmten, engen Voraussetzungen verarbeitet werden, etwa im Rahmen der Personalakte (z.B. die Angabe der Religion zur Abfuhr von Kirchensteuer) oder von einem Arzt bei der Behandlung.

Eine weitere Kategorie von sensiblen Daten wird in Art. 10 DSGVO genannt. Dabei handelt es sich um personenbezogene Daten über strafrechtliche Verurteilungen und Straftaten oder damit zusammenhängende Sicherungsmaßnahmen. Solche dürfen nur unter behördlicher Aufsicht verarbeitet werden oder dann, wenn es ausnahmsweise per Gesetz ausdrücklich zugelassen ist.

Dies ist im Unternehmen beispielsweise der Fall, wenn Sie als Arbeitgeber von Bewerbern ein Führungszeugnis verlangen. Im Regelfall ist dies nicht zulässig, in manchen Fällen aber verpflichtend, z.B. wenn es um den Job als Kundenberater in einer Bank oder um die Arbeit mit Kindern geht.

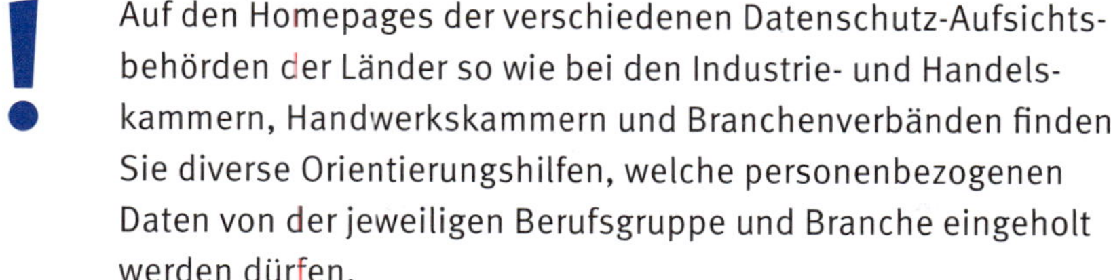

Auf den Homepages der verschiedenen Datenschutz-Aufsichtsbehörden der Länder so wie bei den Industrie- und Handelskammern, Handwerkskammern und Branchenverbänden finden Sie diverse Orientierungshilfen, welche personenbezogenen Daten von der jeweiligen Berufsgruppe und Branche eingeholt werden dürfen.

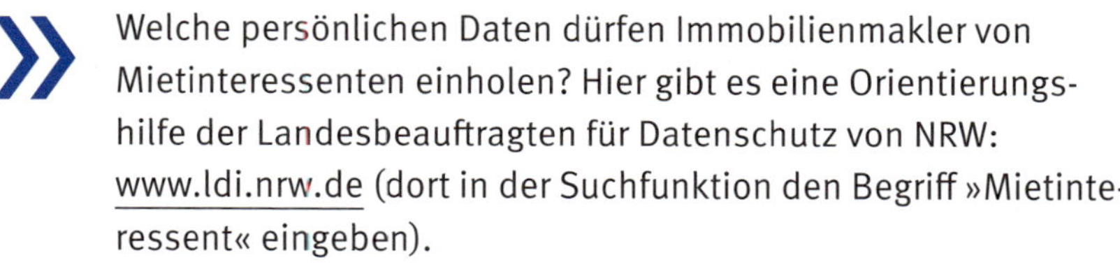

Welche persönlichen Daten dürfen Immobilienmakler von Mietinteressenten einholen? Hier gibt es eine Orientierungshilfe der Landesbeauftragten für Datenschutz von NRW: www.ldi.nrw.de (dort in der Suchfunktion den Begriff »Mietinteressent« eingeben).

2.2.2 Die »verantwortliche Stelle« sind Sie!

Wer muss nun eigentlich das Datenschutzrecht beachten? Die DSGVO nennt denjenigen »**Verantwortlichen**«, in diesem Ratgeber auch als »verantwortliche Stelle« bezeichnet. Hierbei handelt es sich um eine natürliche oder juristische Person, Behörde, Einrichtung oder andere Stelle, die allein oder gemeinsam mit anderen über die Zwecke und Mittel der Verarbeitung von personenbezogenen Daten entscheidet.

Neben Behörden und Vereinen sind damit folglich auch alle Unternehmen gemeint: vom Solo-Selbstständigen über den unternehmerischen Mittelstand bis hin zum Großkonzern – also auch Sie als selbstständiger Unternehmer.

2.2.3 Die »Verarbeitung« von Daten steht im Mittelpunkt

Bei welchen Datenverarbeitungen sind die Vorgaben der DSGVO nun zu beachten? Das Gesetz spricht von einer Verarbeitung bei jedem mit oder ohne Hilfe automatisierter Verfahren ausgeführten Vorgang im Zusammenhang mit personenbezogenen Daten. Auch dies ist sehr weitgehend zu verstehen.

Im Grunde fällt jeder Einzelvorgang darunter, von der ersten **Erhebung** von Daten über das **Speichern, Organisieren, Auswerten** oder **Übertragen** bis hin zum **Löschen** bzw. **Vernichten.**

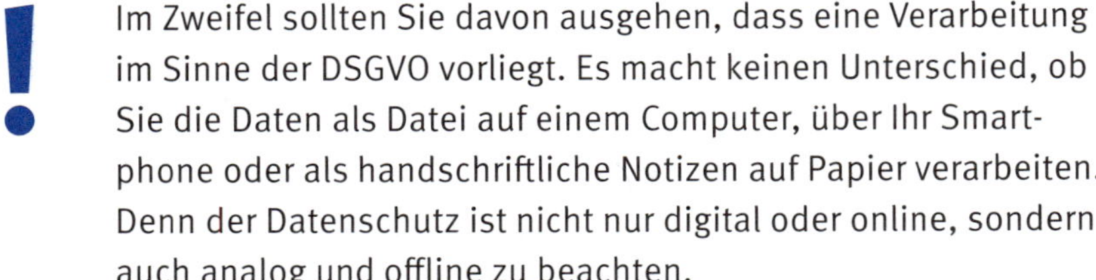

Im Zweifel sollten Sie davon ausgehen, dass eine Verarbeitung im Sinne der DSGVO vorliegt. Es macht keinen Unterschied, ob Sie die Daten als Datei auf einem Computer, über Ihr Smartphone oder als handschriftliche Notizen auf Papier verarbeiten. Denn der Datenschutz ist nicht nur digital oder online, sondern auch analog und offline zu beachten.

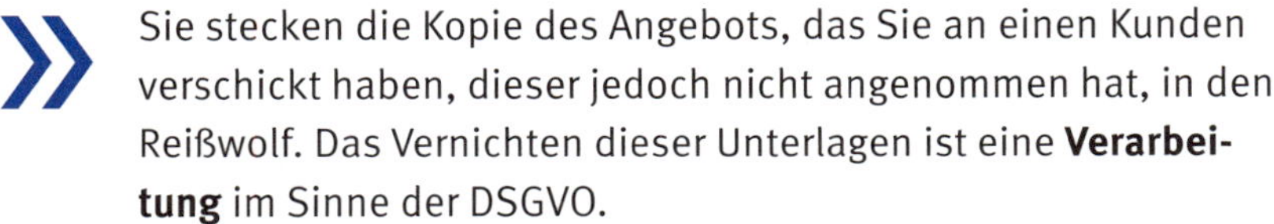

Sie stecken die Kopie des Angebots, das Sie an einen Kunden verschickt haben, dieser jedoch nicht angenommen hat, in den Reißwolf. Das Vernichten dieser Unterlagen ist eine **Verarbeitung** im Sinne der DSGVO.

2.3 Diese Regeln müssen Sie einhalten

Neben den nötigen Grundbegriffen ist es entscheidend, dass Sie auch die grundlegenden Regeln im Datenschutzrecht kennen. Das ist nicht bloße Theorie, sondern führt zum besseren Verständnis und dadurch zur erleichterten Umsetzung im Alltag.

2.3.1 Der Rechtmäßigkeitsgrundsatz: ein Verbot unter Vorbehalt

Die wichtigste Regel ist das Rechtmäßigkeitsprinzip. Juristisch handelt es sich hier um ein »Verbot mit Erlaubnisvorbehalt«. Das bedeutet: Jede Verarbeitung personenbezogener Daten ist grundsätzlich untersagt, soweit keine Ausnahme vorliegt. Dies ist ein sehr restriktiver Ansatz, verdeutlicht aber einmal mehr den Stellenwert des Datenschutzrechts. Das Berufsleben wäre aber in der heutigen Form so nicht denkbar, wenn es nicht diverse Ausnahmen gäbe, die eine Verarbeitung von personenbezogenen Daten doch zulassen.

Diese Ausnahmen lassen sich in drei Kategorien einteilen:

- Einwilligung
- berechtigte Interessen
- gesetzlicher Ausnahmetatbestand

Eine dieser drei Varianten **muss zwingend vorliegen,** andernfalls ist die Datenverarbeitung schlicht unzulässig Das bedeutet: Sie dürfen die betreffende Verarbeitung von personenbezogenen Daten keinesfalls vornehmen, wenn Sie nicht gegen das Datenschutzrecht verstoßen wollen (→ Kapitel 3 »Rechtsgrundlagen«).

Ein Handwerker muss die Anschrift von Kunden speichern, um vor Ort den Auftrag ausführen oder um ihnen seine Rechnungen zusenden zu können. Auch muss er die E-Mail-Adresse von potenziellen Kunden speichern, um diesen ein Angebot oder einen Kostenvoranschlag übersenden zu können. In diesen Fällen ist keine gesonderte Einwilligung erforderlich, da er sich auf einen **gesetzlichen Ausnahmetatbestand** berufen kann (»zur Vertragserfüllung erforderlich«).

Wenn der Handwerker aber einen offen einsehbaren Kalender mit den Geburtstagen aller Mitarbeiter aushängt oder ins Intranet stellt, müssen dafür die Einwilligungen aller betroffenen Mitarbeiter eingeholt werden, da hierfür keine der anderen möglichen Rechtsgrundlagen existiert.

2.3.2 Der Zweckbindungsgrundsatz: Verwendung für einen eindeutigen Zweck

Der Grundsatz der Zweckbindung besagt, dass personenbezogene Daten nur für **festgelegte, eindeutige und legitime Zwecke** erhoben werden dürfen. Sie dürfen außerdem nicht in einer mit diesen Zwecken nicht zu vereinbarenden Weise weiterverarbeitet werden.

Die Daten, die ein Kunde angibt, um ein Angebot anzufordern, dürfen nur für die Angebotserstellung verwendet werden. Ohne zusätzliche Einwilligung ist die Nutzung dieser Daten für andere Zwecke, wie für Werbung, nicht erlaubt.

Andersherum betrachtet dürfen Sie auch nur die für die Erreichung des konkret angestrebten Zwecks erforderlichen Daten erheben. So ist für die Übersendung eines Angebots zwar die Anschrift des Kunden erforderlich, nicht aber sein Geburtsdatum.

2.3.3 Das Prinzip der Speicherbegrenzung: Nur so lange erforderlich!

Das Prinzip der Speicherbegrenzung besagt, dass personenbezogene Daten nur so lange in der Form gespeichert werden dürfen, die die Identifizierung der betroffenen Person möglich macht, wie es für die Zwecke, für die sie verarbeitet werden, erforderlich ist.

Wenn Sie also beispielsweise Waren an einen Kunden verkaufen, dieser die gewünschten Waren erhält und auch bezahlt, ist für Sie der Vorgang jedenfalls nach Ablauf der gesetzlichen Gewährleistungsfristen abgeschlossen. Im Grunde könnten Sie alle Daten im Zusammenhang mit diesem Kauf jetzt löschen – wenn da nicht die handels- bzw. steuerrechtlichen Aufbewahrungspflichten wären. Insofern dürfen Sie die Daten nicht nur entsprechend für sechs bzw. zehn Jahre aufbewahren – Sie müssen es sogar.

Fragen Sie sich also immer: Wie lange muss bzw. darf ich einzelne Daten aufheben? Dazu gibt es in verschiedenen Gesetzen, wie etwa im Handelsgesetzbuch (HGB) oder der Abgabenordnung (AO), konkrete Aufbewahrungspflichten. Im Internet finden sich einige Übersichten zu typischen Aufbewahrungsfristen. (Link »Aufbewahrungspflichten« im Servicebereich).

Der Speicherbegrenzungsgrundsatz führt letztlich dazu, dass Sie ein **Löschkonzept** haben müssen. In diesem werden für die unterschiedlichen Datenkategorien und Verarbeitungszwecke die jeweiligen Lösch- bzw. Aufbewahrungsfristen festgelegt. Sie müssen sich also Gedanken darüber machen, welche Daten Sie zu welchem Zweck wie lange aufbewahren müssen bzw. dürfen.

Muster

Es gibt leider kein allgemeingültiges, für alle Unternehmen und Branchen einsetzbares Löschkonzept. Aber ein guter Ansatz kann wie folgt aussehen:

Verarbeitungszweck	**Personalaktenführung**	**Kundendaten**	**(weitere Verarbeitungen)**
Beschreibung	Nutzung von Daten für lfd. Verarbeitungsvorgänge	Nutzung von Daten für lfd. Kundenbeziehungen	...
Aufbewahrungs**pflicht**	bis zum Vertrags-/ Nutzungsende	max. 10 Jahre nach Vertragsende	...
Aufbewahrungs**recht**	–	für die Dauer von evtl. Garantieleistungen	...
Rechtsgrundlage	§ 26 BDSG	Art. 6 Abs. 1 lit. b) DSGVO	...
Löschanspruch (Art. 17 DSGV)?	*[zu prüfen, wenn Betroffener einen Löschanspruch geltend macht]*	*[zu prüfen, wenn Betroffener einen Löschanspruch geltend macht]*	...
Löschnachweis	Aktennotiz von Lösch-Verantwortlichem	aus Dokumenten-Management-System	...
Verantwortliche Person für die Löschung	Max Mustermann	Marion Mustermann	...

2.3.4 Unbedingt beachten: Das Prinzip der Integrität und Vertraulichkeit

Personenbezogene Daten müssen in einer Weise verarbeitet werden, die durch geeignete technische und organisatorische Maßnahmen, sogenannte »TOMs«, eine angemessene Sicherheit gewährleistet (Art. 5 Abs. 1 lit. f DSGVO). Dadurch soll ein Schutz vor unbefugter oder unrechtmäßiger Verarbeitung, vor unbeabsichtigtem Verlust, vor unbeabsichtigter Zerstörung oder vor unbeabsichtigter Schädigung erzielt werden. Die Frage nach dem **angemessenen Schutzniveau** kann in einem Unternehmen bzw. bei einzelnen Verarbeitungsvorgängen unterschiedlich zu bewerten sein.

In der Personalabteilung liegen sehr sensible Daten im Sinne von Art. 9 Abs. 1 DSGVO (z.B. Daten zur Gesundheit oder zur Religion), sodass dort ein höheres Schutzniveau realisiert werden muss als in der Presseabteilung.

Sie müssen sich also Gedanken machen, durch welche TOMs Sie in Ihrem Unternehmen insgesamt und auch in den einzelnen Abteilungen einen Ihrem individuellen Risiko angemessenen Schutz personenbezogener Daten von Mitarbeitern, Freelancern, Kunden etc. erreichen können.

2.4 Diese Rechte stehen Betroffenen zu

Die DSGVO sieht für Betroffene verschiedene Rechte vor. Dies soll gewährleisten, dass die von einer Datenverarbeitung betroffenen Personen ausreichende Einflussmöglichkeit auf »ihre« Daten behalten.

Nach Maßgabe der DSGVO haben Betroffene insbesondere das Recht auf

- **Auskunft** über die von ihnen verarbeiteten Daten,
- **Widerspruch** gegen bestimmte Datenverarbeitungen,

- **Widerruf** einer erteilten Einwilligung,
- **Berichtigung** von falschen Daten,
- **Einschränkung** von bestimmten Verarbeitungen,
- **Datenübertragbarkeit,**
- **Sperrung** von Daten sowie auf
- **Löschung** der von ihnen verarbeiteten Daten.

Einige dieser Rechtspositionen gab es vor Inkrafttreten der DSGVO auch schon. Es sind aber auch neue Dinge hinzugekommen, die so vorher noch nicht existiert haben. Dazu zählt beispielsweise das Recht auf Datenübertragbarkeit (auch Datenportabilität genannt). Dadurch soll es Betroffenen möglich sein, die eigenen Daten von einer verantwortlichen Stelle zu einer anderen »umzuziehen«. Der Gesetzgeber hatte hier den sogenannten **»Locked-In-Effekt«** in sozialen Netzwerken im Auge.

Befürchten Nutzer, etwa beim Wechsel von Facebook zu LinkedIn, ihre bisherigen Inhalte, Kontakte etc. zu verlieren, so werden sie auf diese Weise dazu verleitet, beim alten Anbieter zu bleiben und nicht zu wechseln.

Das Recht auf Datenportabilität soll diesem Effekt entgegenwirken und es ermöglichen, dass jeder Nutzer die von ihm bereitgestellten Daten zu einem anderen Anbieter »mitnehmen« kann. Ob und wie das in der Praxis funktioniert, wird sich noch zeigen müssen. Denn das ist technisch durchaus anspruchsvoll.

Die verschiedenen Betroffenenrechte gelten – wie jede andere Rechtsposition auch – natürlich nicht grenzenlos. So finden sich in der DSGVO zum Teil konkrete Voraussetzungen, unter denen ein Betroffenenrecht geltend gemacht werden kann. Zudem können sie unter bestimmten Voraussetzungen auch vonseiten des nationalen Gesetzgebers eingeschränkt werden.

Art. 21 Abs. 1 DSGVO sieht vor, dass Betroffene nicht jeder Verarbeitung ihrer Daten widersprechen können, sondern nur solchen, die auf der Rechtsgrundlage »berechtigte Interessen« oder »Ausübung öffentlicher Gewalt« erfolgen. Zusätzlich müssen sich die Widerspruchsgründe auch aus einer besonderen Situation des Betroffenen ergeben.

§ 27 Abs. 2 BDSG sieht Einschränkungen der Betroffenenrechte vor, wenn es um Datenverarbeitungen zu wissenschaftlichen oder historischen Forschungs- bzw. Statistikzwecken geht.

2.5 Diese Pflichten haben Sie als Verantwortlicher

Den diversen Rechten der betroffenen Personen stehen verschiedene Pflichten aufseiten der datenverarbeitenden Stellen gegenüber. Zu diesen Pflichten zählen insbesondere:

- Bereitstellung von Regelungen im Hinblick auf Datenschutz und IT-Sicherheit
- Implementierung von internen Abläufen zur Sicherstellung der Umsetzung der DSGVO-Vorgaben
- Dokumentation von Datenverarbeitungsvorgängen
- Risikoanalyse in Bezug auf die Folgen der Datenverarbeitungen
- Bereitstellen von geeigneten technischen und organisatorischen Maßnahmen (TOMs)
- Bereitstellung von Pflichtinformationen, z.B. auf der Unternehmens-Website
- ggf. Benennung eines Datenschutzbeauftragten
- Beachtung der Grundsätze »Privacy by design« und »Privacy by default«

Bei den beiden letztgenannten Pflichten geht es um die datenschutzfreundliche Technikgestaltung bzw. Voreinstellung. Als verantwortliche Stelle müssen Sie also etwa bei neuen Verarbeitungstätigkeiten sowohl zum Planungszeitpunkt als auch im Rahmen der eigentlichen Verarbeitung geeignete TOMs einplanen bzw. umsetzen, um ein möglichst hohes Datenschutzniveau zu erreichen.

Hierfür kommen beispielsweise die **Anonymisierung** oder die **Verschlüsselung** von Daten in Betracht.

Dabei ist stets der Stand der Technik zu berücksichtigen, aber auch die Implementierungskosten sowie die Art, der Umfang, die Umstände und die Zwecke der Verarbeitung.

Außerdem muss auch die Eintrittswahrscheinlichkeit und die Schwere der mit der Datenverarbeitung verbundenen Risiken für die Rechte der betroffenen Personen beachtet werden.

Wenn Sie für Ihre Mitarbeiter ein neues digitales Zeiterfassungssystem anschaffen oder gar selbst entwickeln wollen, müssen Sie darauf achten, dass das neue System möglichst datenschutzfreundlich ist und auch Einstellungsmöglichkeiten in Bezug auf datenschutzrelevante Aspekte bietet. So sollte das System die Möglichkeit bieten, den Benutzern unterschiedliche Rechte einzuräumen, damit sichergestellt werden kann, dass nur ein eingeschränkter Personenkreis auf die Daten zugreifen kann und dass auch nicht jeder Nutzer den vollen Zugriff auf alle Daten bekommt.

»**Privacy by design**« meint also die Pflicht zur Berücksichtigung von möglichst datenschutzfreundlichen Techniken schon bei der Entwicklung von neuen Produkten, Dienstleistungen und Verfahren.

Dagegen zielt »**Privacy by default**« auf datenschutzfreundliche Voreinstellungen der Produkte, Dienstleistungen und Verfahren ab. Sie kennen das vielleicht bereits, wenn Sie eine neue Software auf Ihrem Computer oder eine neue App auf Ihrem Smartphone installieren: In manchen Fällen werden Sie gefragt, ob Sie der Übermittlung von »Daten zu Diagnose- und Optimierungszwecken« zustimmen wollen. In Vor-DSGVO-Zeiten war eine solche Funktion in aller Regel voreingestellt und als Nutzer musste man sie deaktivieren, wenn man damit nicht einverstanden war. Dank des »Privacy by default«-Grundsatzes muss es nun genau umgekehrt laufen: Eine solche Funktion darf zwar generell vorhanden, aber nicht vorausgewählt sein. Vielmehr muss jeder einzelne Nutzer sich aktiv dafür entscheiden, wenn er dies zulassen will. Wenn er damit nicht einverstanden ist bzw. sich gar nicht dazu äußert, muss die betreffende Funktion deaktiviert sein und es auch bleiben.

3 Rechtsgrundlagen – Wann ist Ihre Datenverarbeitung legal?

Der in der DSGVO verankerte Rechtmäßigkeitsgrundsatz besagt, dass die Verarbeitung personenbezogener Daten grundsätzlich verboten ist, außer es ist ausnahmsweise erlaubt. Fazit: Es muss für jede einzelne Datenverarbeitung eine Rechtsgrundlage bestehen. Die wichtigsten Rechtsgrundlagen führt Art. 6 DSGVO auf. Danach ist eine Verarbeitung von personenbezogenen Daten rechtmäßig, wenn

- die Verarbeitung für die **Erfüllung eines Vertrags** mit der betroffenen Person oder zur Durchführung **vorvertraglicher Maßnahmen** erforderlich ist;
- die Verarbeitung zur Erfüllung einer **rechtlichen Verpflichtung** erforderlich ist;
- die Verarbeitung erforderlich ist, um **lebenswichtige Interessen** der betroffenen oder einer anderen Person zu schützen;
- die Verarbeitung für die **Wahrnehmung einer Aufgabe** erforderlich ist, die im **öffentlichen Interesse** liegt oder in **Ausübung öffentlicher Gewalt** erfolgt;
- die Datenverarbeitung aufgrund **überwiegender berechtigter Interessen** des Verantwortlichen erfolgt oder wenn
- die betroffene Person **eingewilligt** hat.

Darüber hinaus existieren noch weitere, spezielle Rechtsgrundlagen für die **Verarbeitung von besonders sensiblen Daten** (insbesondere Art. 9 Abs. 2 DSGVO) oder auch für die **Verarbeitung von Beschäftigtendaten** (§ 26 BDSG).

3.1 Erfüllung eines Vertrages/Durchführung vorvertraglicher Maßnahmen

Zu Zwecken der Vertragserfüllung und auch schon in einem früheren Stadium, also bei Maßnahmen, die im Abschluss eines Vertrages münden könnten (aber nicht müssen), greift Art. 6 Abs. 1 lit. b) DSGVO.

Werden also beispielsweise bei einer Online-Bestellung vom Kunden dessen Name, Anschrift, E-Mail-Adresse und Zahldaten abgefragt, dann sind diese personenbezogenen Daten für den Online-Händler wichtig. Denn ohne diese Daten könnte er seinen Vertrag nicht erfüllen, d.h. die bestellte Ware nicht an den Kunden schicken. Daher benötigt der Händler hier weder eine separate Einwilligung des Kunden noch muss er sich auf seine berechtigten Interessen berufen. Das Gleiche gilt für die Bearbeitung einer Kundenanfrage bzw. der Übersendung eines Angebots.

Allerdings müssen in diesem Zusammenhang immer das **Prinzip der Datenminimierung** sowie der **Zweckbindungsgrundsatz** beachtet werden.

Will der Online-Händler zusätzlich auch noch die Telefonnummer, die Körpermaße oder das Alter des Kunden wissen, ist dies nicht mehr von der Rechtsgrundlage aus Art. 6 Abs. 1 lit. b) DSGVO gedeckt, denn diese Daten werden zur Vertragserfüllung nicht benötigt. Anders wäre die Situation nur dann, wenn der Händler die Telefonnummer zwingend zur Abstimmung eines Liefertermins oder für im Kundeninteresse liegende Rückfragen benötigt. Körpermaße von Kunden werden nur dann benötigt, wenn es z.B. um maßgeschneiderte Kleidung geht. Und das Alter seiner Kunden darf nur der Händler abfragen, der gesetzlich dazu verpflichtet ist, weil er z.B. Waren anbietet, die nur von Volljährigen erworben werden dürfen.

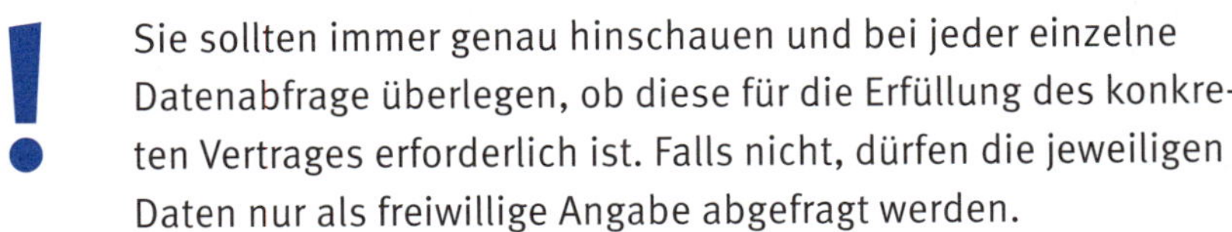

Sie sollten immer genau hinschauen und bei jeder einzelne Datenabfrage überlegen, ob diese für die Erfüllung des konkreten Vertrages erforderlich ist. Falls nicht, dürfen die jeweiligen Daten nur als freiwillige Angabe abgefragt werden.

Genauso, wie die Erhebung der Kundendaten durch den Online-Händler zur Vertragserfüllung erforderlich ist, so gilt dies im Einzelfall auch für die nachgelagerte Speicherung der Kundendaten oder für die Weitergabe der Daten an Dritte. Denn wie soll der Händler sonst eine Rechnung schreiben oder die Ware zum Kunden transportieren? Insbesondere die Weitergabe der Kundenanschrift an die Post, an DPD oder an Hermes sowie auch die Übermittlung der Bankverbindung an die Hausbank ist in aller Regel ebenfalls von der Vorschrift des Art. 6 Abs. 1 lit. b) DSGVO gedeckt.

Hingegen dürfen Kundendaten nicht einfach weiterverkauft oder zu Werbezwecken genutzt werden! Dieser weiteren Nutzung der Kundendaten liegt jeweils ein neuer Verarbeitungszweck zugrunde und jeder Verarbeitungszweck benötigt eine eigene Rechtsgrundlage, die die Datenverarbeitung erlaubt.

3.2 Erfüllung rechtlicher Verpflichtungen

Haben Sie sich schon einmal gefragt, warum Sie Rechnungen, die Sie an Kunden geschickt haben und die bereits bezahlt worden sind, nicht direkt danach einfach wegwerfen bzw. löschen können? Schließlich ist die Angelegenheit im Grunde erledigt. Allerdings verpflichtet das Handels- und auch das Steuerrecht alle Unternehmer, Freiberufler etc., ihre geschäftlichen Unterlagen eine längere Zeit aufzubewahren. Je nachdem, um welche Art von Unterlagen es sich handelt, sind diese sechs oder zehn Jahre aufzubewahren. Das ergibt sich aus § 257 Abs. 4 Handelsgesetzbuch (HGB) sowie aus § 147 Abs. 3 Abgabenordnung (AO).

Das Schreiben eines Kunden, dass die erhaltene Ware defekt ist und er Reparatur verlangt, ist als Handelsbrief für sechs Jahre aufzubewahren. Eigene Rechnungen an Kunden oder von Lieferanten erhaltene Rechnungen dürfen hingegen erst nach zehn Jahren vernichtet werden.

Im Internet finden sich auf diversen Webseiten Informationen zu diesen Aufbewahrungspflichten, u.a. bei der IHK Bodensee. (Link »Aufbewahrungspflichten IHK« im Servicebereich).

3.3 Schutz lebenswichtiger Interessen

Die Erlaubnis, personenbezogene Daten zum Schutz lebenswichtiger Interessen zu verarbeiten, zielt auf Notsituationen ab, in denen es regelrecht »um Leben und Tod« geht. Die Vorschrift des Art. 6 Abs. 1 Satz 1 lit. d) DSGVO kommt daher nur z.B. in der Notaufnahme eines Krankenhauses zur Anwendung. Denn dort haben die Ärzte oftmals nicht die Zeit oder die Möglichkeit, vor dem Einleiten von medizinischen Rettungsmaßnahmen erst noch die Einwilligung des Patienten einzuholen.

Merke: In medizinischen Notfällen hindert der Datenschutz den Arzt nicht an der Rettung des Patienten.

3.4 Für Behörden und andere öffentliche Stellen: Ausübung öffentlicher Gewalt

Die Vorschrift in Art. 6 Abs. 1 Satz 1 lit. e) DSGVO ist sozusagen der »Türöffner« für die Erfüllung der Kernaufgaben von Behörden und anderen öffentlichen Stellen.

Herr Jobst hat sein Auto im Halteverbot abgestellt und deswegen ein »Knöllchen« vom Ordnungsamt kassiert. Seine personenbezogenen Daten wurden mit Recht verarbeitet. Denn der betreffende Ordnungsamt-Mitarbeiter hat in Wahrnehmung seiner staatlichen Aufgabe gehandelt und durfte nicht nur ein Bußgeld wegen Falschparkens verhängen, er war im Rahmen der Ausübung öffentlicher Gewalt auch dazu verpflichtet.

Alles behördliche Handeln, jedenfalls die Erfüllung der den Behörden gesetzlich zugedachten Hauptaufgaben, wird bei der Verarbeitung von Daten mit Personenbezug auf Art. 6 Abs. 1 Satz 1 lit. e) DSGVO gestützt. Um das im Einzelnen noch weiter zu konkretisieren, finden sich in zahlreichen Einzelgesetzen, sowohl auf Landes- als auch auf Bundesebene, weitere Normen, die die Datenverarbeitungen im Detail noch genauer regeln.

Da diese Vorschriften aber nicht auf private Unternehmen bzw. Unternehmer anwendbar sind, werden wir sie im Rahmen dieses Ratgebers nicht weiter vertiefen.

3.5 Überwiegende berechtigte Interessen

Die DSGVO bietet Ihnen als für die Datenverarbeitung verantwortliche Stelle die Möglichkeit, eine – zunächst – ganz gut klingende Rechtsgrundlage heranzuziehen. Art. 6 Abs. 1 Satz 1 lit. f) DSGVO spricht von »berechtigten Interessen«, auf die man sich stützen kann. Damit ist jedes legitime, also rechtlich zulässige Interesse im geschäftlichen Verkehr, gemeint.

Der Versand von Werbung auf dem Postweg oder die Absicherung der eigenen Datenverarbeitungsanlagen ist als »berechtigtes Interesse« einzustufen. In beiden Fällen benötigen Sie weder eine Einwilligung des Betroffenen noch eine gesetzliche Ausnahmevorschrift.

Damit Sie sich auf Ihre berechtigten Interessen zur Verarbeitung personenbezogener Daten berufen können, müssen jedoch bestimmte **Voraussetzungen** erfüllt sein:

1. Es muss **tatsächlich** ein berechtigtes und legitimes Interesse vorliegen.
2. Die Datenverarbeitung ist zur Wahrung des berechtigten Interesses **unbedingt erforderlich,** d.h., es gibt keine andere Möglichkeit zur Erreichung des Zwecks als die Verarbeitung der personenbezogenen Daten.
3. Die Rechte der betroffenen Person, deren Daten verarbeitet werden sollen, **überwiegen nicht.**

Was also auf den ersten Blick gut geklungen hat, entpuppt sich bei näherer Betrachtung als Rechtsgrundlage mit »Pferdefuß«. Zum einen sind Sie als datenverarbeitende Stelle in der Verantwortung, eine Abwägung zwischen Ihren eigenen Interessen und denen der

Betroffenen vorzunehmen. Zum anderen besteht im Nachhinein immer das potenzielle Risiko einer anderen Bewertung der Interessen durch die Datenschutzaufsichtsbehörde oder durch ein Gericht. Die Folge: Sie verlieren rückwirkend die Rechtsgrundlage, auf der Ihre Datenverarbeitung gestützt war.

Ein Unternehmer verschickt Werbung per Post, um auf diese Weise neue Kunden zu gewinnen. Hierzu hat er ein legitimes, unternehmerisches Interesse (Voraussetzung 1.). Verschickt er hingegen Post, um darin gezielt einen Konkurrenten zu diskreditieren, dann mag das auch in seinem Interesse liegen, es ist allerdings kein legitimes, also von der Rechtsordnung akzeptiertes Interesse.

Die Sammlung der Adressen von potenziellen Kunden und die Verwendung dieser Daten im Rahmen der Werbeschreiben ist für den geplanten Zweck auch erforderlich, denn die Werbe-Briefsendungen können sonst nicht verschickt werden (Voraussetzung 2.).

Gegebenenfalls besteht bei den Betroffenen das Interesse, keine Werbung zu erhalten. Dieses überwiegt im Hinblick auf postalische Werbung aber nicht das wirtschaftliche Interesse des Unternehmers (Voraussetzung 3.). Das ist allgemein anerkannt und ergibt sich zudem aus einem der sogenannten Erwägungsgründe (Nr. 47), die in der DSGVO dem eigentlichen Gesetzestext als kurze Erläuterung des gesetzgeberischen Willens vorangestellt sind.

Die Rechtsgrundlage »berechtigte Interessen« wird im geschäftlichen Alltag häufig genutzt. Sie sollten sich aber vorab gut überlegen, ob bei Ihnen tatsächlich »berechtigte Interessen« vorliegen! Dokumentieren Sie Ihre Interessenabwägung zwecks späterer Nachweismöglichkeit unbedingt schriftlich, z.B. als Aktennotiz. Stützen Sie Ihre Datenverarbeitungen, wann immer es möglich ist, lieber auf eine andere gesetzliche Ausnahmeregelung.

Achtung: Unter bestimmten Voraussetzungen steht den Betroffenen nach Art. 21 DSGVO ein Widerspruchsrecht gegen Datenverarbeitungen auf Basis von berechtigten Interessen zu! Daher ist Art. 6 Abs. 1 Satz 1 lit. f) DSGVO als Datenschutz-Rechtsgrundlage aufgrund seiner breiten Anwendbarkeit zwar praktisch, aber auch mit Bedacht und Vorsicht einzusetzen.

3.6 Einwilligung

Ist für die Verarbeitung von personenbezogenen Daten eine Einwilligung der betroffenen Personen erforderlich, so darf diese in Deutschland von Personen ab 16 Jahren abgegeben werden, z.B. bei der Nutzung sozialer Netzwerke wie Facebook (Art. 8 DSGVO). In Österreich hingegen können Jugendliche schon ab einem Alter von 14 Jahren selbst einwilligen.

3.6.1 Wie eine Einwilligung zur Datenverarbeitung abgegeben werden muss

Nach Maßgabe der DSGVO muss eine rechtskonforme Einwilligung

- vorab,
- freiwillig,
- für einen bestimmten Fall,
- in informierter Weise,
- unmissverständlich in einfacher Sprache sowie
- durch eine aktive Handlung

abgegeben werden. Insbesondere darf die Erfüllung eines Vertrages nicht davon abhängig gemacht werden, dass eine Einwilligung erteilt wird. Verkaufen Sie beispielsweise einen Fernseher an einen Kunden, dürfen Sie das nicht unter der Voraussetzung tun, dass der Kunde Ihnen im Gegenzug die Erlaubnis gibt, seine persönlichen Daten an einen Adresshändler verkaufen zu können.

Eine Einwilligung zur Verarbeitung der personenbezogenen Daten ist beispielsweise erforderlich bei

- Werbung per E-Mail
- Veröffentlichung von Mitarbeiterfotos auf der Unternehmens-Website
- unverschlüsselter Speicherung von personenbezogenen Daten im Cloud-Dienst eines US-Anbieters.

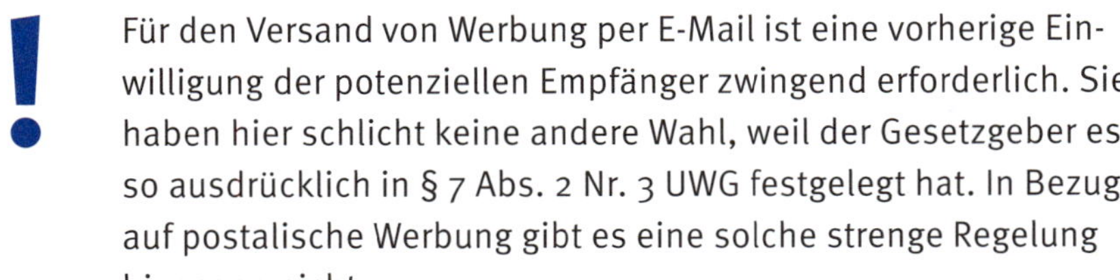

Für den Versand von Werbung per E-Mail ist eine vorherige Einwilligung der potenziellen Empfänger zwingend erforderlich. Sie haben hier schlicht keine andere Wahl, weil der Gesetzgeber es so ausdrücklich in § 7 Abs. 2 Nr. 3 UWG festgelegt hat. In Bezug auf postalische Werbung gibt es eine solche strenge Regelung hingegen nicht.

Mit der Einwilligungserklärung gibt die betroffene Person zu verstehen, dass sie mit der Verarbeitung ihrer personenbezogenen Daten einverstanden ist. Wichtig ist zum einen, dass die Einwilligung **vor dem Beginn** der Datenverarbeitung eingeholt wird. Zum anderen muss der Verantwortliche dem Betroffenen unbedingt **ausreichende Informationen** zur Verfügung stellen. Dabei muss der Hinweis enthalten sein, dass eine Einwilligung jederzeit frei mit Wirkung für die Zukunft **widerrufen** werden kann.

Als Einwilligung eignet sich

- eine schriftliche, unterschriebene Erklärung oder auch
- eine elektronische Erklärung durch Anklicken eines Kästchens beim Besuch einer Internetseite.

Dient die Datenverarbeitung mehreren Zwecken, sollte für alle diese Verarbeitungszwecke eine eigene Einwilligungserklärung eingeholt werden.

Eine Einwilligung muss nicht zwingend schriftlich erfolgen, sondern kann auch mündlich, per Handschlag oder am Telefon abgegeben werden. Allerdings müssen Sie als verantwortliche Stelle das Vorliegen einer korrekten Einwilligung im Zweifel nachweisen können. Daher ist die Schriftform oder eine E-Mail empfehlenswert!

Der »Haken« an der Einwilligung besteht in dem Recht der Betroffenen, diese jederzeit frei und ohne Angaben von Gründen widerrufen zu können (Art. 7 Abs. 3 DSGVO). Ein Widerruf kann ebenfalls schriftlich, per E-Mail, telefonisch oder auch im persönlichen Gespräch wirksam erklärt werden. Nach einem Widerruf ist die Weiterverarbeitung der betreffenden Daten nicht mehr zulässig (Ausführliche Informationen → Kapitel 9.8 »Recht auf Widerruf einer erteilten Einwilligung«).

3.6.2 Musterformulierungen für eine Einwilligungserklärung

Die Gesellschaft für Datenschutz und Datensicherheit e.V. hat im Internet eine Praxishilfe zur Einwilligung veröffentlicht (Link »Praxishilfe zur Einwilligung« im Servicebereich).

Einwilligung der potenziellen Abonnenten für einen Newsletter

---

Muster

»Ich möchte regelmäßig Informationen und Angebote der Firma ___________ und ihren Angeboten per E-Mail erhalten.

Meine E-Mail-Adresse wird ausschließlich für den Versand des Newsletters verwendet und nicht an Dritte weitergegeben. Die Einwilligung zur Nutzung meiner E-Mail-Adresse für Werbezwecke kann ich jederzeit mit Wirkung für die Zukunft widerrufen, indem ich den Abmelden-Link anklicke, der in jedem Newsletter enthalten ist. Weitere Details kann ich der Datenschutzerklärung entnehmen.«

Je nachdem, ob Sie den Newsletter selbst verschicken oder dazu einen Dienstleister einsetzen, der ggf. Statistikdaten dabei erhebt (z.B. Angaben dazu, wie oft die E-Mail tatsächlich geöffnet wird), muss die Musterformulierung entsprechend angepasst werden.

Einwilligung für die Nutzung der Fotos von Beschäftigten

Muster

»Hiermit willige ich ein, dass mein Arbeitgeber Porträtaufnahmen von mir anfertigen und – ggf. verbunden mit meinem Namen und meinen beruflichen Kontaktdaten – sowohl online, also auf der Unternehmens-Website und in den Social-Media-Profilen des Unternehmens, als auch in eventuellen Printwerken (Werbe-Flyer, Kataloge o.Ä.) zu Zwecken der Werbung und auch der Präsentation des Unternehmens und seiner Beschäftigten veröffentlichen darf, ohne dass ich eine Gegenleistung dafür erhalte.

Ich weiß, dass ich meine Einwilligung jederzeit ohne Angaben von Gründen widerrufen kann und dass dies keinerlei negative Konsequenzen für mich haben wird; die anderen Betroffenenrechte (Auskunft, Berichtigung, Einschränkung etc.) bleiben hiervon unberührt. Im Falle meines Widerrufs werden meine Fotos dann innerhalb von einer Woche von der Website bzw. aus den Social-Media-Profilen entfernt. Die Entfernung von Fotos erfolgt im Falle von Printmedien für die jeweils nächste Auflage nach erfolgtem Widerruf, die alten Exemplare werden weiterhin verwendet. Mir ist bewusst, dass insbesondere online veröffentlichte Fotos weltweit zugänglich sind, u.a. über Suchmaschinen. Eine Weiterverbreitung und Verwendung durch unbefugte Dritte kann daher nicht ausgeschlossen werden.«

3.7 Sehr sensibel: besondere Kategorien personenbezogener Daten

Die DSGVO unterscheidet zwischen »normalen« und besonderen Kategorien von personenbezogenen Daten. Letztere sind nach Verständnis des EU-Gesetzgebers besonders sensible Daten, die nur unter ganz engen Voraussetzungen verarbeitet werden dürfen.

Gemäß Art. 9 Abs. 1 DSGVO gehören zu den Kategorien von sensiblen Daten u.a. politische Meinungen, Gewerkschaftszugehörigkeit oder auch Gesundheitsdaten (→ Kapitel 2.2.1 »Personenbezogene Daten«). Die Verarbeitung dieser besonderen Daten ist in folgenden Fällen **ausnahmsweise** zulässig (Art. 9 Abs. 2 DSGVO):

- mit Einwilligung des Betroffenen
- bei erforderlicher Verarbeitung auf den Gebieten Arbeits- und Sozialrecht
- zum Schutz lebenswichtiger Interessen
- bei der Verarbeitung durch eine politisch, weltanschaulich, religiös oder gewerkschaftlich ausgerichtete Stiftung, Vereinigung oder sonstige Organisation ohne Gewinnerzielungsabsicht
- im Falle von durch den Betroffenen öffentlich gemachten Daten
- zur Geltendmachung, Ausübung oder Verteidigung von Rechtsansprüchen
- bei Vorliegen eines erheblichen öffentlichen Interesses
- zur erforderlichen Verarbeitung im Bereich der Gesundheitsvorsorge oder der Arbeitsmedizin, im Gesundheits- oder Sozialbereich oder aufgrund eines Vertrags mit einem Angehörigen eines Gesundheitsberufs
- im Rahmen der Verarbeitung im Bereich der öffentlichen Gesundheit, zur Gewährleistung hoher Qualitäts- und Sicherheitsstandards bei der Gesundheitsversorgung und bei Arzneimitteln und Medizinprodukten
- bei der Verarbeitung für im öffentlichen Interesse liegenden Archivzwecke, für wissenschaftliche oder historische Forschungszwecke oder für statistische Zwecke

Die Personalabteilung eines Unternehmens darf und muss die Religionszugehörigkeit der Beschäftigten oder auch die Fehltage wegen Krankheit verarbeiten. Diese Daten sind notwendig, um Kirchensteuer abzuführen und eine Lohnfortzahlung im Krankheitsfall zu leisten.

Die Verarbeitung von besonders sensiblen Daten mit Personenbezug unterliegt sehr strengen Voraussetzungen, um dem erhöhten Schutzbedarf Rechnung zu tragen.

3.8 Verarbeitung von Beschäftigtendaten

In der Beziehung zwischen Arbeitgebern und Arbeitnehmern gibt es aus datenschutzrechtlicher Perspektive verschiedene Aspekte, die spezieller Regelungen bedürfen. Dies hat seine Ursache in dem Über-Unter-Ordnungsverhältnis, das aufgrund des Weisungsrechts des Arbeitgebers gegenüber seinen Angestellten besteht.

Bei der Verarbeitung von Beschäftigtendaten greift in Deutschland regelmäßig eine spezielle gesetzliche Erlaubnisnorm – § 26 BDSG. Danach ist eine Datenverarbeitung zu Zwecken des Beschäftigungsverhältnisses in folgenden Fällen erlaubt:

- Einstellung,
- Erfüllung des Arbeitsvertrags,
- Management, Planung und Organisation der Arbeit,
- Gleichheit und Diversität sowie die Gesundheit und Sicherheit am Arbeitsplatz,
- Schutz des Eigentums von Arbeitgeber, Arbeitnehmern und Kunden,
- Inanspruchnahme der individuellen oder kollektiven Rechte und Leistungen,
- Beendigung des Beschäftigungsverhältnisses.

Es gibt aber auch Verarbeitungstätigkeiten, die von § 26 BDSG **nicht** erfasst werden. Dazu zählen z.B. Foto- bzw. Videoaufnahmen der Beschäftigten, die auf der Unternehmens-Website oder in den sozialen Medien veröffentlicht werden sollen. Hierfür ist in aller Regel die Einwilligung der jeweiligen Mitarbeiter erforderlich.

Auch im Rahmen des betrieblichen bzw. behördlichen Eingliederungsmanagements (BEM) nach § 167 Abs. 2 SGB IX darf die Datenverarbeitung nur auf Grundlage einer Einwilligung erfolgen.

Man kann also nicht pauschal sagen, dass alle Verarbeitungstätigkeiten in Bezug auf Beschäftigungsverhältnisse auf Basis von § 26 BDSG erfolgen können. So ist bzw. war die Erhebung des **Impfstatus** von Beschäftigten ein schwieriges Thema. Da es sich hierbei um ein Gesundheitsdatum im Sinne von Art. 9 Abs. 1 DSGVO handelt, war die Verarbeitung verboten, sofern nicht eine taugliche Rechtsgrundlage (Art. 9 Abs. 2 DSGVO) vorlag. Eine solche wurde erst mit der Änderung des Infektionsschutzgesetzes (IfSG) vom 24.11.2021 eingeführt. Davor konnte mangels anderweitiger Alternativen lediglich noch die Einwilligung als Rechtsgrundlage dienen. Diese ist im Beschäftigtenverhältnis und gerade im Zusammenhang mit sensiblen personenbezogenen Daten nach Art. 9 Abs. 1 DSGVO allerdings hohen Voraussetzungen unterworfen; zudem kann sie jederzeit frei widerrufen werden. Als Arbeitgeber müssen Sie also ganz genau hinschauen und nach der Art der konkreten Daten bzw. des Zwecks für die Verarbeitung der personenbezogenen Daten differenzieren.

Ob eine Datenverarbeitung elektronisch mithilfe von Computer, Tablets etc. oder in Papierform erfolgt, ist unerheblich. Aus datenschutzrechtlicher Sicht sind im Hinblick auf Beschäftigtendaten beide Methoden gleich zu behandeln.

Es stellt sich die Frage, wer genau unter den Begriff der »Beschäftigten« zu fassen ist. In § 26 Abs. 8 BDSG werden insbesondere folgende Personengruppen aufgeführt:

- Arbeitnehmer
- Leiharbeitnehmer im Verhältnis zum Entleiher
- zur Berufsbildung Beschäftigte (»Azubis«)
- Beschäftigte in anerkannten Werkstätten für behinderte Menschen
- Freiwillige, die einen Dienst nach dem Jugendfreiwilligendienstegesetz oder dem Bundesfreiwilligendienstgesetz leisten (sog. »Bufdis«)
- arbeitnehmerähnliche Personen und in Heimarbeit Beschäftigte
- Bundesbeamte, Richter, Soldaten sowie Zivildienstleistende (»Zivis«)
- Bewerber für ein Beschäftigungsverhältnis
- Personen, deren Beschäftigungsverhältnis beendet ist.

Somit ist § 26 BDSG nicht nur auf bestehende Arbeitsverhältnisse anzuwenden, sondern in Einzelfällen auch auf zukünftige und auf bereits beendete Beschäftigungsverhältnisse. Das heißt, diese Norm gilt auch für Bewerber und für Personen, die das Unternehmen wegen Kündigung oder Erreichen des Rentenalters verlassen haben. Die betreffenden Personen werden in den jeweiligen Situationen schon bzw. noch als Beschäftigte im Sinne der DSGVO bzw. des BDSG eingestuft, um den Schutz ihrer personenbezogenen Daten angemessen gewährleisten zu können. Hierbei wird auch nicht zwischen Arbeitnehmern oder Angestellten und Beamten im öffentlichen Dienst unterschieden.

4 Der Datenschutzbeauftragte (DSB) – das unbekannte Wesen?

Für Verantwortliche, das heißt für den Unternehmer, besteht gegebenenfalls die Pflicht, einen Datenschutzbeauftragten (DSB) zu haben. Das bedeutet, dass ein interner Mitarbeiter oder ein externer Dienstleister diese Tätigkeit ausüben und offiziell zum DSB benannt werden muss.

Allerdings muss ein Unternehmen nur unter bestimmten Voraussetzungen einen Datenschutzbeauftragten benennen. Lediglich Behörden und andere öffentliche Stellen benötigen auf jeden Fall einen DSB. Kirchliche Einrichtungen und Strafverfolgungsbehörden haben auch in dieser Hinsicht Sonderregeln.

4.1 Prüfung der DSB-Pflicht

4.1.1 Es kommt auf die Kerntätigkeit an

Selbstständige müssen unabhängig von der Mitarbeiterzahl dann einen DSB benennen, wenn ihre Kerntätigkeit darin besteht, **umfangreiche regelmäßige und systematische Überwachung von Betroffenen** durchzuführen oder besonders **sensible Daten** (Art. 9, 10 DSGVO) **im großen Umfang** zu verarbeiten. Unter »Kerntätigkeit« ist die Tätigkeit zu verstehen, mit der ein Unternehmen am Markt auftritt bzw. die Branche, in der das Unternehmen tätig ist. Rein interne Vorgänge, wie die Personalverwaltung, sind nicht damit gemeint.

In einem Detektivbüro liegt die Kerntätigkeit in der Überwachung. In einem Krankenhaus liegt hingegen die Kerntätigkeit in der umfangreichen Verarbeitung von sensiblen Daten (insbesondere Gesundheitsdaten nach Art. 9 Abs. 1 DSGVO). Bei Online-Werbenetzwerken steht die Verarbeitung personenbezogener Daten und eine damit einhergehende Überwachung von Menschen im großen Umfang als Kerntätigkeit im Mittelpunkt.

Einzel-Ärzte bzw. -Anwälte benötigen regelmäßig keinen DSB, da das Gesetz für sie ausdrücklich eine Ausnahme vorsieht.

Sofern Sie im Bereich der **Markt- bzw. Meinungsforschung,** des **Adresshandels** oder ähnlich »sensibler« Gebiete tätig sind, müssen Sie auf jeden Fall einen DSB benennen. Das Gleiche gilt, wenn Sie einzelne Datenverarbeitungen durchführen, die ein **hohes Risiko** für die Betroffenen mit sich bringen.

Ein Dienstleister im Personalbereich verarbeitet regelmäßig viele persönliche Daten von Bewerbern für seine Auftraggeber, um eine Vorab-Auswahl für die späteren Bewerbungsverfahren zu treffen. Bei diesen Daten handelt es sich teilweise um sehr sensible Daten im Sinne von Art. 9 DSGVO. Außerdem ist die Tätigkeit als umfangreich und systematisch anzusehen und potenzielle Arbeitnehmer müssen anhand bestimmter Eigenschaften bewertet werden, ggf. mithilfe von entsprechender Software bzw. künstlicher Intelligenz (KI).

4.1.2 Die Zahl der Mitarbeiter ist ausschlaggebend

Liegt bei Ihnen keine Kerntätigkeit vor, die einen Datenschutzbeauftragten nötig macht – das trifft auf eine Vielzahl von Unternehmen zu –, so ist für Sie die Regelung des § 38 Abs. 1 BDSG ausschlaggebend. Nach dieser Norm kommt es primär auf die Anzahl der Mitarbeiter im Unternehmen an:

Gibt es im Unternehmen mehr als 19 Beschäftigte, die ständig mit der automatisierten Verarbeitung personenbezogener Daten beschäftigt sind, gilt die DSB-Pflicht.

Im Zweifel können Sie davon ausgehen, dass Ihre Mitarbeiter regelmäßig mit personenbezogenen Daten umgehen. Ausnahmen bilden ggf. Beschäftigte in der Produktion bzw. in einer Lagerhalle, die mit wenig bis keinen Daten mit Personenbezug – weder von Kunden noch von Kollegen – in Berührung kommen.

Bei der Anzahl der Mitarbeiter wird **nicht** danach unterschieden, ob es Vollzeit-, Teilzeit-, Aushilfs-, studentische oder sonstige Kräfte sind. Es müssen alle »Köpfe«, auch Praktikanten und Auszubildende, gezählt werden.

4.2 Wer ist zum DSB geeignet?

Egal, ob ein interner oder ein externer DSB benannt ist, er muss grundsätzlich bestimmte Voraussetzungen erfüllen. Dazu zählen:

- Fähigkeit zur Erfüllung der Aufgabe eines Datenschutzbeauftragten
- keine Interessenkollision
- berufliche Qualifikation
- Fachwissen im Datenschutzrecht und in der Datenschutzpraxis

Bei einem externen DSB kann und sollte der Nachweis des notwendigen Fachwissens vor seiner Benennung eingefordert werden. Bei internen DSB ist dies oftmals noch nicht vorhanden und muss erst durch den Besuch von Fortbildungsveranstaltungen, Fachliteratur, E-Learning etc. aufgebaut werden.

Leider finden sich im Gesetz keine Details darüber, wie genau und in welchem Umfang fachliches Wissen vorliegen sollte. Allerdings muss das Fachwissen bereits zum Zeitpunkt der offiziellen Benennung als DSB bestehen!

Das Niveau der Fachkunde muss sich nach den durchgeführten Datenverarbeitungsvorgängen und nach dem erforderlichen Schutz für die im Unternehmen verarbeiteten Daten richten. Der DSB sollte die wichtigsten rechtlichen Grundlagen des Datenschutzrechts kennen und idealerweise auch ein gewisses technisches Verständnis mitbringen. Bei der konkreten Einschätzung des erforderlichen Fachwissens kann die nachfolgende Checkliste helfen:

Checkliste

Wie hoch ist das erforderliche Fachwissen eines Datenschutzbeauftragten?

Ordnen Sie auf der jeweiligen Antwortskala Ihr Unternehmen mit einem Kreuz ein!

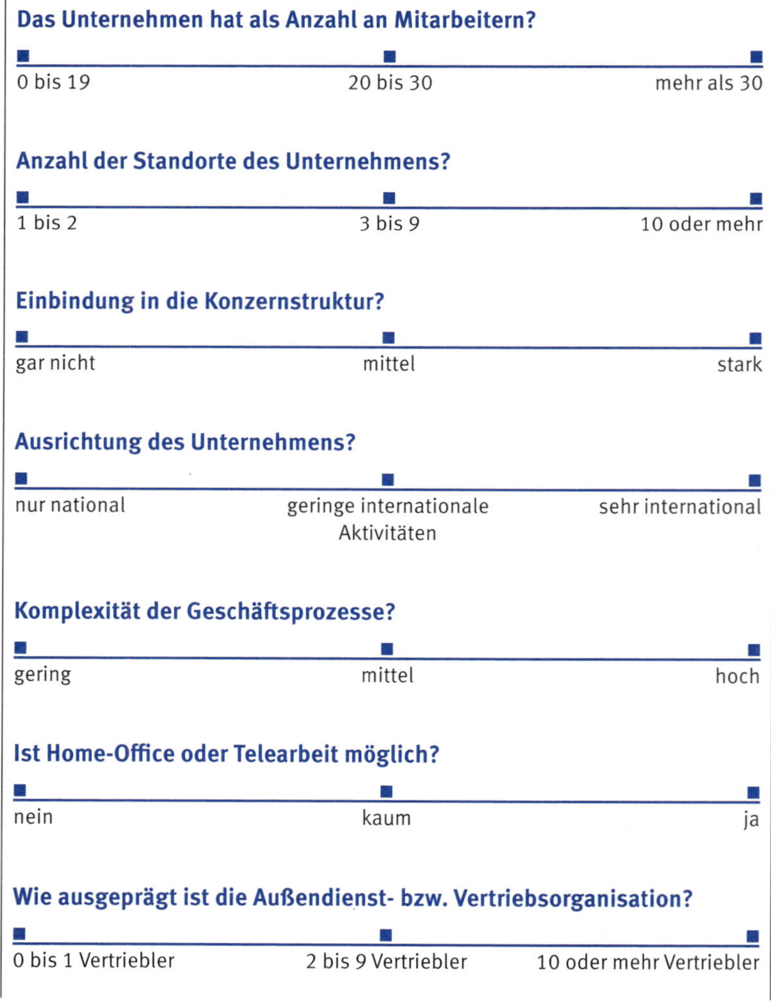

Das Unternehmen hat als Anzahl an Mitarbeitern?

0 bis 19	20 bis 30	mehr als 30

Anzahl der Standorte des Unternehmens?

1 bis 2	3 bis 9	10 oder mehr

Einbindung in die Konzernstruktur?

gar nicht	mittel	stark

Ausrichtung des Unternehmens?

nur national	geringe internationale Aktivitäten	sehr international

Komplexität der Geschäftsprozesse?

gering	mittel	hoch

Ist Home-Office oder Telearbeit möglich?

nein	kaum	ja

Wie ausgeprägt ist die Außendienst- bzw. Vertriebsorganisation?

0 bis 1 Vertriebler	2 bis 9 Vertriebler	10 oder mehr Vertriebler

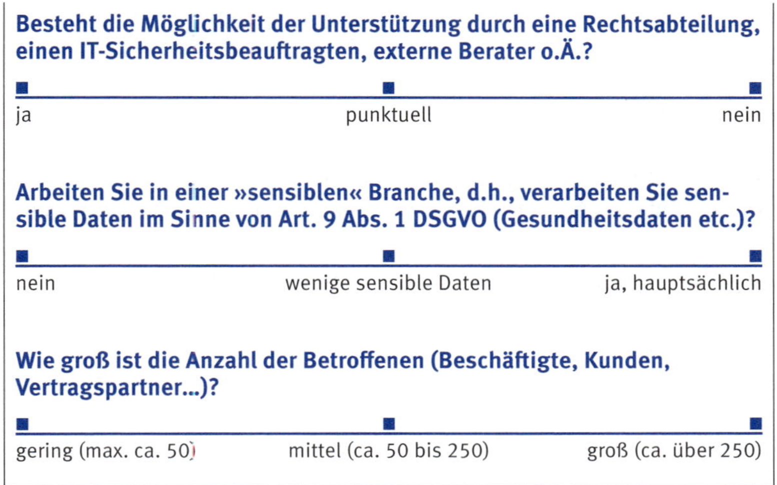

Besteht die Möglichkeit der Unterstützung durch eine Rechtsabteilung, einen IT-Sicherheitsbeauftragten, externe Berater o.Ä.?

■	■	■
ja	punktuell	nein

Arbeiten Sie in einer »sensiblen« Branche, d.h., verarbeiten Sie sensible Daten im Sinne von Art. 9 Abs. 1 DSGVO (Gesundheitsdaten etc.)?

■	■	■
nein	wenige sensible Daten	ja, hauptsächlich

Wie groß ist die Anzahl der Betroffenen (Beschäftigte, Kunden, Vertragspartner...)?

■	■	■
gering (max. ca. 50)	mittel (ca. 50 bis 250)	groß (ca. über 250)

Schlussfolgerung:

Je mehr Fragen Sie für Ihr Unternehmen in der rechten Hälfte der Antwortleisten beantworten, desto höher und spezialisierter muss das erforderliche Fachwissen eines Datenschutzbeauftragten sein.

Die Fachkunde eines Datenschutzbeauftragten muss nicht nur anfänglich sichergestellt sein, sondern muss auch regelmäßig aufgefrischt werden. Ein DSB sollte vor Antritt der Tätigkeit eine ausreichende Fortbildung in den Grundlagen des Datenschutzrechts absolvieren plus eventuell weitere Spezial-Fortbildungen für den Bereich (bzw. die Branche), in dem er tätig sein wird. Hinzu kommen weitere Fortbildungen mindestens einmal pro Jahr, um das Fachwissen aufrechterhalten oder noch erweitern zu können.

Es spielt keine Rolle, ob das Fachwissen in Präsenzveranstaltungen, Webinaren, durch E-Learning oder per Selbststudium erworben wird. Allerdings sind entsprechende Schulungsnachweise von unabhängigen Dritten ein besserer Nachweis als der Kaufbeleg für ein Fachbuch.

Es darf keine Interessenkonflikte geben

Als DSB kommen generell solche Personen **nicht** in Betracht, bei denen ein möglicher Interessenkonflikt besteht.

Ausgeschlossen von dieser Position sind also insbesondere der Inhaber bzw. die Geschäftsführung des Unternehmens, der Personalchef, der IT-Abteilungsleiter, externe IT-Dienstleister, ein Geldwäschebeauftragter oder auch der »Firmen-Anwalt«.

Damit werden leider häufig die Personen von der Tätigkeit als DSB ausgeschlossen, die aufgrund ihres Fachwissens sehr gut geeignet wären.

Achtung: Bei internen Datenschutzbeauftragten führt die Kündigung des Arbeitsverhältnisses nicht automatisch auch zur Beendigung der DSB-Stellung! Die Abberufung eines internen DSB kommt generell nur bei grobem Pflichtversäumnis in Betracht. Das heißt: Ein »unbequemer« DSB ist allein aus diesem Grund nicht kündbar.

Bei einem externen DSB können und sollten Sie die Voraussetzungen für eine Beendigung der Zusammenarbeit vorab vertraglich regeln.

4.3 Wie wird der DSB richtig ernannt?

Die Benennung eines DSB muss nicht zwingend in Schriftform erfolgen, ist aber zu Nachweiszwecken sinnvoll. Davon profitieren letztlich alle Beteiligten. Auch inhaltlich gibt es kaum Vorgaben für eine DSB-Benennung – lediglich der Name des DSB und das offizielle Datum des Amtsantritts müssen festgehalten werden. In der Benennung können auch die Aufgaben des DSB fixiert werden: Dies ist aber nicht verpflichtend, denn der Aufgabenbereich wird bereits durch Art. 39 DSGVO geregelt.

Die Benennung eines externen Dienstleisters als DSB sollte im Rahmen eines Dienstleistungsvertrages erfolgen. In diesem sollten auch weitere Details, wie die Vergütung, die Beendigung der Zusammenarbeit, die Haftung usw. vertraglich geregelt werden. Bei einem externen Datenschutzbeauftragten besteht mehr Regelungsbedarf im Vergleich zu einem internen DSB.

4.3.1 Veröffentlichung der Kontaktdaten des DSB

Hat ein Unternehmen einen Datenschutzbeauftragten benannt, hat es nach Art. 37 Abs. 7 DSGVO eine Informationspflicht.

Die Kontaktdaten des DSB müssen veröffentlicht werden, z.B. im Rahmen der Datenschutzerklärung auf der Unternehmens-Website als auch in den allgemeinen Datenschutzhinweisen, die über die »Offline-Tätigkeit« des Unternehmens informieren.

Dabei muss nicht der Name des DSB bzw. dessen individuelle E-Mail-Adresse genannt werden. Vielmehr genügt eine generische Mail-Adresse, wie beispielsweise »datenschutz@xyz-gmbh.de«. Es muss aber sichergestellt sein, dass der DSB hierüber tatsächlich erreichbar ist und dass nur er auf dieses Mail-Postfach zugreifen kann.

4.3.2 Die Meldung des DSB an die Aufsichtsbehörde ist Pflicht

Die Benennung des DSB und dessen Kontaktdaten müssen der zuständigen Datenschutzaufsichtsbehörde mitgeteilt werden. Dazu haben die meisten Aufsichtsbehörden in Deutschland und auch der anderen europäischen Länder entsprechende Online-Meldeportale eingerichtet.

Unternehmen in Bayern beispielsweise können einen Datenschutzbeauftragten auf dem Web-Portal des Landesdatenschutzbeauftragten Bayern unter https://lda.dsb-meldung.de/ melden.

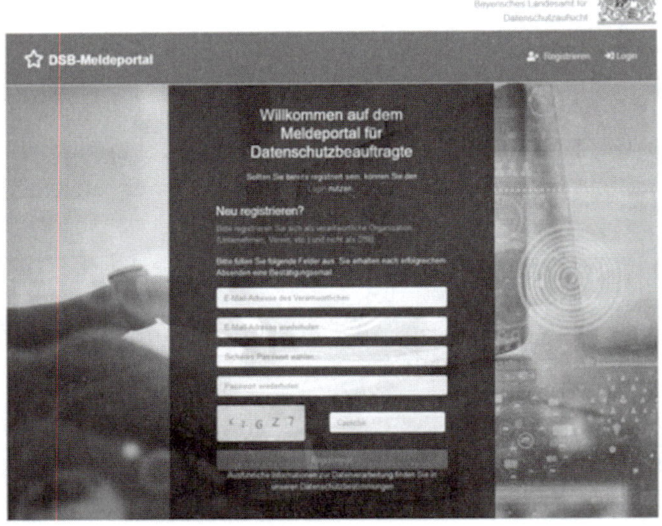

An die Meldung Ihres DSB müssen Sie unbedingt denken! Die Meldung beansprucht nicht viel Zeit und ist in wenigen Minuten erledigt.

4.4 Aufgaben und Stellung des DSB

Die DSGVO beschreibt die **Stellung** eines DSB schon recht deutlich. Art. 38 DSGVO nennt insbesondere folgende Aspekte:

- Ordnungsgemäße und frühzeitige Einbindung des DSB in alle mit dem Schutz personenbezogener Daten zusammenhängenden Fragen
- Unterstützung durch Bereitstellung der erforderlichen Ressourcen für die Erfüllung seiner Aufgaben sowie zur Erhaltung seines Fachwissens
- Gewährung des Zugangs zu personenbezogenen Daten bzw. zu allen relevanten Verarbeitungsvorgängen
- Unmittelbare Berichterstattung an die höchste Managementebene
- Ratgeber für Betroffene

- Ansprechpartner für die Aufsichtsbehörde
- Weisungsfreiheit (aber auch keine Weisungsbefugnis)

Wichtig: Ein DSB unterliegt einer **Verschwiegenheitspflicht!** Themen, die von Beschäftigten an ihn herangetragen werden, darf er mit dem Verantwortlichen nur vertraulich und möglichst unter Wahrung der Privatsphäre des betreffenden Mitarbeiters besprechen.

Einem internen DSB müssen vonseiten des Verantwortlichen ausreichende Ressourcen für die Erfüllung seiner Aufgaben bereitgestellt werden, also z.B. ein eigener Arbeitsbereich, ggf. ein eigener Computer oder zumindest ein separater und auf den DSB beschränkter Speicherplatz, ein separater E-Mail-Account, ein Internetzugang usw. Außerdem muss der DSB die Möglichkeit bekommen, sich das notwendige Fachwissen anzueignen und auch auf aktuellem Stand zu halten, indem er beispielsweise einschlägige Fachliteratur gestellt bzw. bezahlt bekommt und sich regelmäßig fortbilden kann.

Die konkreten **Aufgaben** als DSB sehen nach Art. 39 Abs. 1 DSGVO wie folgt aus:

- Unterrichtung und Beratung des Verantwortlichen bzw. Auftragsverarbeiters sowie der Beschäftigten hinsichtlich ihrer datenschutzrechtlichen Pflichten und Rechte.
- Überwachung der Einhaltung des Datenschutzrechts sowie der Strategien des Verantwortlichen bzw. Auftragsverarbeiters für den Schutz personenbezogener Daten einschließlich der Zuweisung von Zuständigkeiten.
- Sensibilisierung und Schulung der Mitarbeiter und diesbezügliche Überprüfungen, d.h., der DSB muss dafür Sorge tragen und ggf. auch überprüfen, dass alle Beschäftigten zumindest die Grundkenntnisse im Datenschutzrecht sowie auch das für ihren jeweiligen Bereich erforderliche Know-how vermittelt bekommen.

- Auf Anfrage Beratung in Bezug auf eine Datenschutz-Folgenabschätzung und Überwachung ihrer Durchführung.
- Zusammenarbeit mit der Aufsichtsbehörde.

Es zählt **nicht** zu den Aufgaben eines DSB, das Verzeichnis von Verarbeitungstätigkeiten (→ Kapitel 7 »Datenschutz-Dokumentation«) zu erstellen bzw. zu führen oder die technischen und organisatorischen Maßnahmen (TOMs) umzusetzen bzw. zu dokumentieren. Er ist also vielmehr ein Berater als ein »Umsetzer«.

Bei verantwortlichen Stellen ab einer gewissen Größe empfiehlt es sich daher, ein Datenschutz-Team um den Datenschutzbeauftragten zu installieren. Dieses wird vom DSB koordiniert und enthält idealerweise aus jedem Fachbereich einen Datenschutzkoordinator, also eine Person, die sich in der jeweiligen Abteilung um die Datenschutzbelange kümmert und dazu eng mit dem DSB zusammenarbeitet.

Der DSB trägt bei der Erfüllung seiner Aufgaben dem mit den Verarbeitungsvorgängen verbundenen Risiko gebührend Rechnung, wobei er **Art, Umfang, Umstände** und **Zweck** der Verarbeitung zu berücksichtigen hat.

Der DSB ist in seiner Funktion nicht weisungsgebunden, andererseits aber auch nicht weisungsbefugt. Er arbeitet direkt mit der Führungsebene zusammen, berichtet dieser und berät sie z.B. in Fragen des Datenschutzes oder der IT-Sicherheit. Die endgültige Entscheidung und damit auch die tatsächliche Verantwortung liegt und bleibt in jedem Fall bei der verantwortlichen Stelle, also der Unternehmensführung.

Der DSB ist im Rahmen seiner Tätigkeit an die Grundsätze der Vertraulichkeit sowie der Geheimhaltung gebunden. Bei Verstößen dagegen sind strafrechtliche Sanktionen möglich, beispielsweise wegen der Preisgabe von Geschäftsgeheimnissen (§ 203 StGB).

4.5 Geringes Risiko: die Haftung des DSB

Eine Haftung des DSB kommt nur in Ausnahmefällen in Betracht. Für die Beachtung der datenschutzrechtlichen Vorgaben sowie deren korrekte Umsetzung ist in erster Linie die verantwortliche Stelle zuständig – daher auch die Bezeichnung »Verantwortlicher«! Sofern dem DSB allerdings ein Verstoß gegen seine elementaren Pflichten und ein daraus resultierender Schaden nachgewiesen werden kann, ist eine eigenständige Haftung des DSB möglich.

Erkannte, aber nicht bemängelte Datenschutzverstöße, fehlerhafte Informationen in Mitarbeiterschulungen o.Ä.

Ein interner DSB haftet nach den Vorgaben des Arbeitsrechts, wonach eine sogenannte »Haftungsquart« besteht. Im Innenverhältnis zwischen Arbeitgeber und DSB ist zwischen vier Verschuldensgraden zu unterscheiden:

- Vorsatz
- grobe Fahrlässigkeit
- »normale« Fahrlässigkeit
- leichte Fahrlässigkeit

Hat der interne DSB einen Schaden mit voller Absicht oder grob fahrlässig verursacht, dann ist er gegenüber seinem Arbeitgeber in vollem Umfang schadensersatzpflichtig. Bei »normaler« Fahrlässigkeit wird der Schaden unter Berücksichtigung sämtlicher Umstände des Einzelfalls zwischen Arbeitgeber und DSB aufgeteilt. Liegt hingegen leichte Fahrlässigkeit vor, entfällt eine Haftung des internen DSB gänzlich.

In der Praxis ist es oft nicht einfach, zwischen den einzelnen Stufen der Fahrlässigkeit zu unterscheiden. Von leichter Fahrlässigkeit ist im Arbeitsleben bei völlig geringfügigen und leicht entschuldbaren Pflichtwidrigkeiten auszugehen. Das heißt, der Fehler könnte jedem Arbeitnehmer im Laufe der Zeit passieren, beispielsweise aufgrund einer harmlosen, nur wenige Augenblicke dauernden Unaufmerksamkeit in einer an sich alltäglichen Situation.

Der DSB vertippt sich bei der Auswahl des Empfängers, an den er eine E-Mail mit personenbezogenen Informationen schreiben will, sodass ein »falscher« Mitarbeiter die E-Mail erhält.

Das andere Extrem ist die grobe Fahrlässigkeit. Diese liegt vor, wenn die im Arbeitsleben erforderliche Sorgfalt nach den Gesamtumständen in ungewöhnlich hohem Maße verletzt und das Offensichtliche nicht beachtet wird. Als Maßstab ist heranzuziehen, was der Schädigende nach seinen individuellen Fähigkeiten hätte erkennen bzw. erbringen können.

Der DSB lässt einen USB-Stick, auf dem die personenbezogenen Gehaltsdaten von Beschäftigten unverschlüsselt gespeichert sind, auf dem Beifahrersitz seines Cabrios liegen, während er sein Fahrzeug auf einem öffentlichen Parkplatz abstellt, um einkaufen zu gehen.

Die »normale« Fahrlässigkeit befindet sich zwischen diesen beiden Enden der Skala. Kriterien zur Ermittlung des Verschuldensgrades sind u.a.:

- die Gefahrgeneigtheit der Tätigkeit, d.h. die Frage, mit welchem Risiko die Durchführung der Arbeitstätigkeit generell einhergeht,
- die Höhe des verursachten Schadens,
- ein vom Arbeitgeber bereits einkalkuliertes, versichertes Risiko,
- die Höhe des Gehalts des DSB,
- die persönlichen Verhältnisse des DSB, z.B. Dauer der Betriebszugehörigkeit, Lebensalter oder bisheriges Verhalten.

Die Haftung eines externen DSB kann und sollte vertraglich geregelt werden.

5 Diese Informationspflichten müssen Sie erfüllen

Wenn Sie in Ihrem Unternehmen personenbezogene Daten verarbeiten, haben Sie nach der DSGVO die Pflicht zu informieren, in welcher Art und Weise Sie dies tun.

Die DSGVO verpflichtet jeden Betreiber einer Website, auf dieser auch eine Online-Datenschutzerklärung bereitzustellen. Dies gilt jedenfalls für alle Online-Präsenzen, die nicht nur rein privat sind, also z.B. Webshops, Unternehmens-Websites, Corporate Blogs, Social-Media-Profile etc.

Eine Datenschutzerklärung müssen Sie auch im Hinblick auf Ihre »Offline-Tätigkeit« zur Verfügung stellen, in der Sie die Datenverarbeitungen im Rahmen Ihres Tagesgeschäfts beschreiben. Um diese Informationen sprachlich von der Online-Datenschutzerklärung abzugrenzen, sollten sie für den Offline-Bereich als »Datenschutzhinweise« bezeichnet werden.

In beiden Fällen, online wie offline, müssen Sie sich bei den Inhalten der Datenschutzerklärung bzw. der Datenschutzhinweise an die Vorgaben der Datenschutzgrundverordnung halten (Art. 13, 14 DSGVO). Beide Vorschriften beinhalten im Wesentlichen die gleichen Pflichten und unterscheiden sich nur im Detail. Art. 13 DSGVO gilt, wenn die personenbezogenen Daten **direkt beim Betroffenen** erhoben werden, beispielsweise wenn Sie die Anschrift Ihres Kunden erfragen, um ihm ein Angebot zuzuschicken. Art. 14 DSGVO regelt den Fall der Datenerhebung **über einen Dritten.**

Eine Bank sendet die Informationen zu Zinsgewinnen direkt an das zuständige Finanzamt, d.h., diese Daten werden nicht direkt beim Betroffenen erhoben.

Die Informationen zum Umgang mit dem Datenschutz, unabhängig, ob online oder offline, müssen in **präziser, transparenter, verständlicher** und **leicht zugänglicher Form** sowie in einer **klaren**

und einfachen Sprache getätigt werden (vgl. Art. 12 DSGVO). Das bedeutet, Sie müssen die Texte möglichst genau, zugleich aber auch verständlich formulieren, sodass ein durchschnittlicher Kunde, Mitarbeiter, Vertragspartner etc. sie verstehen kann.

5.1 Allgemeine Datenschutzhinweise für Ihre Offline-Tätigkeit

Die allgemeinen (Offline-)Datenschutzhinweise sind sobald wie möglich neuen Mitarbeitern, Bewerbern, neuen Kunden, neuen Vertragspartnern usw. zu übermitteln. Alle Personen, die diese Hinweise bereits erhalten haben, müssen Sie nicht erneut darüber informieren.

Ein neuer Kunde kommt in einen Friseursalon und vereinbart einen Termin. Da hierbei sein Name und ggf. noch weitere personenbezogene Daten, wie eine Rückrufnummer, notiert werden, muss der Ladeninhaber ihn gemäß Art. 13 DSGVO informieren. Dazu kann er den neuen Kunden auf einen Aushang mit den entsprechenden Pflichtangaben hinweisen oder ihm einen gedruckten Flyer aushändigen, auf dem diese Informationen zu finden sind. Im Alltag kann auch der Hinweis auf eine Internetseite ausreichen, auf der die Datenschutzhinweise eingesehen bzw. heruntergeladen werden können.

5.1.1 Pflichtinformationen

In der Regel müssen Sie sich für die Erstellung Ihrer Offline-Datenschutzhinweise an Art. 13 DSGVO orientieren. Danach sind folgende Informationen pro-aktiv bereitzustellen:

- Namen und Kontaktdaten der verantwortlichen Stelle
- ggf. die Kontaktdaten des Datenschutzbeauftragten
- die Zwecke, für die die personenbezogenen Daten verarbeitet werden

- die Rechtsgrundlage für die Datenverarbeitung
- ggf. die berechtigten Interessen, auf die die Datenverarbeitung gestützt wird
- ggf. die Empfänger oder Kategorien von Empfängern der personenbezogenen Daten
- ggf. die Absicht der verantwortlichen Stelle, die personenbezogenen Daten an ein Drittland oder eine internationale Organisation zu übermitteln
- die Dauer, für die die personenbezogenen Daten gespeichert werden oder, falls das nicht möglich ist, die Kriterien für die Festlegung der Speicherdauer
- die Information über die Betroffenenrechte auf Auskunft, Berichtigung, Löschung, Einschränkung, Datenportabilität, Widerspruch, Widerruf und Beschwerde
- die Information darüber, ob die Bereitstellung der personenbezogenen Daten gesetzlich oder vertraglich vorgeschrieben oder für einen Vertragsabschluss erforderlich ist, ob der Betroffene verpflichtet ist, die Daten bereitzustellen, und welche möglichen Folgen die Nichtbereitstellung hätte
- ggf. eine Aussage über das Bestehen einer automatisierten Entscheidungsfindung und aussagekräftige Informationen über die involvierte Logik sowie die Tragweite und die angestrebten Auswirkungen einer solchen Verarbeitung.

Die Pflicht zur pro-aktiven Information bedeutet, dass Sie diese Pflichtinformationen in Ihrer Datenschutzerklärung gut auffindbar öffentlich bereitstellen müssen und nicht eine entsprechende Nachfrage von Betroffenen abwarten dürfen.

5.1.2 Umsetzung in die Praxis

Legen Sie den Text der allgemeinen Datenschutzhinweise für Ihre Offline-Tätigkeit z.B. als PDF-Datei auf Ihrem eigenen Web-Server oder in einem Cloud-Speicher ab, am besten unter einer kurzen, prägnanten Adresse (z.B. www.xyz-gmbh.de/datenschutz).

Per »**sprechendem Link**« können Sie dann auf Ihre Datenschutzhinweise verweisen: z.B. »Datenschutzhinweise unter www.xyz-gmbh.de/datenschutz«. Diesen Link übernehmen Sie

- auf Ihren Briefbogen oder auf Briefumschläge,
- auf Visitenkarten,
- in Ihre E-Mail-Signatur,
- auf einen Aushang im Eingangsbereich,
- auf einen Aufsteller am Empfangstresen oder auch
- als Ergänzung auf den Anrufbeantworter.

So eine »Link-Lösung« ist zulässig und erlaubt es Ihnen, mit jeglicher Geschäftskorrespondenz eine entsprechende Information zu versenden, ohne dass Sie oder ein Mitarbeiter extra daran denken müssen. Alternativ oder auch zusätzlich können Sie die PDF-Datei an automatisiert verschickte E-Mails anhängen, wie beispielsweise die Bestellbestätigung Ihres Webshops oder die Eingangsbestätigung für Bewerber-Mails. Wenn Sie die elektronische Übermittlung bzw. Online-Bereitstellung des Textes nicht umsetzen können oder wollen, haben Sie die Möglichkeit, diesen auf einem separaten Dokument, wie einem Aushang oder einem Flyer, abzudrucken und darauf zu verweisen.

5.1.3 So können Datenschutzhinweise aussehen

Zur besseren Veranschaulichung finden Sie im Folgenden ein exemplarisch formuliertes Muster solcher Datenschutzhinweise.

Muster Datenschutzhinweise

1. Name & Kontaktdaten des für die Verarbeitung Verantwortlichen

Diese Datenschutzhinweise gelten für die Datenverarbeitung durch die folgende verantwortliche Stelle:

Steuerberater Max Mustermann

Musterallee 123

12345 Musterhausen

E-Mail: info@stb-mustermann.de

2. Erhebung & Speicherung personenbezogener Daten sowie deren Art, Zweck & Verwendung

Diese allgemeinen Datenschutzhinweise gelten für die Tätigkeit der Steuerberaterkanzlei Mustermann. Wenn Sie Herrn Mustermann beauftragen, werden folgende Informationen erhoben:

- Anrede, Titel, Vorname, Nachname
- Anschrift
- E-Mail-Adresse
- Telefonnummer (Festnetz und/oder Mobilfunk)
- Geburtsdatum
- Kontodaten
- Steuernummer
- alle für die Durchführung der Beratung bzw. Erstellung von Steuererklärungen notwendigen sonstigen Informationen und Belege (z.B. Rechnungen, Quittungen, Verträge, Belege ...)

Zu den erhobenen Daten können auch besondere Kategorien personenbezogener Daten im Sinne von Art. 9 Abs. 1 DSGVO gehören. Dazu zählen z.B. Daten, aus denen die ethnische Herkunft, politische Meinungen, religiöse oder weltanschauliche Überzeugungen oder die Gewerkschaftszugehörigkeit hervorgehen, sowie genetische bzw. biometrische Daten oder auch

Gesundheitsdaten. Bereits bei Mandatsbegründung können – je nach Sachverhalt und beauftragter Leistung – z.B. Steuerunterlagen, Korrespondenz, Nachweise (z.B. über Religionszugehörigkeit oder Kirchenaustritt) etc. erhoben werden. Unter Umständen werden diese Daten mit Ihrer Einwilligung auch während der Mandatsbearbeitung angefordert oder die Daten werden während der Mandatsbearbeitung von Dritten übermittelt (z.B. durch die Finanzbehörden).

Die Erhebung der personenbezogenen und ggf. auch der besonderen Kategorien personenbezogener Daten erfolgt insbesondere,

- um Sie als Mandanten bzw. Vertragspartner identifizieren zu können;
- um Sie angemessen beraten und vertreten zu können bzw. um eine angemessene Durchführung des Vertrages gewährleisten zu können;
- zur Korrespondenz mit Ihnen;
- zur Rechnungsstellung und ggf. zur Durchführung von Inkassomaßnahmen.

Die Datenverarbeitung erfolgt auf Ihre Anfrage hin und ist gem. Art. 6 Abs. 1 Satz 1 lit. b) DSGVO zu den genannten Zwecken für die angemessene Bearbeitung des Mandats bzw. die angemessene Durchführung des Vertrages und für die Erfüllung von Verpflichtungen aus dem Vertrag erforderlich. Eine Nichtbereitstellung Ihrer personenbezogenen Daten hätte zur Folge, dass der Vertrag mit Ihnen nicht geschlossen werden oder dass Ihre Anfrage nicht beantwortet werden könnte.

Die für die Beauftragung der Steuerberaterkanzlei Mustermann erhobenen personenbezogenen Daten werden bis zum Ablauf der gesetzlichen Aufbewahrungspflicht für Steuerberater (zehn Jahre nach Beendigung des Mandats) gespeichert und danach gelöscht, es sei denn, dass gem. Art. 6 Abs. 1 Satz 1 lit. c) DSGVO – z.B. aufgrund von steuer- und handelsrechtlichen Vorschriften – weiter gehende Aufbewahrungs- und Dokumentationspflichten bestehen oder Sie in eine darüber hinausgehende Speicherung gem. Art. 6 Abs. 1 Satz 1 lit. a) DSGVO eingewilligt haben.

3. Weitergabe von Daten an Dritte

Eine Übermittlung Ihrer personenbezogenen Daten an Dritte zu anderen als den im Folgenden aufgeführten Zwecken findet nicht statt. Soweit dies gem. Art. 6 Abs. 1 Satz 1 lit. b) DSGVO für die Abwicklung von Mandatsverhältnissen bzw. für die Durchführung von Vertragsverhältnissen mit Ihnen erforderlich ist, werden Ihre personenbezogenen Daten an Dritte weitergegeben (z.B. an Finanzbehörden). Außerdem kommt auch die Weitergabe an Versanddienstleister (wie z.B. die Deutsche Post) sowie an Zahlungsdienstleister (wie z.B. die Hausbank) zum Zwecke der Korrespondenz sowie zur Durchführung von Zahlungsvorgängen infrage. Die weitergegebenen Daten dürfen von dem Dritten ausschließlich zu den genannten Zwecken verwendet werden.

Die Pflicht zur Verschwiegenheit als Steuerberater bleibt unberührt. Soweit es sich um Daten handelt, die dem Steuerberatergeheimnis unterliegen, erfolgt eine Weitergabe an Dritte nur in Absprache mit Ihnen.

4. Betroffenenrechte

Sie haben das Recht

- gem. Art. 7 Abs. 3 DSGVO Ihre einmal erteilte Einwilligung jederzeit zu widerrufen. Dies hat zur Folge, dass die Datenverarbeitung, die auf dieser Einwilligung beruhte, für die Zukunft nicht mehr fortgeführt werden darf;
- gem. Art. 15 DSGVO Auskunft über Ihre verarbeiteten personenbezogenen Daten zu verlangen. Insbesondere können Sie Auskunft über die Verarbeitungszwecke, die Kategorie der personenbezogenen Daten, die Kategorien von Empfängern, gegenüber denen Ihre Daten offengelegt wurden oder werden, die geplante Speicherdauer, das Bestehen eines Rechts auf Berichtigung, Löschung, Einschränkung der Verarbeitung

oder Widerspruch, das Bestehen eines Beschwerderechts, die Herkunft Ihrer Daten, sofern diese nicht bei der Steuerberaterkanzlei Mustermann erhoben wurden, sowie über das Bestehen einer automatisierten Entscheidungsfindung einschließlich Profiling und ggf. aussagekräftigen Informationen zu deren Einzelheiten verlangen;

- gem. Art. 16 DSGVO unverzüglich die Berichtigung unrichtiger oder Vervollständigung Ihrer gespeicherten personenbezogenen Daten zu verlangen;
- gem. Art. 17 DSGVO die Löschung Ihrer gespeicherten personenbezogenen Daten zu verlangen, soweit nicht die Verarbeitung zur Ausübung des Rechts auf freie Meinungsäußerung und Information, zur Erfüllung einer rechtlichen Verpflichtung, aus Gründen des öffentlichen Interesses oder zur Geltendmachung, Ausübung oder Verteidigung von Rechtsansprüchen erforderlich ist;
- gem. Art. 18 DSGVO die Einschränkung der Verarbeitung Ihrer personenbezogenen Daten zu verlangen, soweit die Richtigkeit der Daten von Ihnen bestritten wird, die Verarbeitung unrechtmäßig ist, Sie aber deren Löschung ablehnen und die Steuerberaterkanzlei Mustermann die Daten nicht mehr benötigt, Sie jedoch diese zur Geltendmachung, Ausübung oder Verteidigung von Rechtsansprüchen benötigen oder Sie gem. Art. 21 DSGVO Widerspruch gegen die Verarbeitung eingelegt haben;
- gem. Art. 20 DSGVO Ihre personenbezogenen Daten, die Sie der Steuerberaterkanzlei Mustermann bereitgestellt haben, in einem strukturierten, gängigen und maschinenlesbaren Format zu erhalten oder die Übermittlung an einen anderen Verantwortlichen zu verlangen und
- gem. Art. 77 DSGVO sich bei einer Aufsichtsbehörde zu beschweren. In der Regel können Sie sich hierfür an die Aufsichtsbehörde Ihres üblichen Aufenthaltsortes bzw. Arbeitsplatzes oder des Sitzes der Steuerberaterkanzlei Mustermann wenden.

5. Widerspruchsrecht

Sofern Ihre personenbezogenen Daten auf Grundlage von berechtigten Interessen gem. Art. 6 Abs. 1 Satz 1 lit. f) DSGVO oder für Direktwerbung verarbeitet werden, haben Sie das Recht, gem. Art. 21 DSGVO Widerspruch gegen die Verarbeitung Ihrer personenbezogenen Daten einzulegen, soweit dafür Gründe vorliegen, die sich aus Ihrer besonderen Situation ergeben. Möchten Sie von Ihrem Widerspruchsrecht Gebrauch machen, genügt eine E-Mail an info@stb-mustermann.de oder eine schriftliche Mitteilung an die o.a. Adresse.

6. Datenverarbeitung online

Auch über die Internetseite oder auch über die Social-Media-Profile der Steuerberaterkanzlei Mustermann erfolgt die Verarbeitung bestimmter personenbezogener Daten, u.a. der IP-Adresse der Besucher. Eine ergänzende Online-Datenschutzerklärung finden Sie daher unter www.stb-mustermann.de/datenschutz.

5.2 Die Datenschutzerklärung für Ihre Web-Präsenzen

5.2.1 Weitere Pflichtinformationen müssen enthalten sein

In der Online-Datenschutzerklärung kommen **zusätzlich** zu den Informationen, die auch in den Datenschutzhinweisen für Offline-Tätigkeiten enthalten sind, **weitere Pflichtinformationen** hinzu. Denn hier müssen Sie auch alle eingesetzten Technologien beschreiben, mit denen personenbezogene Daten der Besucher Ihrer Website, also etwa deren IP-Adresse, verarbeitet werden. Solche Technologien können sein:

- Analyse-/Tracking-Tools (also Google Analytics, Matomo, Etracker, Facebook Pixel usw.)
- Kontaktformulare

- Newsletter
- Online-Werbung (z.B. Google Ads)
- Cookies
- Social Plugins von Facebook, Twitter, Instagram, LinkedIn, YouTube etc.
- Web-Schriftarten (Google WebFonts, FontAwesome)
- eingebettete Fremdinhalte (wie z. B. Google Maps oder Videos von YouTube, Vimeo usw.)
- ggf. verschlüsselte Datenübertragung mittels SSL- bzw. TLS-Zertifikat
- Partnerprogramme von Amazon, eBay usw.
- Online-Bewerberverfahren

Diese Liste ist nicht abschließend zu verstehen, sondern führt die Technologien auf, die sehr häufig im Rahmen von Web-Präsenzen und Social Media zum Einsatz kommen.

5.2.2 Die praktische Umsetzung auf Ihrer Website

Die Datenschutzerklärung auf Ihrer Internetseite muss unter einem eigenständigen Menüpunkt bereitgestellt werden, der von jeder einzelnen Unterseite aus gleichermaßen gut und direkt erreichbar ist. Diesen Menüpunkt benennen Sie idealerweise so, dass auf den ersten Blick klar wird, welche Informationen darüber zu erreichen sind, also z.B.

- Datenschutz,
- Datenschutzerklärung,
- Datenschutzhinweise.

Oftmals wird der Menüpunkt zum Datenschutz zusammen mit den Menüpunkten für andere Rechtstexte, wie etwa »Impressum«, »AGB« oder »Widerrufsbelehrung«, in der Fußzeile der Website untergebracht. Diese Vorgehensweise hat sich auf vielen kommerziellen

Websites so »eingebürgert«. Der Menüpunkt kann aber auch Teil der Hauptnavigation werden – wichtig ist nur, dass Besucher der Website die Informationen schnell finden und nicht erst lange suchen müssen.

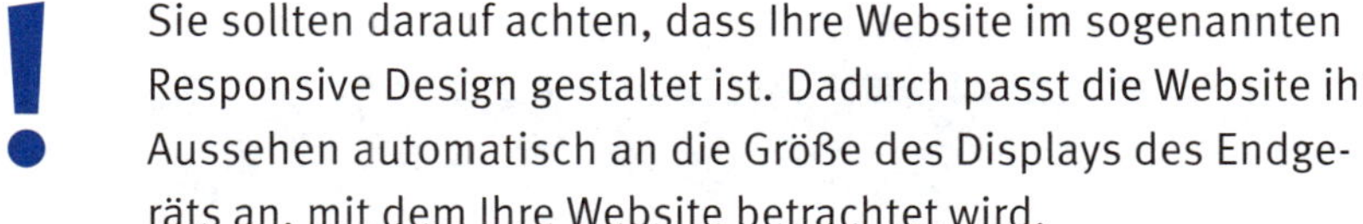

Sie sollten darauf achten, dass Ihre Website im sogenannten Responsive Design gestaltet ist. Dadurch passt die Website ihr Aussehen automatisch an die Größe des Displays des Endgeräts an, mit dem Ihre Website betrachtet wird.

Dies hat den Effekt, dass die Website auf einem gängigen Computerbildschirm wie von Ihnen gedacht dargestellt wird. Wird sie jedoch z.B. auf einem Smartphone aufgerufen, werden automatisch der kleinere Bildschirm und das Layout entsprechend angepasst. So werden alle Inhalte auf den verschiedenen Displays korrekt angezeigt und alle Menüpunkte können aufgerufen werden.

Auf folgendem Bild sehen Sie die Website des Autors, so wie sie auf einem handelsüblichen Computerbildschirm dargestellt wird.

Auf dem nächsten Bild ist ebenfalls die Autoren-Website abgebildet, diesmal aber in einer niedrigeren Auflösung, wie sie z.B. auf einem Smartphone besteht.

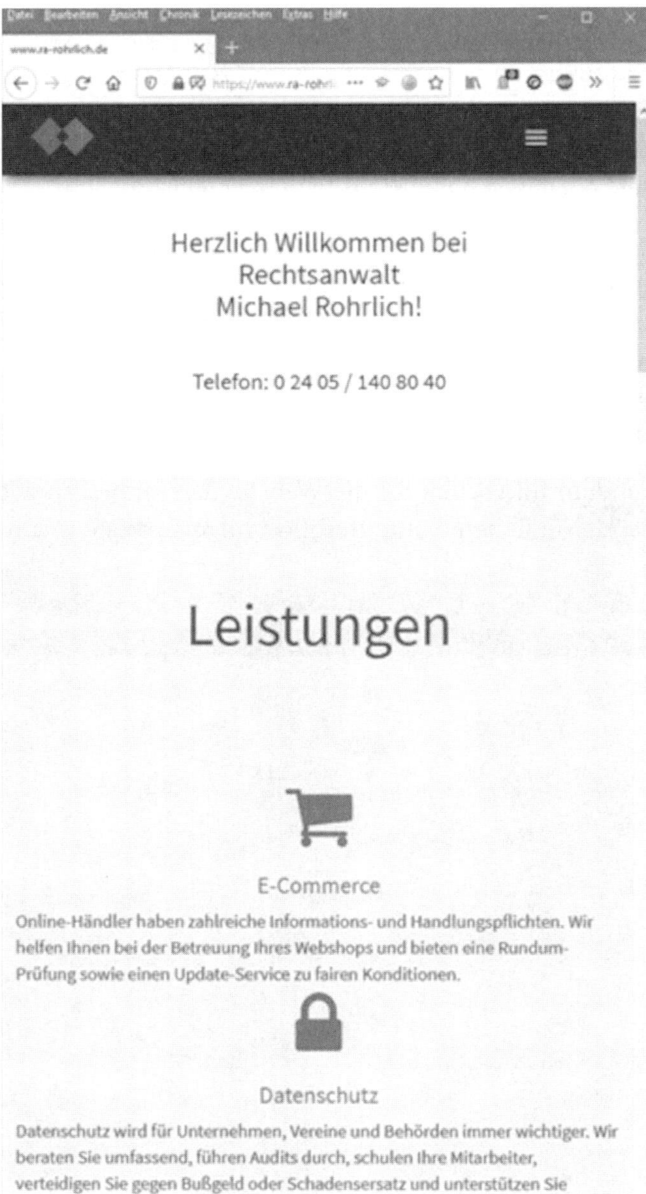

Die Formulierung von Datenschutzerklärungen für auf Webseiten eingesetzte Technologien ist doch sehr technisch und nicht ganz einfach. Zur Unterstützung werden daher sogenannte **Datenschutz-Generatoren** angeboten, die teilweise kostenfrei, zum Teil aber auch kostenpflichtig genutzt werden können.

Diese Generatoren fragen Sie Schritt für Schritt ab. Allerdings gibt es auch hier bereits Unterschiede, denn manche Generatoren stellen auch sehr technische Fragen, die aber in aller Regel auch erläutert werden. Sie werden dort beispielsweise gefragt, ob Sie auf Ihrer Website ein Kontaktformular einsetzen, ob Sie dort Cookies verwenden, ob Sie einen Newsletter anbieten etc. Alle Technologien, die datenschutzrechtlich relevant sind und die deshalb auch im Rahmen der Datenschutzerklärung erläutert werden müssen, werden abgefragt und dann ggf. berücksichtigt.

Probieren Sie am besten nicht nur einen Generator aus, sondern lassen Sie sich Ihre Datenschutzerklärung von zumindest zwei Anbietern erstellen. So können Sie prüfen, mit welchem Generator Sie zurechtkommen und mit welchem Ergebnis Sie zufrieden sind – auch bevor Sie sich ggf. für die kostenpflichtige Variante eines Anbieters entscheiden.

Hier einige Beispiele:

- AdSimple
(www.adsimple.de/datenschutz-generator)
- ActiveMind
(www.activemind.de/datenschutz/generatoren/datenschutzerklaerung)
- Avalex GmbH
(www.avalex.de), kostenpflichtiges Angebot
- eRecht24
(www.e-recht24.de/muster-datenschutzerklaerung.html)

- Rechtsanwalt Dr. Thomas Schwenke (www.datenschutz-generator.de), Angebot teilweise kostenpflichtig
- Rechtsanwälte Wilde Beuger Solmecke (www.wbs-law.de/it-und-internet-recht/datenschutzrecht/datenschutzerklaerung/datenschutzgenerator)
- Müller Rechtsanwälte Partnerschaft (www.sos-recht.de/datenschutz/dsgvo-datenschutz-generator)
- PROLIANCE GmbH (www.datenschutzexperte.de/datenschutzerklaerung-generator)
- Anwaltskanzlei Weiß & Partner (www.ratgeberrecht.eu/leistungen/muster-datenschutzerklaerung.html)

Zur Vereinfachung finden Sie diese Links auch im **Servicebereich.**

Außer den aufgeführten Generatoren existieren natürlich weitere. Die Liste ist lediglich exemplarisch und weder abschließend noch wertend zu verstehen.

Über eine Onlinesuche nach »Datenschutzerklärung« und »Generator« werden Sie schnell fündig.

Hand in Hand: Impressum und Online-Datenschutzerklärung

Parallel zur Pflicht, eine Online-Datenschutzerklärung bereitzustellen, müssen Sie auf Ihrer Website auch ein Impressum haben.

Auch dieser Menüpunkt muss von jeder einzelnen Unterseite aus gut und direkt erreichbar sein. Der Begriff »Impressum« ist zwar nicht gesetzlich vorgeschrieben, hat sich aber durchgesetzt und ist daher zu empfehlen. Inhaltlich gibt es verschiedene Pflichtangaben, u.a. Name bzw. Unternehmensbezeichnung, Anschrift, Kontaktdaten, ggf. Angaben zum Handels- oder Vereinsregister oder ggf. die Umsatzsteuer-Identifikationsnummer. Auch für das Impressum gibt es Online-Generatoren, mit deren Hilfe man den Menüpunkt leicht mit Inhalten füllen kann. Einige der oben genannten Datenschutz-Generatoren stellen zugleich entsprechende Funktionen für die Erstellung der Inhalte des Impressums bereit.

5.2.3 Umsetzung in Ihren Social-Media-Profilen

Nicht nur auf der eigenen Website, sondern auch in den sozialen Medien besteht die Pflicht, eine Datenschutzerklärung bereitzustellen. Ausnahme auch hier: rein private Profile, mit denen Sie vielleicht noch Kontakt zu ehemaligen Schulfreunden halten. Ansonsten müssen alle Online-Auftritte, die Sie im Rahmen Ihrer unternehmerischen Tätigkeit betreiben, eine Datenschutzerklärung haben – und das gilt auch für die sozialen Medien.

Betreiben Sie eine Website und zusätzlich verschiedene Social-Media-Profile wie Facebook, Instagram etc., dann müssen Sie für alle eine Datenschutzerklärung bereitstellen. Das bedeutet einen nicht unerheblichen Pflegeaufwand und damit auch eine gewisse Rechtsunsicherheit. Denn bei Änderungen müssen diese in jeder einzelnen Datenschutzerklärung umgesetzt werden.

Bei einem Unternehmen hat sich die Anschrift geändert oder es wird ein neues Analyse-Tool eingesetzt. Daraufhin müssen sämtliche Online-Datenschutzerklärungen angepasst werden.

Vergessen Sie nur eine Datenschutzerklärung anzupassen, haben Sie eine »offene Flanke«, die ein potenzielles Ziel für Abmahnungen, Bußgelder und/oder Schadensersatzforderungen sein kann.

Um solche Angriffsflächen zu vermeiden, empfiehlt sich bei der Umsetzung der einzelnen Datenschutzerklärungen für Internetauftritt und Social Media folgende **Vorgehensweise:**

- **Ausgangspunkt ist Ihre Website:** Auf Ihrer Website stellen Sie eine Datenschutzerklärung unter einem leicht auffindbaren und eindeutig bezeichneten Menüpunkt bereit, die alle erforderlichen Pflichtinhalte enthält. Hier beschreiben Sie auch die erforderlichen Inhalte in Bezug auf alle Social-Media-Profile, die Sie betreiben. Das heißt, Sie weisen ausdrücklich auf die Datenverarbeitungen über Facebook, Twitter, LinkedIn usw. hin.
- **Nächster Schritt – Social Media:** In den sozialen Medien müssen Sie nun »nur« noch einen Verweis auf die Datenschutzerklärung Ihrer Website einbinden.

  Das geht entweder durch die Aktivierung der bei den verschiedenen Kanälen zur Verfügung gestellten entsprechenden Option (z.B. über den Punkt »Datenschutzrichtlinie« bei Facebook Fanpages oder über »Rechtliche Hinweise« bei XING) oder über einen »sprechenden Link«.

  Da die meisten sozialen Netzwerke ihren Nutzern aber leider noch keine Funktionen für eine Datenschutzerklärung bereitstellen, ist ein »sprechender Link« oft das Mittel der Wahl.

  Der Hinweis »Datenschutz: www.xyz-gmbh.de/datenschutz« sollte als anklickbarer Link in den Bereich »Bio«, »Über mich«, »Profil«, »Info« o.Ä. eingebunden werden – leider nennt das jedes soziale Netzwerk anders.

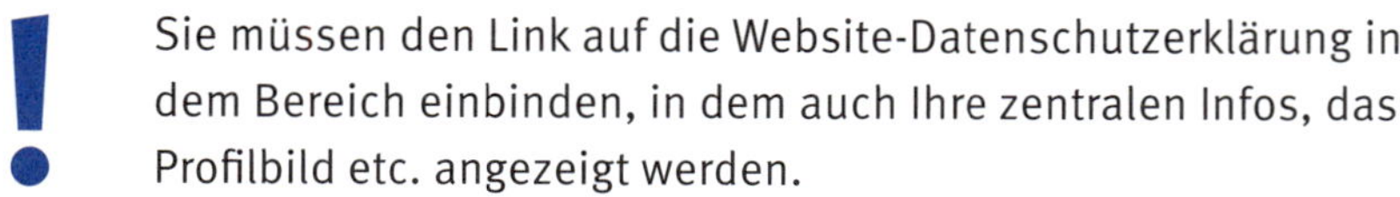

Sie müssen den Link auf die Website-Datenschutzerklärung in dem Bereich einbinden, in dem auch Ihre zentralen Infos, das Profilbild etc. angezeigt werden.

Diese Vorgehensweise, eine zentrale Datenschutzerklärung auf der Website bereitzustellen, auf die dann aus den verschiedenen Social-Media-Profilen verwiesen wird, ist leicht umzusetzen und erspart eine Menge Pflegeaufwand. Im Falle von notwendigen Änderungen reicht die Anpassung der Website, da die »Datenschutzerklärungen« in den sozialen Medien nur aus den sprechenden Links bestehen.

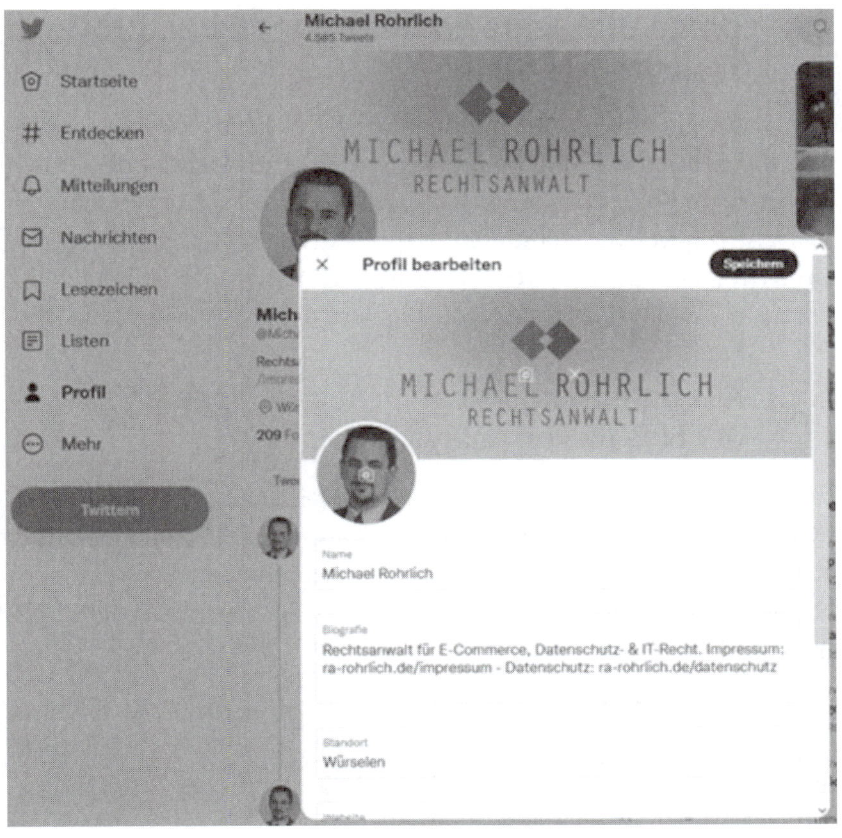

! Sie können das gleiche Prinzip auch bei der Umsetzung der Impressumspflicht anwenden. Denn auch hier gilt, dass Sie ein Impressum sowohl auf Ihrer Website als auch in den sozialen Netzwerken bereitstellen müssen. Es empfiehlt sich daher, analog zur Datenschutzerklärung vorzugehen. Das heißt: Das Impressum auf der Website anlegen und per sprechendem Link (z.B. »Impressum: www.xyz-gmbh.de/impressum«) aus den sozialen Medien darauf verweisen.

5.3 Diese Probleme könnten Ihnen bei Ihrer Website begegnen

Die Datenschutzerklärung auf der eigenen Website bzw. in den eigenen Social-Media-Profilen ist zwar zentral und wichtig, aber nicht das Einzige, was es in puncto Online-Datenschutz zu beachten gilt. Je nachdem, welche Technologien zum Einsatz kommen, muss noch ein wenig mehr getan werden, als »nur« die Pflichtinformationen bereitzustellen, um datenschutzrechtlich auf der sicheren Seite zu sein.

5.3.1 Aus Datenschutzsicht nicht ganz ungefährlich: der Einsatz von Analyse-Tools

Wenn Sie auf Ihrer Website Google Analytics (bzw. Universal Analytics), Matomo (ehemals Piwik), Etracker, Facebook Pixel oder ähnliche Analyse-Tools einsetzen, dann verarbeiten Sie personenbezogene Daten der Nutzer Ihrer Website, insbesondere deren **IP-Adressen.**

Die auf dem Markt verfügbaren Analysesoftwares sind in ihrem Funktionsumfang und in den Konfigurationsmöglichkeiten recht unterschiedlich. Es kommt mitunter auf die Details der Einstellungsmöglichkeiten an. Die Einsatzmöglichkeiten reichen von simpler Statistik (z.B. über die angeklickten Unterseiten) über das Erstellen pseudonymer Profile bis hin zur gezielten »Verfolgung« einzelner Nutzer (sog. Tracking).

Die Voraussetzungen für einen rechtskonformen Einsatz solcher Tools soll nachfolgend am Beispiel von Google Analytics als dem wohl am meisten genutzten Werkzeug skizziert werden.

Bitte beachten: Die folgenden Musterformulierungen dienen nur der Verdeutlichung, sie passen nicht unbedingt auf Ihre individuelle Situation bzw. Internetseite.

Es müssen folgende Schritte beachtet werden:

- **Code-Modifikation:** Durch Erhebung von IP-Adressen in gekürzter Form wird der Grundsatz der Datensparsamkeit erfüllt:

  Bei Google Analytics per Aktivierung der Funktion »anonymizeIP«.

- **Datenschutzerklärung:** Die Funktionsweise der Software ist so genau und verständlich wie möglich im Rahmen der Datenschutzerklärung zu beschreiben.

Formulierungsbeispiel

»Google Analytics verwendet sogenannte Cookies, also in der Regel Textdateien, die auf Ihrem Endgerät gespeichert werden und die eine Analyse Ihrer Benutzung der Internetseite ermöglichen. Die durch das Cookie erzeugten Informationen über Ihre Benutzung unserer Internetseiten werden in der Regel an die Server von Google in den USA übertragen und dort gespeichert.

Aufgrund der Aktivierung der IP-Anonymisierung auf unseren Internetseiten mittels der Erweiterung »anonymizeIP« wird Ihre IP-Adresse von Google jedoch innerhalb der Mitgliedsstaaten der Europäischen Union oder in anderen Vertragsstaaten des Abkommens über den Europäischen Wirtschaftsraum zuvor gekürzt. Nur in Ausnahmefällen wird die volle IP-Adresse an die Google-Server in den USA übertragen und dort gekürzt.«

- **Hinweis auf Widerspruchsmöglichkeit:** Da die Daten der Website-Besucher verarbeitet werden, müssen diese auf den Einsatz der Analysesoftware sowie auf ihr Recht, dagegen Widerspruch zu erheben, im Rahmen der Datenschutzerklärung hingewiesen werden.

Formulierungsbeispiel

»Sie können die Speicherung der Cookies durch eine entsprechende Einstellung Ihres Browsers verhindern; wir weisen Sie jedoch darauf hin, dass Sie in diesem Fall ggf. nicht sämtliche Funktionen unserer Internetseiten vollständig nutzen können. Sie können darüber hinaus die Erfassung der durch das Cookie erzeugten und auf Ihre Nutzung unserer Internetseiten bezogenen Daten (inklusive Ihrer IP-Adresse) an Google sowie die Verarbeitung dieser Daten durch Google verhindern, indem Sie das unter dem folgenden Link verfügbare Browser-Add-on herunterladen und installieren: tools.google.com/dlpage/gaoptout.«

- **Vertrag:** Mit dem Anbieter bzw. Hersteller der Software ist ein Vertrag über die Auftragsverarbeitung bzw. über die gemeinsame Verantwortlichkeit abzuschließen. Die genaue Art des Vertrages hängt von der Software bzw. deren Konfiguration ab.
- **Keine Profilbildung:** Es darf keine Profilbildung mit den erhobenen Daten erfolgen.

  Bei Google Analytics darf die User-ID nicht aktiviert werden.

Können oder konnten Sie die beschriebenen Voraussetzungen nicht allesamt erfüllen, müssen alle bislang erhobenen Daten gelöscht werden. Im Zweifelsfall müssen Sie einen neuen Account anlegen und neu anfangen.

Nach Ansicht verschiedener Datenschutzaufsichtsbehörden ist der Einsatz der Tools Google Analytics und Facebook Custom Audiences derzeit generell rechtswidrig. Diese strenge Auffassung wird zwar nicht von allen Datenschutzrechtlern geteilt, aber ein Einsatz dieser beiden Tools ist zumindest mit einem gewissen Risiko verbunden. Im Zweifel sollten Sie also lieber davon Abstand nehmen oder sich nach einer Alternative umschauen. Zudem muss aus anwaltlicher Vorsicht ohnehin bis auf Weiteres davon abgeraten werden, Tools von US-Anbietern, wie Google Analytics, einzusetzen.

Achten Sie auf den Sitz der Anbieter!

In diesem Zusammenhang sollten Sie sich bewusst machen, dass einige Anbieter solcher Analysetools, insbesondere der Marktführer Google, ihren Sitz nicht in der Europäischen Union, sondern im Nicht-EU-Ausland haben.

Das ist datenschutzrechtlich problematisch. Diese Problematik betrifft aber nicht nur Anbieter von Analysetools, sondern alle Bereiche, in denen Sie Daten an Dritte übermitteln. Wir gehen auf dieses Thema daher ausführlich in → Kapitel 8 »Datenübermittlungen« ein. An dieser Stelle nur kurz: Verzichten Sie lieber auf Anbieter mit Sitz in den USA, in China, in Indien, in Russland oder in anderen sogenannten unsicheren Drittstaaten! Suchen Sie nach einer europäischen Alternative, wie etwa Etracker. Es gibt außerdem auch Analysesoftware, die Sie auf Ihrem eigenen Webserver betreiben können (sog. »On-premise«-Betrieb), z.B. Matomo. In einem solchen Fall bleiben die mit dem Tool ermittelten Daten auf Ihrem Server und werden nicht an Dritte, also auch nicht ins Nicht-EU-Ausland, übermittelt.

5.3.2 Vorsicht beim Einsatz von Cookies

Auch der Einsatz von Cookies und ähnlichen Technologien, wie etwa localStorage oder Browser Fingerprinting, bringt aus datenschutzrechtlicher Sicht einige Probleme mit sich.

Cookies sind Textinformationen, die als Dateien auf dem Computer der einzelnen Nutzer gespeichert werden. Darin können unterschiedliche Informationen abgelegt werden, z.B. die zuletzt besuchten Websites oder Login-Informationen. Über die letztgenannten Angaben werden Sie z.B. von Amazon wiedererkannt, wenn Sie sich dort mit Ihrem Kunden-Account eingeloggt haben und die Website am nächsten Tag erneut aufsuchen.

Manche Cookies speichern also »nur« die Anmeldeinformationen, damit ein Kunde in einem Onlineshop »wiedererkannt« wird oder damit der Inhalt des virtuellen Warenkorbs eines Kunden gespeichert werden kann. Andere Cookies beinhalten dagegen genügend Informationen, um einen ganz bestimmten Nutzer identifizieren und auch seine Bewegungen auf anderen Internetseiten nachverfolgen zu können. Die auf diese Weise gewonnenen Erkenntnisse können dazu genutzt werden, ein Profil des Kunden zu erstellen, um diesem dann zielgerichtete Werbung anzubieten. Je mehr und je detailliertere Daten von Ihren Kunden Ihnen vorliegen, desto genauer werden deren Profile und desto wertvoller sind die Informationen für die Werbeindustrie.

Achtung: Seit der sogenannten »Planet49«-Entscheidung des EuGH (Urteil vom 1.10.2019, Az. C-673/17) besteht in Bezug auf Cookies (und vergleichbare Technologien) die grundsätzliche Pflicht, eine Einwilligung der Website- oder App-Nutzer einzuholen, bevor Cookies gesetzt werden. Eine Ausnahme davon lässt der EuGH nur für solche Cookies zu, die aus technischer Sicht für die Bereitstellung des Online-Angebots unbedingt erforderlich sind.

Für die Einkaufsfunktion eines Webshops ist der Einsatz von Cookies notwendig, denn anders kann der Warenkorbinhalt nicht zwischengespeichert werden, bis ein Kunde seinen virtuellen Einkauf beendet hat und zur Kasse »gegangen« ist.

Für solche Cookies wird folglich keine Einwilligung benötigt. Für die Cookies, die aufgrund des Einsatzes von Google Analytics gesetzt werden, allerdings schon. Denn solche Analyse- bzw. Tracking-Cookies sind für den Webshop technisch nicht erforderlich. Dieser funktioniert auch ohne die Auswertung des Nutzerverhaltens.

Bei der Bewertung der Erforderlichkeit geht es ausschließlich um technische Aspekte, nicht um wirtschaftliche Erwägungen.

Deutsche Umsetzung der europäischen Vorgaben

Die Datenschutzkonferenz (DSK) hat am 20.12.2021 eine »Orientierungshilfe für Anbieter von Telemedien« veröffentlicht. Diese kann kostenfrei auf der DSK-Homepage heruntergeladen werden (Link: »Orientierungshilfe« im Servicebereich).

Unter »Telemediendienst« werden im Allgemeinen Kategorien von Websites verstanden, also etwa Webshops, Blogs, Suchmaschinen oder Social Media. Je nach Art des Online-Angebots gibt es unterschiedliche Basisdienste, die angeboten werden.

In der Orientierungshilfe wird nicht nur das erwähnte EuGH-Urteil berücksichtigt, sondern auch das zum 1.12.2021 in Kraft getretene TTDSG. Der deutsche Gesetzgeber hat hier die Vorgaben der europäischen Richter in ein Gesetz gegossen, genauer gesagt, in § 25 TTDSG. Diese Norm geht ebenfalls davon aus, dass eine Einwilligung der Nutzer z.B. einer Website oder einer App benötigt wird, bevor Cookies oder vergleichbare Technologien zum Einsatz kommen.

Ausnahmsweise kann diese entfallen, wenn die Speicherung von Informationen in der »Endeinrichtung« des Nutzers oder der Zugriff auf dort bereits gespeicherte Informationen unbedingt erforderlich ist, um einen vom Nutzer ausdrücklich gewünschten »Telemediendienst« zur Verfügung zu stellen. Der Begriff »Endeinrichtung« umfasst nicht nur Computer, Tablets oder Smartphones, sondern auch Smart-Home-Geräte (z.B. die via Internet steuerbare Heizung, der Kühlschrank mit Onlinezugang), Smart-TVs oder auch vernetzte Fahrzeuge.

Der Basisdienst eines Webshops ist die Einkaufsmöglichkeit, hingegen besteht der Basisdienst einer Suchmaschine darin, Nutzern auf deren Suchanfragen entsprechende Ergebnisse zu liefern.

Für welche Cookies ist eine Einwilligung erforderlich?

Wenn also ein Cookie aus **technischen Gründen** zwingend für die Bereitstellung des Basisdienstes ist, dann müssen Sie hierfür nicht die Einwilligung der Besucher Ihrer Web-Präsenz einholen.

Das Gleiche gilt in Bezug auf Funktionen, die dafür sorgen, den eigentlichen **Basisdienst schnell, sicher und/oder stabil** bereitzustellen. Cookies für Funktionen, die der IT-Sicherheit des eigentlichen Angebots dienen, sind daher ebenfalls vom Einwilligungserfordernis ausgenommen.

Wichtig: Für alle anderen Cookies ist eine rechtskonforme Einwilligung eines jeden Nutzers erforderlich. So sieht es der EuGH, so verlangt es die DSK und so normiert es inzwischen § 25 TTDSG.

Die entscheidende Frage ist also: Welche Cookies sind in diesem Sinne technisch unbedingt erforderlich und welche nicht? Das muss laut DSK stets anhand des individuellen Einzelfalls und in Bezug auf den konkreten Basisdienst entschieden werden. Die nachfolgende Tabelle soll Ihnen als Entscheidungshilfe dienen:

technisch notwendige Cookies	**technisch** nicht **notwendige Cookies**
virtueller Warenkorb	Tracking
Spracheinstellungen	Analyse
Medieninhalte (z.B. eingebettete Videos bei Online-Streaming-diensten)	Retargeting/Remarketing (das Erkennen und Verfolgen einzelner Online-Nutzer zwecks Profilerstellung)
Einbindung von Zahlungsdienstleistern	Social Plugins

Diese Einteilung zielt auf typische Konstellationen ab und kann im Einzelfall auch abweichen.

Wie Sie die Einwilligung einholen sollten

Wenn Sie also Einwilligungen von den Nutzern Ihrer Website, Ihrer App etc. einholen müssen, dann nutzen Sie dafür idealerweise ein **Consent Management Tool,** oft auch als **Cookie-Banner** bezeichnet. Mit diesem können Sie als Website-Betreiber den Besuchern Ihrer Web-Präsenz Informationen z.B. über die von Ihnen eingesetzten Cookies bereitstellen und zugleich die unter Umständen erforderlichen Einwilligungserklärungen einholen.

Die Checkliste dient Ihnen als Leitfaden für eine rechtssichere Gestaltung von Cookie-Bannern:

Checkliste »Cookie-Banner«

	Ja	Nein
Setzen Sie **Cookies o.ä. Technologien** (z.B. localStorage, Browser Fingerprinting) ein?	☐	☐
Werden **technisch** nicht **erforderliche** Cookies eingesetzt?	☐	☐
Gibt es eine eindeutige **Button-Beschriftung** (z.B. »Alle akzeptieren«, »Alle ablehnen« etc.)?	☐	☐
Besteht eine echte **Wahl** durch mehrere, gleich schnell erreichbare Optionen/Buttons (also nicht nur einen »Alle akzeptieren«- und einen »Einstellung«-Button auf der ersten Ebene des Cookie-Banners)?	☐	☐
Erfolgt kein übermäßiges sogenanntes »**Nudging«**, also eine Beeinflussung der Nutzer (z.B. durch einen grünen »Akzeptieren«- und einen grauen »Einstellungen«-Button)?	☐	☐
Werden keine **Dark Patterns**, d.h. unzulässige »Gestaltungstricks«, eingesetzt (z.B. der »Akzeptieren«-Button auf der ersten Ebene, der »Ablehnen«-Button erst auf der dritten Ebene des Cookie-Banners)?	☐	☐
Wird keine **General- bzw. Blanko-Einwilligung** der Nutzer eingeholt?	☐	☐

	Ja	Nein
Ist eine **separate Aus- bzw. Abwahl** einzelner Cookies bzw. einzelner Cookie-Kategorien möglich?	☐	☐
Besteht kein **Zwang** bzw. keine unzulässige Kopplung (es gibt also zumindest eine mögliche, ggf. auch kostenpflichtige Alternative?)	☐	☐
Durch den Cookie-Banner werden keine Menüpunkte zu anderen Rechtstexten (z.B. Impressum, Datenschutzerklärung ...) verdeckt?	☐	☐
Ist eine **Option »Cookie-Einstellungen«** vorhanden, damit die Nutzer ihre Entscheidung später ändern können?	☐	☐
Wird eine **eindeutige Identifikations-Kennzeichnung** (UIDs) erhoben und ist diese tatsächlich notwendig (oder sind z.B. Pseudonyme möglich)?	☐	☐
Ist die **Dauer** der Datenspeicherung (Cookie-Laufzeit) angemessen bzw. auf das unbedingt erforderliche Maß begrenzt?	☐	☐
Erfolgt ggf. ein Hinweis auf die **Einbindung von Drittinhalten** bzw. Datenübermittlung an Dritte (z.B. bei Einbindung von Schriftarten, Videos, Kartendiensten o.Ä.)?	☐	☐
Erfolgt ggf. ein Hinweis auf die **Datennutzung durch Dritte** für deren eigene Zwecke?	☐	☐
Erfolgt keine Datenübermittlung ins (Nicht-EU-)-**Ausland?**	☐	☐

Wenn Sie die ersten beiden Fragen dieser Checkliste mit »Nein« beantworten, dann benötigen Sie auf Ihrer Onlinepräsenz gar keinen Cookie-Banner. Wenn Sie allerdings (technisch) nicht erforderliche Cookies setzen und folglich einen Cookie-Banner bereitstellen müssen, dann sollte ab der 3. Frage Ihre Antwort jeweils »Ja« lauten.

Bei der Umsetzung von korrekten Cookie-Bannern können Ihnen Dienstleister behilflich sein, die aber in aller Regel nicht kostenfrei tätig werden. Entsprechende Tätigkeiten bieten etwa Cookiebot, CookieFirst, Usercentrix oder Borlabs.

In Bezug auf den beliebten Dienst Cookiebot der Hinweis, dass dieser durch das Verwaltungsgericht Wiesbaden als rechtswidrig eingestuft wurde (VG Wiesbaden, Beschluss vom 1.12.2021, Az. 6 L 738/21.WI). Grund: Cookiebot setzt u.a. einen Dienstleister als Unterauftragnehmer ein, der in den USA sitzt. Das Gericht sah schon allein aus diesem Grund die Übermittlung vom Website-Betreiber, der Cookiebot einsetzt, an Cookiebot und weiter an den US-Dienstleister als unzulässig an. Folgt man dieser Ansicht, ist die Nutzung von Cookiebot und allen ähnlichen Dienstleistern, die ebenfalls Unterauftragnehmer aus dem Nicht-EU-Ausland haben, generell ausgeschlossen. Ob und inwieweit sich andere Gerichte dieser Meinung des VG Wiesbaden anschließen werden, muss sich noch zeigen. Es lassen sich auch gute Argumente für eine andere Rechtsauffassung vertreten. Inzwischen hat die nächsthöhere Instanz, der Verwaltungsgerichtshof Hessen, die Entscheidung des VG Wiesbaden aufgehoben (VGH Hessen vom 17.1.2022, Az. 10 B 2486/21), allerdings »nur« aus formalen Gründen. Der Einsatz von Cookiebot ist bis auf Weiteres also mit einem gewissen Risiko verbunden.

5.3.3 Was Sie beim Einsatz von Kontaktformularen beachten müssen

Auf vielen Websites werden Kontaktformulare bereitgestellt, um beispielsweise Kunden so die Möglichkeit zu geben, Supportfälle oder sonstige Anfragen auf diesem Wege an den Website-Betreiber zu richten. Hierbei werden notwendigerweise personenbezogene Daten abgefragt und übertragen (z.B. Name, E-Mail-Adresse, Kundennummer oder auch die IP-Adresse). In Freitextfeldern können weitere personenbezogene Daten eingegeben werden.

Die mittels eines Kontaktformulars erhobenen Daten dürfen auch nur zum Zweck der Bearbeitung und ggf. Beantwortung der entsprechenden Anfrage verwendet werden.

Beim Einsatz eines Kontaktformulars ist die Einbindung eines SSL-/TLS-Zertifikats unerlässlich. Dies entspricht dem Stand der Technik, um die Übermittlung der Daten zu dem Server, auf dem Ihre Website gehostet wird, sicher zu verschlüsseln. Dadurch können eventuelle Angreifer mit den übertragenen Informationen nichts anfangen. Außerdem dürfen nur so viele personenbezogene Daten abgefragt werden, wie zur Erreichung des angestrebten Zwecks erforderlich sind.

Bei allgemeinen Anfragen muss meistens keine Kundennummer angegeben werden, bei Support-Anfragen ist die Abfrage der Kundennummer sinnvoll.

Mithilfe der **Checkliste** können Sie die Voraussetzungen für den rechtskonformen Einsatz eines Kontaktformulars Schritt für Schritt durchgehen:

Checkliste Kontaktformular

Das müssen Sie im Rahmen Ihrer Datenschutzerklärung umsetzen:	
☐	Die Funktion des Kontaktformulars ist genau beschrieben.
☐	Die Kategorien der erhobenen Daten sind benannt.
☐	Die Grundlage für die Verarbeitung der personenbezogenen Daten ist angegeben.
Verschlüsselung:	
☐	Ein SSL-/TSL-Zertifikat ist vorhanden.
Datensparsamkeit:	
☐	Es werden nur die personenbezogenen Daten abgefragt, die im Rahmen des Kontaktformulars erforderlich sind.

Sie sollten sich genau überlegen, ob Sie ein solches Kontaktformular auf Ihrer Website anbieten wollen. Wenn Sie sich für ein Kontaktformular entscheiden, müssen Sie im zweiten Schritt überlegen, welche

Informationen Sie im Rahmen des Formulars abfragen bzw. welche Informationen die Nutzer eingeben können sollen.

Weiterhin ist wichtig zu unterscheiden, welches Formularfeld als Pflichtfeld definiert wird, das die Nutzer zwingend ausfüllen bzw. anklicken müssen, um ihre Anfrage abschicken zu können.

Je weniger personenbezogene Daten Sie abfragen bzw. verpflichtend abfragen, umso besser. Auch hier gilt die Faustregel: so viele Daten wie nötig, so wenig wie möglich erheben.

Beachte: Als Rechtsgrundlage für die Erhebung der Daten mittels Kontaktformular benötigen Sie in aller Regel keine Einwilligung der Nutzer. Hier kommt vielmehr die Durchführung (vor)vertraglicher Maßnahmen (Art. 6 Abs. 1 lit. b) DSGVO) oder ein überwiegendes berechtigtes Interesse (Art. 6 Abs. 1 lit. f) DGSGVO) in Betracht.

Für das Kontaktformular kann ein eigener Menüpunkt (z.B. »Kontakt«) eingerichtet werden. Dies ist aber nicht verpflichtend.

Ein Hinweis mit Datenschutzinformationen ist Pflicht

In unmittelbarer Nähe zum Kontaktformular muss ein Hinweistext platziert werden, der den Nutzern des Formulars die zentralen (Datenschutz-)Informationen rund um die abgefragten Daten bereitstellt und zudem einen Hinweis auf weitere Informationen in der Datenschutzerklärung enthält.

Der Hinweistext neben dem Kontaktformular kann lauten:

Formulierungsbeispiel

»Ich weiß, dass meine Daten nur zur Bearbeitung meiner Anfrage verarbeitet werden, dass sie nach Wegfall des Zwecks sowie etwaiger gesetzlicher Aufbewahrungsfristen gelöscht werden und dass sie ohne meine Zustimmung nicht an Dritte übermittelt werden. Ich habe die Datenschutzerklärung zur Kenntnis genommen.«

Das Wort »Datenschutzerklärung« ist mit einem Link auf die betreffende Unterseite zu unterlegen, sodass der Nutzer weitere Informationen mit nur einem Mausklick erreichen kann.

5.3.4 So sichern Sie Ihre Website mit einem SSL-/TLS-Zertifikat ab

Der Einsatz einer solchen Technologie wird von Art. 32 DSGVO gefordert.

In dessen Absatz 1 heißt es, dass der Verantwortliche geeignete technische und organisatorische Maßnahmen (TOMs) zu treffen hat, um ein dem Risiko angemessenes Schutzniveau zu gewährleisten. Dabei dürfen

- der Stand der Technik,
- die Implementierungskosten,
- die Art, der Umfang, die Umstände und die Zwecke der Verarbeitung sowie
- die Eintrittswahrscheinlichkeit und die Schwere des Risikos für die Rechte und Freiheiten natürlicher Personen

berücksichtigt werden.

Übrigens:
Das Erfordernis, eine Website nach dem Stand der Technik zu betreiben und insbesondere auch Verschlüsselungsmethoden zu integrieren, wurde nicht erst durch die DSGVO, sondern bereits durch das IT-Sicherheitsgesetz aus dem Jahre 2015 (!) eingeführt.

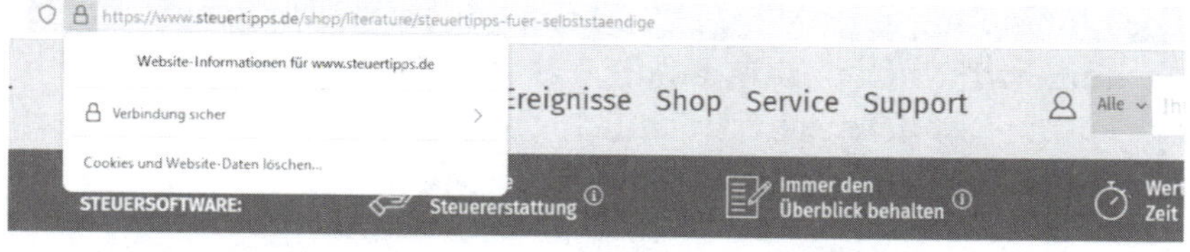

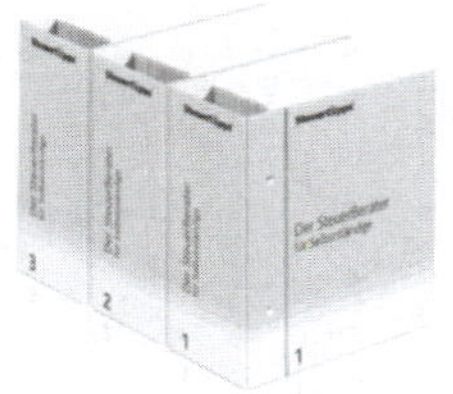

Den Einsatz eines SSL-/TLS-Zertifikats und damit einer verschlüsselten Datenverbindung erkennen Sie daran, dass in der Adresszeile des Browsers ein ungeöffnetes Schloss bzw. die Website-Adresse in einer anderen Farbe dargestellt wird. Zudem beginnt die Adresse nicht mit »http«, sondern mit »https«, wobei das »s« hier für »secure« (also sicher) steht.

Wie genau Sie ein solches Zertifikat in Ihre Internetseite einbinden, hängt von verschiedenen Faktoren ab, u.a. von der von Ihnen eingesetzten Technik oder auch Ihrem Web-Hosting-Dienstleister. Wenn Sie für Ihre Internetseite ein modernes Content-Management-System, wie Typo3, Joomla oder WordPress, nutzen und auch Ihr Web-Hoster auf die Nutzung von SSL-/TLS-Zertifikaten vorbereitet ist, dann stellt die Einbindung in der Regel kein Problem dar. Ihr Web-Hoster kann Sie dabei unterstützen, oftmals werden sogar simple Optionen im Kunden-Login-Bereich bereitgestellt, die es Ihnen erlauben, ein Zertifikat per Mausklick einzubinden. Sagen wir es so: Wenn Ihr Web-Hoster keine Einbindung von SSL-/TLS-Zertifikaten anbietet, dann sollten Sie sich lieber einen neuen suchen.

Die Einbindung eines SSL-/TLS-Zertifikats entspricht dem Stand der Technik, wirkt sich positiv auf die technische Absicherung der Website aus und ist datenschutzrechtlich verpflichtend. Dies schafft auch Vertrauen bei den Website-Besuchern.

Durch ein SSL-/TSL-Zertifikat abgesicherte Websites werden durch Google und andere Suchmaschinen vertrauenswürdiger und damit höher eingestuft. Diese Maßnahme kann somit auch zu einer besseren Platzierung in den Suchergebnissen führen.

6 Was Sie bei einzelnen Werbemaßnahmen beachten müssen

Haben Sie tolle Produkte im Sortiment? Bieten Sie klasse Dienstleistungen an? Dann planen Sie bestimmt Werbemaßnahmen oder führen bereits Werbung durch, damit mehr potenzielle Kunden von Ihren Angeboten erfahren. Die effektivsten und zugleich auch effizientesten Werbekanäle sind das Telefon, die gute alte Post und natürlich auch die verfügbaren elektronischen Wege.

Die einzelnen Werbe-Kanäle haben unterschiedliche juristische Voraussetzungen. Gesetzlich geregelt sind sie jedoch alle in einer zentralen Vorschrift, dem § 7 des Gesetzes gegen den unlauteren Wettbewerb (UWG). Dieses Gesetz ist zusätzlich neben der DSGVO anwendbar, da es einerseits um die Verarbeitung personenbezogener Daten (wie z.B. Name, E-Mail-Adresse oder Telefonnummer) geht, andererseits bei Werbemaßnahmen aber auch immer ein Handeln im geschäftlichen Umfeld vorliegt. In § 7 Abs. 1 UWG ist festgelegt, wann eine unzumutbare Belästigung und demzufolge eine unzulässige Werbung vorliegt. Der Gesetzeswortlaut ist hier ungewohnt klar:

»Eine geschäftliche Handlung, durch die ein Marktteilnehmer in unzumutbarer Weise belästigt wird, ist unzulässig. Dies gilt insbesondere für Werbung, obwohl erkennbar ist, dass der angesprochene Marktteilnehmer diese Werbung nicht wünscht.«

In § 7 Abs. 2 UWG wird näher beleuchtet, unter welchen Voraussetzungen Werbung rechtswidrig ist. Dabei wird nach den einzelnen Kategorien von Werbemaßnahmen differenziert, also nach telefonischer, postalischer oder elektronischer Werbung.

Wichtig: In der deutschen Rechtsprechung wird der Begriff »Werbung« sehr weit gefasst. Unter Werbung werden alle Maßnahmen eines Unternehmens verstanden, die auf die Förderung des

Absatzes seiner Produkte oder Dienstleistungen gerichtet sind. Damit ist außer der unmittelbar produktbezogenen Werbung auch die mittelbare Absatzförderung, z.B. in Form der Imagewerbung oder des Sponsorings, erfasst.

Beispiele:

- Der Schreinereibetrieb JDer Schreinereibetrieb Johann verbindet die alljährlichen Postkarten mit Weihnachtsgrüßen an seine Kunden mit dem Hinweis auf seine aktuellen Dienstleistungsangebote.
- Der Etsy-Shop »Blumenschön« bittet in der E-Mail zur Eingangsbestätigung der Kundenbestellung um Abgabe einer Online-Bewertung.

Solche Handlungen stellen insgesamt Werbung dar. Auch wenn sie auf den ersten Blick einen anderen Zweck haben und als ein freundlicher Gruß zu einem bestimmten Anlass gemeint sind – Werbung bleibt Werbung.

Der Begriff der »Werbung« ist also sehr weit reichend. Allerdings gehören private Handlungen von Privatpersonen nicht dazu.

6.1 Diese Spielregeln gelten für Werbeanrufe

Eine unzumutbare Belästigung ist stets bei Werbung mit einem Telefonanruf gegenüber einem Verbraucher anzunehmen, wenn dessen vorherige **ausdrückliche Einwilligung** nicht vorliegt (§ 7 Abs. 2 Nr. 2 UWG). Das Gleiche gilt bei einem Anruf gegenüber einem sonstigen Marktteilnehmer (z.B. einem anderen Unternehmen) ohne dessen zumindest **mutmaßliche Einwilligung.**

Es wird also zwischen dem Verhältnis zwischen Unternehmer und Verbraucher (sog. Business-to-Consumer-Sektor, kurz: B2C) auf der einen Seite und zwischen zwei Unternehmen (Business-to-Business-Sektor, kurz: B2B) auf der anderen Seite unterschieden.

Im B2C-Bereich dürfen Sie **ohne vorherige Einwilligung** des Angerufenen **keinen werblichen Kontakt per Telefon** aufnehmen.

Die sogenannten »cold calls« bei Privatpersonen sind verboten. Ohne vorherige Zustimmung können Sie lediglich bei Unternehmen, Einzelkaufleuten, Freiberuflern etc. anrufen. Ein Anruf zu Werbezwecken im B2B-Bereich setzt jedoch voraus, dass eine »mutmaßliche Einwilligung« aufseiten des Angerufenen unterstellt werden kann. Im Zweifel müssen Sie dies als Anrufer nachweisen können.

Wann liegt eine »mutmaßliche Einwilligung« vor?

Der Bundesgerichtshof (BGH) hat entschieden: Jemand, der einen Telefonanschluss zu gewerblichen Zwecken unterhält, rechnet mit Anrufen bzw. muss mit Anrufen rechnen, mit denen der Anrufer einen Kunden oder einen Auftrag akquirieren möchte. Aus Sicht des Gerichts ist es aber erforderlich, dass aufgrund konkreter tatsächlicher Umstände ein sachliches Interesse des Anzurufenden an der Telefonwerbung vermutet werden kann. Hierbei ist auf die Umstände vor dem Anruf sowie auf die Art und den Inhalt der Werbung abzustellen. Maßgeblich ist, ob der Werbende, d.h. der Anrufer, bei verständiger Würdigung der Umstände annehmen durfte, der Anzurufende erwarte einen solchen Anruf oder werde ihm jedenfalls positiv gegenüberstehen. Für die Annahme einer mutmaßlichen Einwilligung reicht ein allgemeiner Sachbezug zu den vom Anrufenden angebotenen Waren oder Dienstleistungen im Allgemeinen nicht aus. Von einem hinreichend großen Interesse des Anzurufenden kann vor allem bei einem sachlichen Zusammenhang der telefonischen Werbemaßnahme mit einer **bereits bestehenden Geschäftsverbindung** ausgegangen werden. Es ist jedoch Voraussetzung, dass für den Anruf ein konkreter und aus dem Interessensbereich des Angerufenen herzuleitender Grund vorliegt. Der Anrufer muss also von einem **konkreten Bedarf** der beworbenen Mittel ausgehen können.

Ein Dachdeckermeister nutzt eine spezielle Software, um seine Kundendaten, Aufträge, Rechnungen usw. zu verwalten. Dazu arbeitet er seit Längerem mit einem auf diese Software spezialisierten IT-Dienstleister zusammen. Dieser ruft ab und zu an, um den Dachdeckermeister auf bestimmte Neuigkeiten rund um diese Software, wie Updates etc., hinzuweisen und um daraus dann im Einzelfall auch konkrete Aufträge zu erhalten. In diesem Fall handelt es sich um erlaubte Anrufe des IT-Dienstleisters. Hingegen kann kein konkretes, sachliches Interesse angenommen werden, wenn ein Steuerberater beim Dachdeckermeister anruft, um sich zu erkundigen, ob dieser Bedarf an der Hilfe beim Ausfüllen von Corona-Soforthilfeanträgen hat.

Fazit: Grundsätzlich genügt bei Werbeanrufen im B2B-Bereich die Annahme einer mutmaßlichen Einwilligung. Deren Nachweis ist in der Praxis jedoch nicht so einfach, wie man auf den ersten Blick annehmen könnte. Am besten orientieren Sie sich bei der Entscheidung, ob Sie Werbe-Anrufe im B2B-Bereich einsetzen möchten, an den genannten Kriterien des BGH. Im B2C-Bereich muss in jedem Fall eine vorab erteilte Einwilligung in Werbe-Anrufe vorliegen. Das Gleiche gilt für Werbung unter Verwendung einer automatischen Anrufmaschine (§ 7 Abs. 2 Nr. 3 UWG).

Eine **nachträgliche Einholung** der Einwilligung reicht nicht aus. Sie müssen sie zwingend im Vorfeld erhalten. Auch eine entsprechende **Nachfrage zu Beginn des (werblichen) Telefonats** genügt nicht, weil dann die unzumutbare Belästigung bereits begonnen hat. Die bloße Angabe der Telefonnummer, z.B. im Impressum oder für Rückfragen nach Vertragsschluss, stellt keine wirksame Einwilligung für Werbeanrufe dar.

Mit einer Einwilligung ist es noch nicht getan!

Als Werbe-Anrufer müssen Sie seit dem 1.12.2021 zusätzlich die Vorschrift des § 15 Abs. 2 TTDSG beachten. Nach dieser Vorschrift darf bei Anrufen zu Werbezwecken die **Rufnummernanzeige** nicht unterdrückt werden oder beim Diensteanbieter veranlasst werden, dass diese unterdrückt wird. Vielmehr haben Sie sicherzustellen, dass dem Angerufenen die Rufnummer des Anrufers übermittelt wird.

Seit dem 1.10.2021 müssen Sie außerdem bei Werbe-Anrufen gegenüber Verbrauchern deren vorherige **Einwilligung in angemessener Form dokumentieren** und archivieren (§ 7a UWG). Die entsprechenden Nachweise müssen Sie als werbendes Unternehmen ab Erteilung der Einwilligung sowie nach jeder Verwendung der Einwilligung für fünf Jahre aufbewahren und auf Verlangen der zuständigen Behörde vorlegen.

---

§ 7a UWG ist hier zugleich die datenschutzrechtliche Rechtsgrundlage für die Verarbeitung dieser Informationen zu Nachweiszwecken.

6.2 Werbung per Post: altmodisch, aber sicher

Die Übersendung von Werbung in Papierform per Post (oder anderen Versanddienstleistern) ist sowohl im B2B- als auch im B2C-Bereich so lange erlaubt, bis der Werbe-Empfänger Widerspruch einlegt.

Diese sogenannte **»Opt-Out-Regelung«** ist in § 7 Abs. 2 Nr. 1 UWG enthalten. Mit dem berühmten »Bitte keine Werbung einwerfen«-Schild am Briefkasten erklärt man diesen Widerspruch und verhindert auf diese Weise den Erhalt von **nichtindividualisierter** Werbung wie beispielsweise eine anonyme Massenwerbung »an die Bewohner der Musterstr. 123« o.Ä.

Sofern Werbe-Post jedoch an einen **konkreten Empfänger** gerichtet ist, wird der Postbote das Schreiben trotz eines solchen Hinweises am Briefkasten zustellen. In diesem Fall muss der Werbe-Empfänger seinen Widerspruch ausdrücklich gegenüber dem absendenden Unternehmen erklären. Ein solcher Widerspruch kann generell form- und fristlos erfolgen. Es genügt also ein Anruf oder eine kurze E-Mail.

Als Werbe-Versender müssen Sie derartige Nachrichten mit erkennbaren Willensäußerungen berücksichtigen und ab diesem Zeitpunkt sicherstellen, dass der betreffende Empfänger keine Werbung mehr auf diesem Wege erhält. Der Empfänger muss bei seiner Nachricht nicht zwingend den Begriff »Widerspruch« verwenden. Er muss lediglich deutlich machen, dass er von nun ab keine Werbung mehr wünscht.

6.3 Augen auf bei elektronischer Werbung

Werbung per E-Mail, per Direktnachricht in den sozialen Medien oder auf einem anderen, elektronischen Weg ist einfach, schnell und effizient. Leider gibt es da einen Haken – aus juristischer Sicht gibt es einige Hürden zu überwinden. Denn elektronisch übermittelte Werbung unterliegt hierzulande – wie übrigens auch in vielen anderen Staaten – strengen Regelungen.

Es gilt der Grundsatz: Keine Werbung ohne vorherige Einwilligung!

Dieses sog. »**Opt-In-Prinzip**« wird durch § 7 Abs. 2 Nr. 3 UWG geregelt. Da diese Norm auf EU-Recht basiert, gilt der Opt-In-Grundsatz in allen Mitgliedsstaaten der Europäischen Union. Ergänzend ist die DSGVO heranzuziehen, besonders im Hinblick auf die Voraussetzungen einer **wirksamen Einwilligungserklärung.** Denn beim E-Mail-Versand werden in aller Regel personenbezogene Daten verarbeitet, wie z.B. die E-Mail-Adresse oder der Name des Empfängers.

Wenn Sie sich beim elektronischen Werbe-Versand nicht an die gesetzlichen Vorgaben halten, versenden Sie unzulässige E-Mails, sog. Spam. Dies wird regelmäßig als Eingriff in das allgemeine Persönlichkeitsrecht bzw. als Eingriff in den Gewerbebetrieb eingestuft. Folge: Der Versand von Spam-Mails ist bereits ab der ersten unverlangten Werbe-E-Mail rechtswidrig und kann daher kostenpflichtig abgemahnt werden.

Die genauen Kosten eines solchen Rechtsstreits richten sich nach dem Gegenstandswert. Dafür gibt es leider keine exakten Vorgaben oder Tabellen, in denen man einfach nachschauen kann. Allerdings hat sich hierzu eine umfangreiche Rechtsprechung mit guten Anhaltspunkten etabliert. Die Spannbreite reicht von 100,– € bis zu 7.500,– €. Je höher der Gegenstandswert, desto höher fallen auch Anwalts- oder Gerichtskosten aus. Beispielsweise fallen bei einem Streitwert von 5.000,– € insgesamt Anwaltskosten in Höhe von rund 540,– € an.

Der Versand elektronischer Werbung ist bei uns aber natürlich nicht unmöglich. Sie müssen allerdings gewisse Spielregeln einhalten.

6.3.1 Formen der elektronischen Werbung

Auch bei der elektronischen Werbung spielt es grundsätzlich keine Rolle, ob die beworbenen Produkte bzw. Dienstleistungen gegen Entgelt oder unentgeltlich angeboten werden. Allein die Möglichkeit, damit – zumindest indirekt – Einnahmen erzielen zu können, genügt bereits. Ausnahmen bilden lediglich reine System- bzw. Statusmeldungen, wie etwa Informationen über den Eingang einer Online-Bestellung, über den Eingang einer Zahlung oder über den erfolgten Versand bestellter Ware.

Eine E-Mail, die eine Grafik mit dem Firmenlogo enthält, wird damit noch nicht automatisch zur Werbung.

Folgende Inhalte können als elektronische Werbung eingestuft werden:

- Newsletter
- Bewertungsanfragen
- Befragungen zur Kundenzufriedenheit
- Meinungsumfragen
- Kooperationsanfragen
- Autoresponder-E-Mails
- Textnachrichten in sozialen Netzwerken

Enthält eine elektronische Nachricht direkt oder indirekte Werbung für ein Produkt, eine Dienstleistung und/oder ein Unternehmen, kann diese Nachricht insgesamt als Werbung einzustufen sein. Dann sind die vergleichsweise strengen Voraussetzungen des Opt-In-Prinzips einzuhalten. Auch wenn die einzelne Nachricht vielleicht gut gemeint ist oder deutliche Vorteile für den Empfänger mit sich bringt – Werbung bleibt Werbung.

Auch wenn es immer auf den konkreten Einzelfall ankommt – wenn Sie sich nicht sicher sind, ob eine E-Mail als Werbung einzustufen ist, sollten Sie im Zweifel davon ausgehen!

6.3.2 Bitte beachten: das Double-Opt-In-Verfahren

Damit Sie rechtskonforme Werbung per E-Mail verschicken können, müssen Sie das sogenannte Double-opt-in-Verfahren umsetzen.

Mit diesem **zweistufigen Anmeldeverfahren** soll sichergestellt werden, dass sich jeder Empfänger freiwillig dazu entschließt, Werbung auf elektronischem Wege von Ihnen zu erhalten. Zugleich kann durch diese Methode überprüft werden, dass derjenige, dessen E-Mail-Adresse eingetragen wurde, auch wirklich die betreffende Person ist, welche sich für den Erhalt der Werbung interessiert.

Am Beispiel eines Newsletters lassen sich die Schritte zur Umsetzung des Double-Opt-In-Verfahrens skizzieren:

- Der Interessent muss den Newsletter **selbst aktiv anfordern.** Dies kann z.B. durch die Eintragung seiner E-Mail-Adresse in ein entsprechendes Anmeldeformular geschehen. Gleichzeitig muss eine Checkbox platziert werden, die **nicht vorausgefüllt** sein darf, sondern vom Interessenten selbst per Mausklick aktiviert werden muss.

Mit einer **Checkbox** wird ein Kontrollkästchen angeboten, welches angeklickt und dadurch mit einem Häkchen oder Kreuz versehen werden kann. Damit erklärt der Interessent sein Einverständnis. Der Vorgang des Anklickens bzw. des Setzens des Häkchens wird elektronisch protokolliert und kann so später ggf. nachgewiesen werden.

- Anschließend muss der Interessent eine **Bestätigungs-E-Mail** an die angegebene Adresse erhalten, die einen **Aktivierungslink** enthält. Durch Anklicken dieses Links wird die eingetragene E-Mail-Adresse durch den tatsächlichen Inhaber **verifiziert.** Erfolgt diese Verifizierung nicht, muss sie nach einer gewissen Wartezeit (maximal zwei Wochen) wieder gelöscht werden. Diese Bestätigungs-E-Mail darf selbstverständlich noch keine Werbung enthalten.

  Der Text der Bestätigungs-Mail kann folgendermaßen formuliert werden:

Formulierungsbeispiel

»Sie haben sich mit der E-Mail-Adresse ... in den Verteiler zum Erhalt unseres Newsletters eingetragen. Um zu prüfen, ob Sie die Eintragung auch tatsächlich selbst veranlasst haben und nicht unbefugte Dritte Ihre E-Mail-Adresse missbraucht haben, ist ein weiterer Schritt nötig. Bitte klicken Sie auf folgenden Link, um Ihre E-Mail-Adresse bzw. deren Eintragung in unseren Newsletter-Verteiler zu bestätigen: ...«

- Nach erfolgreicher Verifizierung kann der Versand des Newsletters an den neuen Empfänger starten.

Jeder einzelne Newsletter muss einen ausdrücklichen **Hinweis** darauf enthalten, dass eine **Beendigung** des E-Mail-Bezugs jederzeit kostenfrei möglich ist und wie die Beendigung erreicht werden kann. Das Double-Opt-In-Prinzip gilt nicht nur für Newsletter, sondern muss **bei jeder Form elektronischer Werbung** beachtet und umgesetzt werden. Sie müssen stets sicherstellen, dass Sie im Vorfeld eine wirksame Einwilligung erhalten und dass Sie dies im Zweifel auch belegen können. Je nachdem, in welcher Form Sie elektronische

Werbung verschicken, müssen Sie die Vorgehensweise der jeweiligen Technik anpassen.

Für die Anmeldung zu einem **WhatsApp-Newsletter** kann z.B. Ihre Telefonnummer als Anbieter auf Ihrer Website genannt werden, zusammen mit dem Stichwort für den Start des Newsletter-Abos (z.B. »Start«, »Los geht's« oder »Will ich haben«). Möchte jemand Ihren WhatsApp-Newsletter abonnieren, muss über diese Rufnummer per Smartphone eine WhatsApp-Nachricht abgeschickt werden, damit der Versand des Newsletters startet. So wird der Empfänger selbst aktiv und erteilt seine Einwilligung zum Erhalt der Werbung. Eine zusätzliche Verifikation, wie beim E-Mail-Newsletter, ist hier nicht unbedingt erforderlich, weil ja die Absender-Rufnummer mit übermittelt ist und entsprechend geprüft werden kann, wer den Versand veranlasst hat. Aber Achtung: Legen Sie nicht einfach so eine **WhatsApp-Gruppe** z.B. mit all Ihren Kunden an, um denen auf diesem Wege Informationen zu Ihrem Unternehmen oder Ihren Angeboten zukommen zu lassen. Sie benötigen auch hier zwingend die vorherigen Einwilligungen aller Beteiligten.

Wie auch immer Sie den exakten Ablauf gestalten – entscheidend ist, dass vor dem Versand der ersten Werbe-Nachricht eine korrekte Einwilligungserklärung vorliegt und der Ablauf der Erteilung der Einwilligung auch dokumentiert wurde.

Folgende Daten sollten gespeichert werden und zu **Nachweiszwecken** vorliegen:

- die Anfrage bzw. die Eintragung des Empfängers inkl. des konkreten Einwilligungstextes
- Inhalt, Datum und Uhrzeit der Antwort-E-Mail, die den Aktivierungslink enthält
- ggf. die Bestätigungsmail nach erfolgter Betätigung des Aktivierungslinks

Diese Informationen sollten Sie zusammen mit der jeweiligen IP-Adresse und einem Zeitstempel abspeichern.

Auch die Abmeldung muss einfach sein

Der Widerruf einer Werbe-Einwilligung muss genauso leicht sein wie die Erteilung der Einwilligung selbst.

So kann die Abmeldung eines **WhatsApp-Newsletters** durch eine WhatsApp-Nachricht z.B. mit dem Stichwort »Stopp« oder »Ende« erfolgen.

Die Abmeldung eines **Online-Newsletter** kann per E-Mail oder durch Klick auf einen Abmelde-Link umgesetzt werden – je nachdem, auf welchem Weg die Übermittlung der Werbe-Nachrichten erfolgt.

Nach erfolgter Abmeldung darf nur noch eine E-Mail zur Bestätigung der erfolgreichen Abmeldung verschickt werden. Auch diese Bestätigungs-Mail darf keinerlei Werbung mehr enthalten. Einer Bestätigungs-Mail zur Abmeldung ist allerdings ein Bestätigungstext auf der Abmeldeseite vorzuziehen, denn bei dieser Lösung muss nach der Abmeldung keine weitere E-Mail mehr an den Abmelder verschickt werden.

Ein Hinweis auf die jederzeitige Abmeldemöglichkeit kann folgendermaßen formuliert werden:

Formulierungsbeispiel

»Sie haben sich mit der E-Mail-Adresse ... in den Verteiler zum Erhalt unseres Newsletters eingetragen. Sofern Sie sich wieder abmelden und zukünftig keine weiteren Newsletter mehr erhalten wollen, klicken Sie bitte auf folgenden Link: ...«

Die Website, auf der das Newsletter-Abo angeboten wird, muss die wichtigsten Informationen zu den Inhalten sowie zum Widerrufsrecht enthalten.

Der Hinweistext für einen Newsletter kann wie folgt aussehen:

Formulierungsbeispiel

»Wir versenden unseren Newsletter rund um die Themen Immobilienkauf und -verkauf einmal pro Monat sowie zusätzlich viermal im Jahr zu Sonderthemen. Um ihn zu erhalten, müssen Sie uns nur Ihre E-Mail-Adresse angeben. Sie können Ihre Einwilligung jederzeit mit Wirkung für die Zukunft widerrufen. Weitere Datenschutzhinweise finden Sie in unserer Datenschutzerklärung.«

Das Wort »Datenschutzerklärung« sollte mit der entsprechenden Unterseite Ihrer Website verlinkt werden. Dort sollten die weiteren Details zum Versand des Newsletters, zum Umgang mit den entsprechenden Daten, zum eventuellen Einsatz eines Newsletter-Dienstleisters usw. ausgeführt sein.

6.3.3 Für die Praxis relevant: Ausnahme bei Bestandskunden

Von den strengen Vorgaben des Double-Opt-In-Prinzips gibt es eine praxisrelevante Ausnahme. Elektronische Werbung darf auch ohne vorherige Einwilligung des Empfängers verschickt werden, wenn **alle** der folgenden Voraussetzungen erfüllt sind (§ 7 Abs. 3 UWG):

- Der Versender muss die E-Mail-Adresse des Empfängers im Zusammenhang mit der Veräußerung von Waren bzw. Dienstleistungen erhalten haben. Es muss also zu einem **Vertragsabschluss** gekommen sein, ein bloßes Angebot o. Ä. reicht hingegen nicht aus.
- Die E-Mail-Adresse darf nur für Direktwerbung für eigene **ähnliche** Waren oder Dienstleistungen genutzt werden, die Verwendung z.B. für anonyme Massenmailings ist nicht erlaubt.
- Es darf **kein Widerspruch** durch den Empfänger erfolgt sein.

- Es muss ein Hinweis auf den **jederzeit** kostenfrei möglichen **Widerspruch** erfolgt sein, und zwar an der Stelle, an der Sie die E-Mail-Adresse des zukünftigen Kunden erstmals erheben, also z.B. im Rahmen des Bestellvorgangs in einem Webshop oder auf einem Bestellformular.

Unklar ist leider, wann genau eine »**Ähnlichkeit**« der Waren bzw. Dienstleistungen anzunehmen ist. Die Ähnlichkeit muss sich auf die bereits erworbenen Waren bzw. Dienstleistungen beziehen und dem gleichen typischen Verwendungszweck oder Bedarf des Kunden entsprechen. Dies ist dann der Fall, wenn die beworbenen Waren bzw. Dienstleistungen austauschbar sind bzw. gleichen oder ähnlichen Zwecken dienen. Es geht hierbei also um typisches Zubehör oder um Produkte anderer Hersteller mit dem gleichen Einsatzzweck.

Wer also einen Turnschuh gekauft hat, der darf Werbung für Turnschuhe, für Sportbekleidung oder auch für sonstige Fitnessprodukte bekommen – nicht aber für Autoreifen.

Beachten Sie, dass es sich bei § 7 Abs. 3 UWG um eine ausdrückliche Ausnahmeregelung handelt, die entsprechend zurückhaltend auszulegen ist.

Auch in diesem Fall ist eine gute Dokumentation der juristischen Rahmenbedingungen sinnvoll, denn der Versender von elektronischer Werbung ist nachweispflichtig dafür, dass die Voraussetzungen der Ausnahmeregelung allesamt vorliegen.

6.3.4 Checkliste elektronische Werbung

Beim Versand von elektronischer Werbung müssen Sie eine Vielzahl von Aspekten beachten, um rechtskonform Werbung auf elektronischem Weg zu verschicken.

Die folgende **Checkliste** soll Sie bei der Umsetzung in die Praxis unterstützen.:

Checkliste

Überprüfen Sie, ob Ihre elektronische Werbung alle Voraussetzungen erfüllt:

☐	Es ist ein korrektes Impressum bzw. eine korrekte E-Mail-Signatur enthalten.
☐	Ein deutlicher Hinweis auf den werblichen Charakter der Nachricht bereits im Betreff ist Pflicht.
☐	Das Double-Opt-In-Prinzip ist umgesetzt, d.h., vor dem Versand der Werbung wird eine rechtskonforme Einwilligung eingeholt. **Alternative:** ☐ Die Voraussetzungen für die Bestandskundenausnahme liegen vor!
☐	Die Einholung der Einwilligungserklärung erfolgt über eine nicht vorausgefüllte Checkbox, die der zukünftige Empfänger selbst per Mausklick aktivieren muss.
☐	Die Eintragung auf einer Internetseite ist im Responsive Design gestaltet und per SSL-/TLS-Zertifikat verschlüsselt.
☐	Der übermittelte Werbeinhalt stimmt mit der vorliegenden Einwilligungserklärung überein.
☐	Es sind keine wettbewerbswidrigen Produktbeschreibungen, Werbungen etc. enthalten.
☐	Falls Preisangaben erfolgen: Diese sind korrekt und, insbesondere gegenüber Verbrauchern (B2C), sind Gesamtpreise angegeben.
☐	Es ist ein Hinweis auf die Möglichkeit, seine Einwilligungserklärung jederzeit kostenfrei widerrufen zu können, vorhanden.
☐	In der eigenen Online-Datenschutzerklärung ist der Versand elektronischer Werbung detailliert beschrieben.
☐	Der Grundsatz der Datensparsamkeit ist beachtet, sodass im Zweifel nur die E-Mail-Adresse als Pflichtangabe abgefragt wird.

Nur dann, wenn Sie **alle Punkte** berücksichtigen und erfüllen, können Sie elektronische Werbung rechtskonform versenden.

7 Eine lästige Pflicht: Die interne Datenschutz-Dokumentation

Aufgrund des Nachweisgrundsatzes aus Art. 5 Abs. 2 DSGVO kommt einer sauberen **Datenschutz-Dokumentation** eine spezielle Bedeutung zu. Zentrales Dokument ist hierbei das Verzeichnis von Verarbeitungstätigkeiten nebst diversen Anlagen. Dieses Verzeichnis muss von jeder verantwortlichen Stelle geführt werden, also auch von Solo-Selbstständigen und kleinen selbstständigen Betrieben.

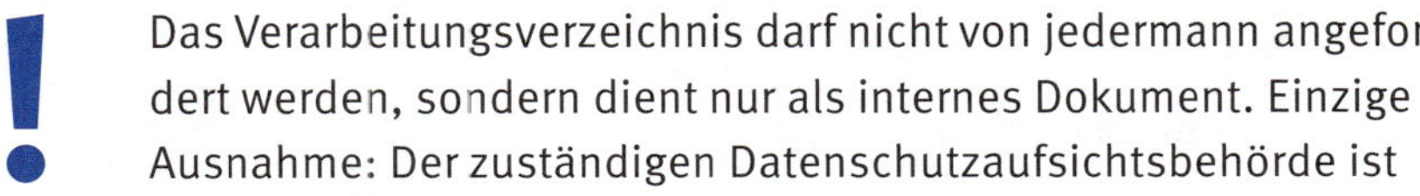

Das Verarbeitungsverzeichnis darf nicht von jedermann angefordert werden, sondern dient nur als internes Dokument. Einzige Ausnahme: Der zuständigen Datenschutzaufsichtsbehörde ist auf deren Anfrage hin Einblick zu gewähren.

7.1 So gestalten Sie das Verarbeitungsverzeichnis (VVT)

Die DSGVO schreibt für das **V**erzeichnis von **V**erarbeitungs**t**ätigkeiten (VVT), kurz **»Verarbeitungsverzeichnis«,** vor, welche Pflichtangaben enthalten sein müssen. Verantwortliche Stellen können sich hier an Art. 30 Abs. 1 DSGVO orientieren.

7.1.1 Der Aufbau des VVT einer verantwortlichen Stelle

Das Verarbeitungsverzeichnis können Sie sich als eine Art »Datenschutzhandbuch« vorstellen, sozusagen als »Informationszentrale« für den Bereich Datenschutz.

Das Gesetz gibt vor, welche Pflichtangaben enthalten sein müssen. Leider fehlt in der DSGVO aber jeglicher Hinweis dazu, wie grob- oder feingliedrig so ein Verzeichnis zu sein hat, ob es einen bestimmten Umfang haben muss oder in welchem (Datei-)Format es zu führen ist. Das bedeutet, dass Sie dabei Ihren individuellen Weg einschlagen dürfen, aber auch müssen.

Es spielt keine Rolle, ob Sie ein handschriftliches Verzeichnis anlegen, es in Form von Word- oder Excel-Dateien führen oder eine Spezialsoftware dazu einsetzen.

Wichtig ist, dass Sie alle Pflichtangaben gemäß Art. 30 DSGVO aufnehmen und dass das Verarbeitungsverzeichnis aus sich heraus verständlich ist.

Das Verarbeitungsverzeichnis lässt sich in drei Bereiche unterteilen:

- Deckblatt
- Hauptteil
- Aufstellung der TOMs

Hinzu kommen ggf. noch verschiedene Anlagen, die zwar vom Gesetzgeber nicht ausdrücklich gefordert werden, allerdings für das Verständnis und auch zu Nachweiszwecken sinnvoll sein können.

Das Deckblatt des Verarbeitungsverzeichnisses

Auf dem »Deckblatt« sind Name und Kontaktdaten der verantwortlichen Stelle sowie eines eventuell vorhandenen Datenschutzbeauftragten anzugeben (Art. 30 Abs. 1 lit. a) DSGVO).

Ist für bestimmte Datenverarbeitungen neben Ihnen als der verantwortlichen Stelle eine andere Person gemeinsam verantwortlich, dann ist auch diese hier zu nennen (→ Kapitel 8.2 »Gemeinsame Verantwortlichkeit«).

Die Angaben auf dem »Deckblatt« ändern sich in aller Regel nicht, es sei denn, Sie ziehen um oder wechseln die Telefonnummer.

Das Deckblatt kann wie folgt aussehen:

Muster

»Verzeichnis von Verarbeitungstätigkeiten für Verantwortliche«	
Name:	Mustermann GmbH
Vertretungsberechtigte Person:	Max Mustermann (Geschäftsführer)
Anschrift:	Musterstr. 123, 12345 Musterhausen
Kontaktdaten:	Tel. 020-12345678; Fax 020-12345679; E-Mail: info@mustermann-gmbh.de
Datenschutzbeauftragte:	Maria Mustermann, Musterstr. 123, 12345 Musterhausen, E-Mail: datenschutz@mustermann-gmbh.de

Der Aufbau des Hauptteils

Der Hauptteil besteht aus den Beschreibungen der **einzelnen Verarbeitungstätigkeiten,** die es bei Ihnen gibt. Es ist also eine Analyse der eigenen Geschäftsprozesse notwendig sowie deren Beschreibung gemäß den Vorgaben der DSGVO (Art. 30 Abs. 1 lit. b) bis f) DSGVO).

Zu den **Pflichtangaben** im Rahmen der Prozessbeschreibung gehören:

- Zwecke der Verarbeitung
- Kategorien der betroffenen Personen
- Kategorien der personenbezogenen Daten
- Kategorien der Empfänger von personenbezogenen Daten
- ggf. Daten-Übermittlungen an ein Drittland (also an einen Nicht-EU-Staat, wie z.B. die Schweiz oder Großbritannien) oder an eine internationale Organisation
- vorgesehene Fristen für die Löschung der verschiedenen Datenkategorien

Die einzelnen Prozessbeschreibungen inklusive der genannten Pflichtangaben zusammen bilden dann das »Herzstück« des Verarbeitungsverzeichnisses.

Die Schwierigkeit ist häufig, dass man nicht weiß, was unter »Verarbeitungstätigkeiten« im Sinne von Art. 30 DSGVO überhaupt zu verstehen ist und wie fein aufgegliedert diese aufgeführt werden müssen. Eine gute Herangehensweise ist, sich ein Organigramm des eigenen Unternehmens zu erstellen, auf dem die interne Struktur schematisch dargestellt wird. Ganz grob lassen sich z.B. typische Fachabteilungen bzw. Fachbereiche unterscheiden:

- Geschäftsführung
- Personalabteilung
- Buchhaltung
- Marketing
- IT
- Presseabteilung
- Einkauf
- Vertrieb
- Produktion

! Ein Einzelunternehmer oder auch ein kleiner Betrieb verfügt faktisch natürlich über keine »Fachabteilungen«. Die verschiedenen Aufgaben fallen aber auch hier an – selbst, wenn sie von ein und derselben Person erledigt werden. Eine Unterteilung in Fachbereiche ist daher auch für Solo-Selbstständige sinnvoll.

Diese erste grobe Unterteilung in verschiedene Prozesse muss dann zum einen »nur« noch mit den genannten Pflichtangaben versehen werden. Zum anderen sollten die einzelnen Aufgabengebiete nach den jeweiligen Einzeltätigkeiten, bei denen Daten verarbeitet werden, differenziert werden, um eine detailliertere und besser nachvollziehbare Darstellung zu erzielen.

Der Aufgabenbereich Finanzbuchhaltung differenziert in Einzeltätigkeiten:

- Durchführung der Kreditoren- und Debitorenbuchhaltung
- Kontierung
- Durchführung des Mahnwesens
- Stammdatenpflege
- Überwachung von Zahlungseingängen

In der Tabelle finden Sie exemplarisch Verarbeitungstätigkeiten aufgeführt, die für die einzelnen Aufgabenbereiche typisch sind:

Aufgabenbereich/ Abteilung	**Verarbeitungstätigkeiten**
Unternehmensführung	Organisationsaufgaben, Budgetplanung, Projektmanagement etc.
Personalbereich	Personalaktenführung, Bewerbungsmanagement, Urlaubszeiten, Beförderungen, Schulungen
Buchhaltung	FiBu, Lohn/Gehalt, Steuererklärungen
Marketing	Newsletter, Printkampagne, Website, Social Media etc.
IT	Allgemeine Administration, IT-Sicherheit, Drucker-/ Kopiererwartung
Einkauf	Verträge, Angebotserstellung, Akquise neuer Vertragspartner
Kundenmanagement	Neukundenakquise, Kundenbetreuung, Kundendatenpflege

Neben den Tätigkeiten in den einzelnen Fachbereichen gibt es auch Verarbeitungstätigkeiten, die ganz allgemein gelten – unabhängig davon, wie Ihr Unternehmen organisiert ist, wie viele Mitarbeiter Sie haben, welchen Umsatz Sie machen oder in welcher Branche Sie tätig sind. Zu diesen allgemeinen Verarbeitungstätigkeiten zählen:

- Terminplanung (z.B. mit Microsoft Outlook)
- Kontaktverwaltung (z.B. mit Microsoft Outlook)
- Aufgabenmanagement (z.B. mit Microsoft Outlook)

Wenn Sie auf diese Weise die Haupttätigkeiten, ggf. untergliedert nach den einzelnen Fachbereichen/Aufgabengebieten, beispielsweise in Excel untereinander in einer Spalte notieren, können Sie in den Spalten rechts daneben jeweils die Pflichtangaben aus Art. 30 Abs. 1 lit. b) bis f) DSGVO aufnehmen und so das Verzeichnis mit »Leben« füllen. Eine solche Tabelle sieht dann – skizziert am Beispiel der Kundendatenverwaltung so aus:

Prozess	Zweck	betroffene Personen	Datenkategorien	Empfänger	Drittland-Übermittlung	Löschfristen
Kundendatenpflege	Verwaltung von Kundendaten zur Erfüllung (vor-)vertraglicher Pflichten	Kunden	▪ persönliche Daten (z.B. Name, Anschrift, Kontaktdaten) ▪ Kundennummer...	intern: ▪ Einkauf ▪ Marketing extern: ▪ Steuerberater	nicht zutreffend	6 bzw. 10 Jahre nach Vertragsende (HGB, AO)

In Ihrem Verarbeitungsverzeichnis müssen Sie alle Datenverarbeitungstätigkeiten aufführen, die Sie in Ihrem geschäftlichen Alltag tatsächlich durchführen.

Bei einer Schneiderei, die Maßanzüge fertigt, kommen als Datenkategorie noch die Körpermaße der Kunden, bei einem Steuerberater die Steuernummern seiner Mandanten, bei einem Erotikartikel-Versand das Geburtsdatum zwecks Altersnachweis usw. hinzu.

Beachten Sie: In Ihrem Verarbeitungsverzeichnis halten Sie »nur« Datenkategorien fest, keine individuellen Daten beispielsweise Ihrer Kunden. Es handelt sich um eine »abstrakte Dokumentation«: Bei welchen Tätigkeiten verarbeiten (erheben, speichern, auswerten etc.) Sie in Ihrem Unternehmen welche Datenkategorie von wem und weshalb.

Im Verarbeitungsverzeichnis müssen die eigenen Verarbeitungstätigkeiten identifiziert und es muss dokumentiert werden, von wem welche Kategorien von personenbezogenen Daten zu welchen Zwecken wie lange verarbeitet werden.

Mit der Beschreibung Ihrer Verarbeitungstätigkeiten haben Sie den Hauptteil Ihres Verarbeitungsverzeichnisses erstellt. Sie haben dann vielleicht kein besonders schönes, aber zumindest ein den gesetzlichen Mindestanforderungen entsprechendes Verarbeitungsverzeichnis.

Auch wenn es mit mehr Arbeit verbunden ist, kann es in manchen Fällen sinnvoll sein, die Prozesse noch feiner aufzuschlüsseln und zusätzlich zu den gesetzlichen Pflichtangaben gem. Art. 30 Abs. 1 DSGVO weitere Angaben im VVT aufzunehmen, wie z.B. die jeweilige Rechtsgrundlage oder die Risikoeinstufung der jeweiligen Verarbeitungstätigkeit.

Im Internet werden diverse Beispiele für Verarbeitungsverzeichnisse bereitgestellt.

- Sie finden z.B. Muster für Einzelhändler, Kfz-Betriebe oder Handwerksbetriebe auf der Internetseite des Bayerischen Landesamts für Datenschutzaufsicht, kurz: BayLDA (www.lda.bayern.de/de/muster.html, Link »BayLDA VVT«).
- Auf der Website des Berufsverbandes der Datenschutzbeauftragten Deutschlands (BvD) e.V. können Sie ein Muster der Datenschutzaufsichtsbehörden für ein VVT kostenfrei herunterladen (www.bvdnet.de/muster-fuer-verzeichnisse-gemaess-art-30, Link »BvD VVT«).

Berufsverband der Datenschutzbeauftragten Deutschlands (BvD) e.V.

Login | FAQ | Kontakt | BvD-Blog | English

BvD e.V.
DATENSCHUTZ GESTALTEN

Der Verband ▾ Themen ▾ Termine ▾ Publikationen ▾ Presse ▾ Mitgliederbereich ▾

Startseite > Themen > DSGVO > Muster für Verzeichnisse gemäß Art. 30

30. Juni 2017

Muster für Verzeichnisse gemäß Art. 30

Arbeitsgruppe der Aufsichtsbehörden verständigt sich auf Muster für die Verzeichnisse gemäß Art. 30.

Wie das BayLDA mitteilte, haben sich die deutschen Aufsichtsbehörden in einer Arbeitsgruppe auf Vorlagen zu Verzeichnissen nach Art. 30 DS-GVO verständigt. Diese Vorlagen umfassen sowohl eine Variante für das Verzeichnis des Verantwortlichen nach Art. 30 Abs. 1 wie auch des Auftragsverarbeiters nach Abs. 2. Gerade für kleinere Unternehmen bieten diese Hinweise eine praxisnahe Orientierung, insbesondere bei der Darstellung der technischen und organisatorischen Maßnahmen. Einige Textteile enthalten auch Hinweise für den öffentlichen Bereich. Die Verzeichnisse nach Art. 30 können manuell oder softwareunterstützt erstellt werden und sind auf Anforderung der Aufsichtsbehörde vorzulegen. Daneben können sie als Basis für die Dokumentation herangezogen werden. Mit den Mustern helfen die Aufsichtsbehörden etwas mehr Sicherheit in die Interpretation der Anforderungen zu bringen.

Autor:
Rudi Kramer, stellv. BvD-Vorstandsvorsitzender

Links und Downloads

Hinweise_zum_VVT_Art_30_final (PDF, 148K)
Herunterladen

Muster_VVT_Auftragsverarbeiter (PDF, 80K)
Herunterladen

Muster_VVT_TOMs (PDF, 53K)
Herunterladen

Muster_VVT_Verantwortlicher (PDF, 83K)
Herunterladen

> Terminkalender
> Pressemitteilungen
> Kontakt
> BvD-Blog
> Sitemap

Der BvD e.V.
> Über uns
> Der Vorstand
> Geschäftsbericht
> Datenschutz Medienpreis
> Datenschutz geht zur Schule
> Mitgliedschaft

Aktuelle Themen
> Drittlandtransfers
> DSB & RDG
> DSGVO
> Aufsichtsbehörden
> Datenschutz in der Praxis

Beruf Datenschutz
> Gesetzes-änderungen
> Aufsichtsbehörden
> Gesellschaft

Anschrift
Berufsverband der Datenschutzbeauftragten Deutschlands (BvD) e.V.
Budapester Straße 31
10787 Berlin
Telefon (0 30) 26 36 77 60
Telefax (0 30) 26 36 77 63
https://www.bvdnet.de
E-Mail: bvd-gs@bvdnet.de

Member of

EUROPEAN FEDERATION OF DATA PROTECTION OFFICERS

© Berufsverband der Datenschutzbeauftragten Deutschlands (BvD) e.V.

Impressum | Datenschutz | AGB

Technische und organisatorische Maßnahmen

Der dritte Teil eines Verarbeitungsverzeichnisses besteht aus den technischen und organisatorischen Maßnahmen (TOMs). Dabei handelt es sich um konkrete Einzelmaßnahmen, die ganz allgemein dem Schutz des eigenen Unternehmens und speziell einzelner Verarbeitungstätigkeiten dienen.

Beispiele:

- Das Anbringen einer Alarmanlage dient dem Schutz des Bürogebäudes und dem Schutz aller dortigen Vermögensgegenstände, somit auch der Daten, die im Büro verarbeitet werden.
- Das Verschlüsseln der Datenbank, in der die Beschäftigtendaten verarbeitet werden, ist eine technische Einzelmaßnahme speziell zum Schutz der Beschäftigtendaten.
- Die Anweisung an die Mitarbeiter, beim Telefonieren in der Öffentlichkeit darauf zu achten, den Namen des Gesprächspartners oder anderer Personen nicht bzw. nicht für Umstehende hörbar zu nennen, ist eine organisatorische Maßnahme.

Der ausführlichen Darstellung des Themas der technischen und organisatorischen Maßnahmen widmen wir ein eigenes Kapitel (→ Kapitel 7.2 »TOMs«).

7.1.2 Auftragsverarbeiter müssen ein zusätzliches VVT führen

Wenn Sie als Dienstleister bzw. als sogenannter Auftragsverarbeiter nicht nur personenbezogene Daten zu eigenen Zwecken verarbeiten, sondern auch personenbezogene Daten im Auftrag der Ihnen insoweit weisungsbefugten verantwortlichen Stelle eines anderen Unternehmens, müssen Sie **zusätzlich** für diese im Auftrag durchgeführte Datenverarbeitung jeweils ein spezielles Verzeichnis führen.

Für jede Verarbeitungstätigkeit, die Sie im Auftrag eines anderen Verantwortlichen vornehmen, muss ein Verarbeitungsverzeichnis gemäß Art. 30 Abs. 2 DSGVO erstellt werden.

Gibt es mehrere Auftraggeber, für die Sie als Auftragsverarbeiter tätig sind, sind auch mehrere solcher Zusatz-Verzeichnisse zu führen.

Ein IT-Spezialist hilft seinen Kunden regelmäßig bei Problemen mit deren Kundendatenbank. Somit hat er dabei in aller Regel auch Zugriff auf die Kundendaten, die darin gespeichert sind. Der IT-Spezialist verarbeitet die Daten der Kunden im Rahmen der Beauftragung jeweils als »ausführendes Organ« des Auftraggebers. Für diese Tätigkeiten muss er je Auftraggeber spezielle Auftragsverarbeiter-Verarbeitungsverzeichnisse führen.

Das Verarbeitungsverzeichnis für einen Auftragsverarbeiter hat einen etwas geringeren Umfang als das Verarbeitungsverzeichnis der verantwortlichen Stelle selbst. Es sind darin »nur« die folgenden Pflichtinformationen anzugeben:

- Name und Kontaktdaten des Auftragsverarbeiters
- Name und Kontaktdaten des Verantwortlichen, in dessen Auftrag der Auftragsverarbeiter tätig ist
- ggf. Name und Kontaktdaten des Datenschutzbeauftragten des Auftragsverarbeiters
- Kategorien von Verarbeitungen, die im Auftrag des Verantwortlichen durchgeführt werden
- ggf. Übermittlungen von personenbezogenen Daten an ein Drittland
- allgemeine Beschreibung der technischen und organisatorischen Maßnahmen (Art. 32 DSGVO)

Der Aufbau dieses speziellen Verarbeitungsverzeichnisses im Rahmen einer Auftragsverarbeitung nach Art. 30 Abs. 2 DSGVO gestaltet sich dem Grunde nach wie ein »normales« Verarbeitungsverzeichnis. Es sind zunächst ebenfalls die Verarbeitungstätigkeiten zu identifizieren, die im Auftrag eines anderen Verantwortlichen durchgeführt werden. Für jeden dieser Prozesse müssen dann die genannten Pflichtangaben angegeben werden. Die Angaben zum Namen bzw. zu den Kontaktdaten der Auftragsverarbeiter (also von Ihnen), der verantwortlichen Stelle (also Ihres Auftraggebers) sowie eines etwaigen Datenschutzbeauftragten (Art. 30 Abs. 2 lit. a) DSGVO) können auch hier auf einem »Deckblatt« platziert werden.

7.1.3 In der Praxis kaum von Bedeutung: Ausnahmefälle

Für einige, wenige Fälle sieht die DSGVO eine Ausnahme von der eigentlich für alle geltenden Pflicht zur Führung eines Verarbeitungsverzeichnisses vor. So sollen kleinere Unternehmen oder Vereine von der Führung eines Verarbeitungsverzeichnisses befreit sein, wenn sie weniger als 250 Mitarbeiter beschäftigen (Art. 30 Abs. 5 DSGVO).

Diese Ausnahme greift allerdings **nur dann,** wenn…

- die Datenverarbeitung kein Risiko für die Rechte und Freiheiten der Betroffenen birgt,
- die Verarbeitung nur gelegentlich erfolgt oder
- keine besonderen Daten (Art. 9 DSGVO) bzw. keine Daten über strafrechtliche Verurteilungen und Straftaten (Art. 10 DSGVO) verarbeitet werden.

Diese Voraussetzungen werden in der Praxis aber kaum jemals erfüllt. Denn in jedem Unternehmen, mit Ausnahme bei Solo-Selbstständigen, werden Mitarbeiterdaten und damit auch besonders sensible Datenkategorien nach Art. 9 DSGVO verarbeitet (z.B. Angaben zur Gesundheit oder zur Religion).

Es gibt kaum ein Unternehmen, welches seine Kunden- und/oder seine Beschäftigtendaten nur »gelegentlich« verarbeitet. Und bei kaum einer Verarbeitungstätigkeit besteht überhaupt kein Risiko für die Betroffenen.

Die Pflicht zur Führung eines Verarbeitungsverzeichnisses greift daher in der Praxis in fast allen Fällen.

Ein Beispielfall muss schon arg konstruiert werden, damit er von der Ausnahmeregelung des Art. 30 Abs. 5 DSGVO erfasst wird.

Ein nebenberuflich tätiger Tischler ohne Angestellte, der die Daten seiner wenigen Kunden auf Papier-Karteikarten notiert hat, könnte von der Pflicht zur Führung eines Verarbeitungsverzeichnisses ausgenommen sein. Da man aber auch im Nebenberuf eine korrekte und revisionssichere Buchführung sowie Rechnungslegung haben muss, steht auch dieses Beispiel auf »wackeligen Beinen«.

Faustregel: Legen Sie im Zweifel ein Verarbeitungsverzeichnis nach den Vorgaben in Art. 30 Abs. 1 DSGVO an. Sofern Sie als Auftragsverarbeiter tätig sind, kommt noch ein Verzeichnis gemäß Art. 30 Abs. 2 DSGVO hinzu.

7.2 Welche technischen und organisatorischen Maßnahmen (TOMs) sind in Ihrem Unternehmen sinnvoll?

Der Verantwortliche als auch ein Auftragsverarbeiter muss geeignete technische und organisatorische Maßnahmen (TOMs) treffen, um ein dem Risiko angemessenes Schutzniveau zu gewährleisten (Art. 32 Abs. 1 DSGVO). Dabei können und sollen insbesondere der Stand der Technik, die Implementierungskosten sowie die Art, der Umfang, die Umstände und die Zwecke der Verarbeitung Berücksichtigung finden.

Der Stand der Technik ist kein feststehender Begriff, sondern unterliegt dem Wandel der Zeit. So werden bestimmte Verschlüsselungsverfahren aktuell als sicher eingestuft, was in zwei Jahren aber schon ganz anders aussehen kann. Es geht darum, dass Sie bei Ihren TOMs keine eindeutig veralteten Techniken einsetzen, Sie müssen aber auch nicht die »brandneue NASA-Technologie« nutzen. Sie sollten anwenden, was von Fachleuten anerkannt und am Markt (zu vernünftigen Preisen) verfügbar ist.

Die Auswahl der für Sie und Ihre spezifischen Datenverarbeitungen passenden TOMs hängt also entscheidend davon ab, wie Sie Ihr mit der Datenverarbeitung verbundenes **Risiko** bzw. das angemessene **Schutzniveau** für die von Ihnen verarbeiteten Daten einstufen.

Wichtig: Die Beurteilung, ob und welches Risiko im Rahmen einer Datenverarbeitung besteht, muss stets aus Blick der von der Datenverarbeitung **betroffenen Personen** erfolgen. Es geht im Bereich Datenschutz nicht um Ihre Risiken als Unternehmer, sondern um die Risiken für die Betroffenen.

Die Verarbeitung von Namen und Telefonnummern der Kunden ist mit weniger Risiko für die Betroffenen verbunden, als wenn deren Gesundheits- oder Fingerabdruckdaten verarbeitet werden.

Bei Name und Rufnummer handelt es sich oft um ohnehin (z.B. im Telefonbuch) öffentlich zugängliche Daten. Genetische und Gesundheitsdaten werden in Art. 9 DSGVO als besonders sensible Daten eingestuft, sodass deren Verarbeitung schon allein deswegen einem höher zu bewertenden Risiko unterliegt. Denn hierbei ist das Missbrauchspotenzial wesentlich höher.

7.2.1 Sie müssen Ihr eigenes Risiko bewerten

Leider gibt es weder im Gesetz noch sonst wo Vorgaben, wie genau Sie die Risikobewertung vorzunehmen haben. Letztlich können und müssen Sie das eigenverantwortlich umsetzen. Es gibt natürlich verschiedene Konzepte, an denen Sie sich orientieren können. Aber unabhängig davon, wie Sie die Risikoeinstufung vornehmen und welche TOMs Sie umsetzen: Eine einhundertprozentige Sicherheit wird nie erreicht! Es ist immer »nur« eine Frage des Aufwands bzw. der Umstände, dass sich ein potenzielles Risiko für Ihre Daten auch tatsächlich realisiert. Denken Sie dabei ganz besonders an die ständig wachsenden und sich ständig verändernden Risiken im Bereich Cybersecurity, also insbesondere durch Phishing-Mails, Viren, Trojaner und sonstige Malware.

Bei der Beurteilung des angemessenen Schutzniveaus sind vor allem die Risiken zu berücksichtigen, die mit der Verarbeitung verbunden sind, insbesondere durch – ob unbeabsichtigt oder unrechtmäßig – Vernichtung, Verlust, Veränderung oder unbefugte Offenlegung von bzw. unbefugten Zugang zu personenbezogenen Daten (Art. 32 Abs. 2 DSGVO).

Risikoeinstufung mit dem VKKT-Modell

Ein niedrigschwelliger Einstieg in das Thema kann über das sogenannte »VKKT-Modell« erfolgen.

Hierbei stellen Sie sich bitte einen Vogelkäfig vor, in dem ein Vogel sitzt und vor dem eine Katze wartet. Der Vogel (V) steht hier als Sinnbild für das zu schützende Gut, d.h. die personenbezogenen Daten, die von Ihnen verarbeitet werden. Der Käfig (K) symbolisiert eine Schutzmaßnahme, die lauernde Katze (K) hingegen die drohende Gefahr für den Vogel. Mit der Tür (T), die im Vogelkäfig eingebaut ist, besteht eine potenzielle Sicherheitslücke für das Schutzgut, denn – um im Bild zu bleiben – durch sie könnte die Katze an den Vogel gelangen.

Um nun eine Risikoeinschätzung vorzunehmen, können Sie mit dem Bild des VKKT-Modells und dem durch die Katze bedrohten Vogel arbeiten. Es läuft auf eine einzige Frage hinaus: Was kann bzw. muss ich tun, um den Vogel vor der Katze zu schützen?

Oder anders formuliert: Welche TOMs muss ich ergreifen, damit die von mir verarbeiteten personenbezogenen Daten sicher sind und weder zerstört oder verändert werden noch unbefugte Dritte Zugriff auf diese erlangen?

In puncto »Vogelschutz« gibt es hier u.a. folgende Möglichkeiten:

- Sie könnten einen neueren, sichereren Vogelkäfig kaufen.
- Sie könnten eine Person abstellen, die die Tür bewacht und aufpasst, dass die Katze nicht an den Vogel gelangt.
- Sie könnten für den Fall des Verlusts des Vogels eine Versicherung abschließen.

Im erstgenannten Fall nehmen Sie eine technische, im zweiten und dritten Fall jeweils eine organisatorische Maßnahme vor. Es gibt sicherlich weitere Möglichkeiten, um Ihr Schutzgut »Vogel« vor der Bedrohung durch die Katze zu schützen – spielen Sie einmal verschiedene Szenarien gedanklich durch.

Und dann übertragen Sie diese Methode auf die personenbezogenen Daten, die Sie in Ihrem Unternehmen verarbeiten und die Sie gemäß den Vorgaben der DSGVO zu schützen haben.

Einschätzung des Risikos mithilfe von ZAWAS

Die Datenschutzaufsichtsbehörde des Landes Niedersachsen hat einen Prozess zur Auswahl angemessener Sicherungsmaßnahmen (ZAWAS) erarbeitet und auf seiner Website zum kostenfreien Download veröffentlicht (Link »ZAWAS« im Servicebereich).

Hier werden verschiedene Schutzstufen für personenbezogene Daten festgelegt, mit deren Hilfe sich auch das Risikopotenzial ermitteln lässt. Diese Methode hat im Vergleich zum VKKT-Modell den Vorteil, dass sie weniger auf einem »Bauchgefühl«, als vielmehr auf objektiven Kriterien beruht. Zudem ist ZAWAS ein Vorschlag einer deutschen Aufsichtsbehörde und daher sicherlich nicht die schlechteste Variante.

Nach der ZAWAS-Methode lassen sich verschiedene Datenkategorien unterteilen:

Schutzstufe	Welche personenbezogenen Daten sind betroffen?	Beispiele	Wie ist der Schaden einzuschätzen?
A	Daten, die von Betroffenen frei zugänglich gemacht wurden	▪ Telefonverzeichnis ▪ frei zugängliche Social-Media-Posts	geringfügiger Schaden
B	Daten, die von Betroffenen nicht frei zugänglich gemacht wurden, auch wenn eine unsachgemäße Handhabung der Daten keine besondere Beeinträchtigung erwarten lässt	▪ Einsicht ins Grundbuch ▪ nicht frei zugänglicher Social-Media-Post	geringfügiger Schaden
C	Daten, deren unsachgemäße Handhabung den Betroffenen in seiner gesellschaftlichen Stellung oder in seinen wirtschaftlichen Verhältnissen beeinträchtigen könnte	▪ Einkommen ▪ Steuer ▪ Ordnungswidrigkeiten	überschaubarer Schaden
D	Daten, deren unsachgemäße Handhabung den Betroffenen in seiner gesellschaftlichen Stellung oder in seinen wirtschaftlichen Verhältnissen erheblich beeinträchtigen könnte	▪ Straffälligkeit ▪ Arbeitszeugnis ▪ Schulden ▪ Pfändungen ▪ Sozialdaten ▪ Daten gemäß Art. 9, 10 DSGVO	substanzieller Schaden
E	Daten, deren unsachgemäße Handhabung den Betroffenen in Gesundheit, Leben oder Freiheit beeinträchtigen könnte	▪ Zeugenschutzprogramm	großer Schaden

(in Anlehnung an: Die Landesbeauftragte für den Datenschutz Niedersachsen, »Prozess zur Auswahl angemessener Sicherungsmaßnahmen, ZAWAS, https://lfd.niedersachsen.de/startseite/themen/technik_und_organisation/orientierungshilfen_und_handlungsempfehlungen/zawas/praxisnahe-hilfe-zum-technisch-organisatorischen-datenschutz-173395.html, Abruf am 9.1.2023)

Ermittlung des Risikos mit einer Risikomatrix

Das Risiko lässt sich auch mathematisch ermitteln, und zwar in Form einer sogenannten Risikomatrix. Diese Vorgehensweise wird u.a. von der Datenschutzaufsichtsbehörde in Bayern (BayLDA) favorisiert (https://www.lda.bayern.de/de/risiko.html).

Als Basis wird die folgende Formel herangezogen:

Eintrittswahrscheinlichkeit eines Schadens × Schwere des Schadens = Risiko für den Betroffenen

Hierbei ist es Ihnen überlassen, ob Sie die Eintrittswahrscheinlichkeit bzw. die Schwere des Schadens jeweils in drei, vier oder fünf Stufen unterteilen. Das BayLDA geht von vier Stufen aus:

- Geringfügig (Wert: 1)
- Überschaubar (Wert: 2)
- Gravierend (Wert: 3)
- Groß (Wert: 4)

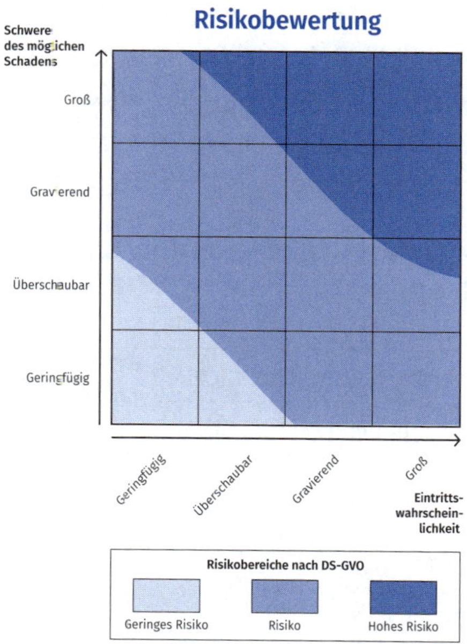

(Quelle: Bayerisches Landesamt für Datenschutzaufsicht, https://www.lda.bayern.de/de/risiko.html, Abruf am 9.1.2023)

Ein Unternehmer verliert einen USB-Stick mit Mitarbeiterdaten (u.a. deren Gehalt und Religionszugehörigkeit) beim Einkaufen im Supermarkt. Hier dürfte die Schwere des Schadens bei einem Wert von 3 (gravierend) oder gar 4 (groß) liegen, weil es sich um sehr sensible Daten handelt (u.a. Gesundheitsdaten nach Art. 9 Abs. 1 DSGVO). Die Eintrittswahrscheinlichkeit liegt in diesem Fall auch bei einer 3 oder einer 4, da in einem Supermarkt viele Menschen ein- und ausgehen, sodass es sehr wahrscheinlich ist, dass ein Dritter den USB findet und sich die darauf befindlichen Daten anschaut.

Durch die Multiplikation dieser beiden Faktoren ergibt sich – je nach genauer Einstufung – ein Wert von 9, 12 oder 16.

Verliert der Unternehmer den USB-Stick jedoch nicht im Supermarkt, sondern bei einer Bootstour auf dem Bodensee, bleibt die Schwere des Schadens gleich, denn es befinden sich die gleichen Daten auf dem Stick. Es verändert sich aber die Eintrittswahrscheinlichkeit, denn es ist unwahrscheinlich, dass ein unbefugter Dritter im Bodensee nach dem USB-Stick taucht, diesen findet und dann auch noch auf die Daten zugreifen kann.

Bei einem Wert von 3 oder 4 für die Schwere des Schadens und einem nun auf 1 gesunkenen Wert für die Eintrittswahrscheinlichkeit liegt das Endergebnis bei einer 3 oder 4.

Veranschaulicht man die Risikobewertung anhand einer Tabelle, erhält man folgendes Bild:

Schwere des Schadens	**Eintrittswahrscheinlichkeit**			
	Geringfügig	Überschaubar	Gravierend	Groß
Geringfügig	1	2	3	4
Überschaubar	2	4	6	8
Gravierend	3	6	9	12
Groß	4	8	12	16

Je höher Sie also die Eintrittswahrscheinlichkeit und/oder die Schwere des Schadens bewerten, desto höher ist das nach der Formel berechnete Risiko des Betroffenen.

Sie müssen Ihre TOMs der Höhe des jeweiligen Risikos entsprechend anpassen!

7.2.2 So setzen Sie geeignete TOMs in die Praxis um

Um Ihr Verarbeitungsverzeichnis vervollständigen zu können, müssen Sie die TOMs auflisten, die in Ihrem Unternehmen bestehen. Die Datenschutzgrundverordnung nennt die Maßnahmen (Art. 32 Abs. 1 DSGVO), die Sie sinnvollerweise umsetzen sollten:

- Pseudonymisierung von Daten
- Verschlüsselung von Daten
- Sicherstellung der Vertraulichkeit, Integrität, Verfügbarkeit und Belastbarkeit der Systeme und Dienste im Zusammenhang mit der Verarbeitung
- Fähigkeit zur schnellen Wiederherstellung der Verfügbarkeit von personenbezogenen Daten sowie des Zugangs zu ihnen nach einem physischen oder technischen Zwischenfall
- Verfahren zur regelmäßigen Überprüfung, Bewertung und Evaluierung der Wirksamkeit der TOMs zur Gewährleistung der Sicherheit der Verarbeitung

Auch diese Vorgaben des Gesetzes klingen leider sehr theoretisch und wenig greifbar. Das Bundesdatenschutzgesetz ist beim Thema »Sicherheit der Datenverarbeitung« detaillierter und schafft mehr Klarheit (§ 64 Abs. 3 BDSG). Denn darin werden folgende Maßnahmen aufgeführt:

- **Zugangskontrolle:** Verwehrung des Zugangs zu Verarbeitungsanlagen, mit denen die Verarbeitung durchgeführt wird, für Unbefugte
- **Datenträgerkontrolle:** Verhinderung des unbefugten Lesens, Kopierens, Veränderns oder Löschens von Datenträgern
- **Speicherkontrolle:** Verhinderung der unbefugten Eingabe von personenbezogenen Daten sowie der unbefugten Kenntnisnahme, Veränderung und Löschung von gespeicherten personenbezogenen Daten
- **Benutzerkontrolle:** Verhinderung der Nutzung automatisierter Verarbeitungssysteme mithilfe von Einrichtungen zur Datenübertragung durch Unbefugte
- **Zugriffskontrolle:** Gewährleistung, dass die zur Benutzung eines automatisierten Verarbeitungssystems Berechtigten ausschließlich zu den von ihrer Zugangsberechtigung umfassten personenbezogenen Daten Zugang haben
- **Übertragungskontrolle:** Gewährleistung, dass überprüft und festgestellt werden kann, an welche Stellen personenbezogene Daten mithilfe von Einrichtungen zur Datenübertragung übermittelt oder zur Verfügung gestellt wurden oder werden können
- **Eingabekontrolle:** Gewährleistung, dass nachträglich überprüft und festgestellt werden kann, welche personenbezogenen Daten zu welcher Zeit und von wem in automatisierte Verarbeitungssysteme eingegeben oder verändert worden sind
- **Transportkontrolle:** Gewährleistung, dass bei der Übermittlung personenbezogener Daten sowie beim Transport von Datenträgern die Vertraulichkeit und Integrität der Daten geschützt werden
- **Wiederherstellbarkeit:** Gewährleistung, dass eingesetzte Systeme im Störungsfall wiederhergestellt werden können

- **Zuverlässigkeit:** Gewährleistung, dass alle Funktionen des Systems zur Verfügung stehen und auftretende Fehlfunktionen gemeldet werden
- **Datenintegrität:** Gewährleistung, dass gespeicherte personenbezogene Daten nicht durch Fehlfunktionen des Systems beschädigt werden können
- **Auftragskontrolle:** Gewährleistung, dass personenbezogene Daten, die im Auftrag verarbeitet werden, nur entsprechend den Weisungen des Auftraggebers verarbeitet werden können
- **Verfügbarkeitskontrolle:** Gewährleistung, dass personenbezogene Daten gegen Zerstörung oder Verlust geschützt sind
- **Trennbarkeit:** Gewährleistung, dass zu unterschiedlichen Zwecken erhobene personenbezogene Daten getrennt verarbeitet werden können.

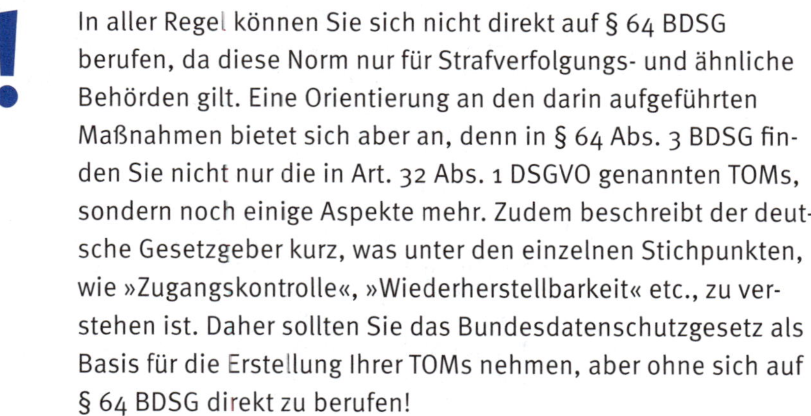

In aller Regel können Sie sich nicht direkt auf § 64 BDSG berufen, da diese Norm nur für Strafverfolgungs- und ähnliche Behörden gilt. Eine Orientierung an den darin aufgeführten Maßnahmen bietet sich aber an, denn in § 64 Abs. 3 BDSG finden Sie nicht nur die in Art. 32 Abs. 1 DSGVO genannten TOMs, sondern noch einige Aspekte mehr. Zudem beschreibt der deutsche Gesetzgeber kurz, was unter den einzelnen Stichpunkten, wie »Zugangskontrolle«, »Wiederherstellbarkeit« etc., zu verstehen ist. Daher sollten Sie das Bundesdatenschutzgesetz als Basis für die Erstellung Ihrer TOMs nehmen, aber ohne sich auf § 64 BDSG direkt zu berufen!

Welche Maßnahmen gehören zu den TOMs?

Bei den TOMs geht es um alle Sicherungsmaßnahmen, die Sie zum Schutz der von Ihnen verarbeiteten personenbezogenen Daten ergreifen können – gemessen an Ihrem individuellen Risiko auf Basis der von Ihnen getroffenen Risikoeinstufung.

Das reicht von der Absicherung des Betriebsgeländes und des Bürogebäudes über konkrete Schutzmaßnahmen von Computern bzw. Servern bis hin zu organisatorischen Maßnahmen zur Regelung von bestimmten Ge- oder Verboten gegenüber Beschäftigten, Freelancern usw.

Zu den typischen TOMs gehören:

Gewährleistungsziel	Maßnahmen
Zutrittskontrolle	Alarmanlage, Absicherung von Gebäudeschächten, Zugangskontrollsystem, Chipkarten-/Transponder-Schließsystem, Schließsystem mit Codesperre, manuelles Schließsystem, biometrische Zugangssperren, Videoüberwachung der Zugänge, Lichtschranken/Bewegungsmelder, Sicherheitsschlösser, Schlüsselregelung, Personenkontrolle, Besucher-Protokoll, sorgfältige Auswahl des Reinigungspersonals, sorgfältige Auswahl des Wachpersonals, Tragepflicht von Berechtigungsausweisen
Zugangskontrolle	Zuordnung von Benutzerrechten, Erstellen von Benutzerprofilen, Passwortvergabe, Authentifikation mit biometrischen Verfahren, Authentifikation mit Benutzername/Passwort, Zuordnung von Benutzerprofilen zu IT-Systemen, Gehäuseverriegelungen, Einsatz von VPN-Technologie, Sperren von externen Schnittstellen (z.B. USB), Sicherheitsschlösser, Schlüsselregelung, Personenkontrolle, Besucher-Protokoll, sorgfältige Auswahl des Reinigungspersonals, sorgfältige Auswahl des Wachpersonals, Tragepflicht von Berechtigungsausweisen, Einsatz von Intrusion-Detection-Systemen, Verschlüsselung von mobilen Datenträgern
Zugriffskontrolle	Einsatz eines Berechtigungskonzepts, Verwaltung der Rechte durch Systemadministrator, Anzahl der Administratoren auf das Notwendigste reduziert, Passwortrichtlinie, Protokollierung von Zugriffen auf Anwendungen, sichere Aufbewahrung von Datenträgern, physische Löschung von Datenträgern vor Wiederverwendung, ordnungsgemäße Vernichtung von Datenträgern, Einsatz von Aktenvernichtern bzw. Dienstleistern, Protokollierung der Vernichtung, Verschlüsselung von Datenträgern

Gewährleistungsziel	Maßnahmen
Weitergabekontrolle	Einrichtungen von Standleitungen bzw. VPN-Tunneln, Weitergabe von Daten in anonymisierter oder pseudonymisierter Form, E-Mail-Verschlüsselung, Übersicht von regelmäßigen Abruf- und Übermittlungsvorgängen, Dokumentation der Empfänger von Daten und der Zeitspannen der geplanten Überlassung, Dokumentation vereinbarter Löschfristen, sichere Transportbehälter/-verpackungen, sorgfältige Auswahl von Transportpersonal/-fahrzeugen
Eingabekontrolle	Protokollierung der Eingabe, Änderung und Löschung von Daten, Übersicht, aus der sich ergibt, mit welchen Applikationen welche Daten eingegeben, geändert und gelöscht werden können, individuelle Benutzernamen (nicht Benutzergruppen), Aufbewahrung von Formularen, von denen Daten in automatisierte Verarbeitungen übernommen worden sind, Berechtigungskonzept
Auftragskontrolle	sorgfältige Auswahl des Auftragnehmers, vorherige Prüfung und Dokumentation der beim Auftragnehmer getroffenen Sicherheitsmaßnahmen, schriftliche Weisungen an den Auftragnehmer, Verpflichtung der Mitarbeiter des Auftragnehmers auf das Datengeheimnis, Auftragnehmer hat Datenschutzbeauftragten bestellt, Sicherstellung der Vernichtung von Daten nach Beendigung des Auftrags, wirksame Kontrollrechte gegenüber Auftragnehmer vereinbart, laufende Überprüfung des Auftragnehmers und seiner Tätigkeiten, vereinbarte Vertragsstrafen bei Verstößen
Verfügbarkeitskontrolle	Unterbrechungsfreie Stromversorgung (USV), Klimaanlage in Serverräumen, Geräte zur Überwachung von Temperatur und Feuchtigkeit in Serverräumen, Schutzsteckdosenleisten in Serverräumen, Feuer- und Rauchmeldeanlagen, Feuerlöschgeräte in Serverräumen, Alarmmeldung bei unberechtigten Zutritten zu Serverräumen, Back-up- & Recoverykonzept, Testen von Datenwiederherstellung, Notfallplan, Aufbewahrung von Datensicherung an sicherem, ausgelagertem Ort, Serverräume nicht unter sanitären Anlagen, in Hochwassergebieten: Serverräume über der Wassergrenze

Gewährleistungsziel	Maßnahmen
Trennungsgebot	physikalisch getrennte Speicherung auf gesonderten Systemen oder Datenträgern, logische Kundendatentrennung (softwareseitig), Berechtigungskonzept, Verschlüsselung von Datensätzen, die zu demselben Zweck verarbeitet werden, Versehen der Datensätze mit Zweckattributen/Datenfeldern, bei pseudonymisierten Daten: Trennung der Zuordnungsdatei und der Aufbewahrung auf einem getrennten, abgesicherten IT-System, Festlegung von Datenbankrechten, Trennung von Produktiv- und Testsystem

Die in der Tabelle aufgeführten TOMs sind nicht abschließend. Es kann sein, dass Sie nur einzelne dieser Maßnahmen im Unternehmen umgesetzt haben bzw. umsetzen müssen. Mitunter gibt es aber auch TOMs, die Sie umsetzen müssen, die hier aber nicht aufgelistet sind.

Erstellen Sie sich mithilfe der hier angegeben TOMs eine Checkliste und passen Sie diese dann individuell auf die Bedürfnisse Ihres Unternehmens an, d.h., streichen Sie für Sie nicht infrage kommende bzw. ergänzen Sie fehlende Einzelmaßnahmen.

Unabhängig davon, welche technischen und organisatorischen Maßnahmen Sie in Ihrem Betrieb umsetzen, sollten Sie dabei folgende Aspekte berücksichtigen:

- Stand der Technik
- Implementierungskosten
- Art der Verarbeitung
- Umfang der Verarbeitung
- Umstände der Verarbeitung
- Zwecke der Verarbeitung
- Eintrittswahrscheinlichkeit und Schwere der mit der Verarbeitung verbundenen Risiken für die Rechte und Freiheiten natürlicher Personen

Sie müssen also nicht die neuste »High-end-Technik« einsetzen. Sie sollen durch die Datenschutzmaßnahmen auch nicht in die Insolvenz getrieben werden. Es ist Ihre unternehmerische Verantwortung und Aufgabe, Ihr individuelles Risiko zu ermitteln und dazu passende, angemessene TOMs umzusetzen.

Im Muster-Verarbeitungsverzeichnis des BayLDA werden folgende TOMs angegeben:

- Automatische Updates im Betriebssystem aktivieren
- Automatische Updates des Browsers aktivieren
- Back-ups regelmäßig, z.B. einmal wöchentlich auf externe Festplatte
- Standard-Gruppenverwaltung (z.B. in Windows)
- Aktueller Virenscanner/Sicherheitssoftware
- Papieraktenvernichtung mit Standard-Shredder

Das reicht in den meisten Fällen nicht aus, sondern dient als **Orientierungshilfe.** Dadurch können Sie aber ersehen, wohin die Reise geht.

7.2.3 Bitte beachten: das Verfahren zur regelmäßigen Selbstüberprüfung (PDCA-Zyklus)

Datenschutz ist kein Zustand, sondern ein **Prozess** – dies müssen Sie sich immer vor Augen halten. Denn Arbeitsabläufe bzw. Verarbeitungstätigkeiten können sich in Ihrem Unternehmen ändern. Und auch die äußeren Umstände unterliegen Veränderungen, indem etwa neue Risiken für Ihre Datenverarbeitungen auftreten.

Im Betrieb von Frau Merck wird die bisherige analoge Zeiterfassung durch eine digitale Variante ersetzt. Jeder Mitarbeiter erhält einen Chip, mit dem er sich zum Arbeitsbeginn am System anmelden und zum Feierabend wieder abmelden kann. Wegen der Änderung der Datenverarbeitung in ihrem Unternehmen muss

Frau Merck den entsprechenden Abschnitt im Verarbeitungsverzeichnis anpassen. Sie muss auch die Risikoeinstufung neu durchführen und anschließend ggf. die TOMs anpassen.

Das Gleiche gilt im Fall eines selbstständigen Malermeisters, der bislang seine Buchhaltung in Papierform erledigt und in Zukunft dafür eine spezielle Software nutzen möchte.

Egal, ob sich bei Ihnen intern oder extern etwas ändert – Sie müssen Ihre Datenschutzmaßnahmen ständig überprüfen und gegebenenfalls anpassen oder erneuern.

Sie benötigen ein Verfahren zur regelmäßigen **Überprüfung, Bewertung** und **Evaluierung** der Wirksamkeit Ihrer TOMs zur Gewährleistung der Sicherheit der Verarbeitung (Art. 32 Abs. 1 lit. d) DSGVO).

Das kann anhand eines sogenannten PDCA-Zyklus erfolgen:

- **P**lan: Risikobeurteilung und Planung der TOMs
- **D**o: Umsetzung der (neuen) TOMs
- **C**heck: Risiko(neu)bewertung
- **A**ct: ggf. Anpassung der TOMs

Wenn Sie die Liste durchgegangen und am »Ende« angelangt sind, beginnt das Spiel von vorne. Sie müssen sich im Bereich Datenschutz also regelmäßig selbst auf den Prüfstand stellen und eventuell entsprechende Maßnahmen ergreifen.

Richten Sie sich in Ihrem elektronischen Kalender, z.B. Microsoft Outlook, eine Erinnerung ein, die Sie automatisch zumindest einmal pro Jahr an die Selbstüberprüfung der Datenschutz-Standards erinnert.

Gibt es weitere Anlässe, z.B. Datenpannen oder Beschwerden von Betroffenen, sollten Sie »außer der Reihe« die betreffenden Bereiche bzw. Verarbeitungstätigkeiten prüfen. Je nachdem, wie hoch Sie Ihr eigenes Risiko einschätzen, kann auch eine häufiger stattfindende Selbstüberprüfung nötig sein (z.B. zwei-, drei- oder viermal pro Jahr).

7.3 Standards/Zertifizierungen

Wenn Sie nach einem bestimmten Standard zertifiziert sind oder sonstige offizielle Kriterien erfüllen, kann Ihnen das dabei helfen, ein bestimmtes Datenschutzniveau zu belegen. Aber: Eine ISO-Zertifizierung alleine hilft im Zweifel nicht weiter, Sie müssen trotzdem alle Datenschutzanforderungen erfüllen. Eine spezielle Datenschutz- oder DSGVO-Zertifizierung ist im Gesetz zwar vorgesehen, existiert derzeit aber in Deutschland noch nicht.

Es gibt aber verschiedene Standards bzw. Zertifizierungen, deren Umsetzung durchaus auch im Bereich Datenschutz vorteilhaft sind. Dazu zählen u.a.:

- IT-Grundschutz des Bundesamtes für Sicherheit in der Informationstechnik (BSI)
- Standard-Datenschutzmodell (SDM)
- ZAWAS
- ISO 9001
- ISO 27xxx (besonders ISO 27701)
- VdS 10010

Und für spezielle Bereiche gibt es darüber hinaus noch folgende Standards bzw. Zertifikate:

- Trusted Cloud: Das Bundesministerium für Wirtschaft und Energie zeichnet geeignete Cloud-Anbieter als sogenannte »Trusted Cloud« aus. Das Gütesiegel steht für vertrauenswürdige Cloud-Services.

- Tisax: Sicherheitszertifizierung der Automobilindustrie
- BSI C5: Der C5-Kriterienkatalog des BSI ist bei großen Cloud-Providern ein Standard. Er listet Kriterien auf, die Cloud-Anbieter erfüllen sollten, um sichere Datenverarbeitung gemäß DSGVO zu ermöglichen.
- Privacy & Security Assessment (PSA): Von der Dekra zertifiziertes Datenschutzmanagement der Telekom
- CSA Star: Die CSA-STAR-Zertifizierung ist eine unabhängige Bewertung der Sicherheit eines Cloud-Service-Providers.

! Wenn Sie in Ihrem Unternehmen beispielsweise nach ISO 9001 zertifiziert sind oder ein sonstiges Qualitätsmanagementsystem umgesetzt haben, dann haben Sie einen Teil Ihrer Datenschutzorganisation »nebenbei« bereits erledigt. Denn die Beschreibung der Prozesse, die notwendiger Teil des QM-Handbuchs sind, helfen Ihnen auch im Rahmen Ihres Verarbeitungsverzeichnisses. Aus diesem können Sie auf die entsprechenden Passagen im QM-Handbuch verweisen und müssen nicht »das Rad neu erfinden«.

7.4 Diese Anlagen passen zum VVT

Ihr Verarbeitungsverzeichnis sollte so gestaltet sein, dass es aus sich heraus verständlich ist und möglichst wenig Rückfragen nach sich zieht. Um das Bild abzurunden und der prüfenden Datenschutzaufsichtsbehörde ausreichende Informationen an die Hand zu geben, empfiehlt es sich, das eigentliche Verzeichnis mit diversen Anlagen zu versehen.

Die folgende Aufzählung enthält die typischen Anlagen zu einem Verarbeitungsverzeichnis. Das bedeutet nicht, dass in Ihrem individuellen Fall alle der genannten Unterlagen vorhanden sein müssen.

Wenn Sie beispielsweise ein kleines Unternehmen sind und daher keine Pflicht zur Benennung eines DSB besteht, dann haben Sie natürlich auch keine DSB-Tätigkeitsberichte usw.

Mithilfe der aufgeführten Unterlagen können Sie sich eine individuelle Checkliste erstellen, die auf Ihre Bedürfnisse angepasst ist. Dadurch vergessen Sie keine wichtigen Unterlagen und vervollständigen so Ihre Datenschutz-Dokumentation.

Mögliche, sinnvolle Anlagen zum Verarbeitungsverzeichnis sind:

- Übersicht Hardware
- Übersicht Software
- Übersicht Hard-/Software Außendienstmitarbeiter
- Übersicht Fuhrpark
- Übersicht Mobile Device Management (MDM)
- Netzwerkdiagramm
- Organigramm/Unternehmensstruktur
- Schlüsselliste
- Arbeitsanweisung(en)
- Dienst-/Betriebsvereinbarung(en)
- Nutzerrechtekonzept
- Gebäudeplan/Grundriss
- Übersicht E-Mail-Accounts
- Benennungsurkunde DSB
- Passwort-Richtlinie
- Back-up-Konzept
- Prozessbeschreibungen

- ggf. QM-Handbuch
- Übersicht Dienstleister
- Wartungsverträge (Kopierer …)
- AV-Verträge
- Joint-Controllership-Verträge
- Notfallplan
- Schulungsunterlagen Datenschutz
- Schulungsnachweise Beschäftigte
- DSB-Tätigkeitsberichte
- exemplarischer Arbeitsvertrag
- exemplarische Verpflichtung der Mitarbeiter zur Vertraulichkeit
- Lösch-Konzept

Muster

Als Grundlage für ein Löschkonzept können Sie beispielsweise folgenden Ansatz benutzen:

	Bewerbungsverfahren	...
Verarbeitungstätigkeit	Bewerbungsunterlagen von abgelehnten Bewerbern und eingestellten Arbeitnehmern	
Aufbewahrungspflicht	–	
Aufbewahrungsrecht	bei abgelehnten Bewerbern: 6 Monate nach Übermittlung der Absage; bei Arbeitnehmern: 3 Jahre nach Schluss des Jahres, in dem das Arbeitsverhältnis beendet wurde	

Rechtsgrundlage	bei abgelehnten Bewerbern: AGG i.V.m. ArbGG; bei Beschäftigten: § 109 GewO i.V.m. §§ 195, 199 BGB	
Löschanspruch (Art. 17 DSGVO)?	(im Einzelfall zu prüfen)	
Löschnachweis	aus Dokumenten-Management-Software	
verantwortliche Person	Max Mustermann	

An dem Beispiel der Verarbeitung von Bewerberdaten lässt sich das Prinzip erkennen, nach dem das Löschkonzept aufgebaut werden kann. Bitte beachten: Es führen bekanntlich viele Wege nach Rom, d.h., das hier ist eine mögliche und nicht die einzige Lösung.

7.5 So kann ein VVT aussehen

Auf der Internetseite des Bayerischen Landesamtes für Datenschutzaufsicht (BayLDA) finden sich zahlreiche Muster und Vorlagen (https://www.lda.bayern.de/de/muster.html), u.a. auch für verschiedene Verarbeitungsverzeichnisse.

Anhand des dort dargestellten Muster-VVT für Einzelhändler können Sie sich ein besseres Bild davon machen, wie ein VTT aussehen sollte.

Dieses Beispiel zeigt Ihnen, dass ein VVT gar nicht so kompliziert aufgebaut sein muss, auch wenn die Vorgabe des BayLDA nur als Orientierungshilfe dienen kann und Ihren individuellen Rahmenbedingungen angepasst werden muss.

Hinweis: Dieses kurze Muster soll Verantwortlichen nur den Einstieg in das Thema „Verzeichnis von Verarbeitungstätigkeiten" gem. Art. 30 Abs. 1 DS-GVO erleichtern. Ein umfassendes Muster ist unter www.lda.bayern.de/media/dsk_muster_vov_verantwortlicher.pdf abrufbar.

Muster 12: Einzelhändler – Verzeichnis von Verarbeitungstätigkeiten

Verantwortlicher:
Bekleidungshaus Huber — Tel. 0981/123456-0 — Inhaber: Gerhard Huber, geb. 21.02.1986
Hinterer Weg 15 — E-Mail: info@modehuber-fallstadt.de
91522 Fallstadt — Web: www.modehuber-fallstadt.de

Verarbeitungstätigkeit	Ansprechpartner	Datum der Einführung	Zwecke der Verarbeitung	Kategorie betroffene Personen	Kategorie von personenbez. Daten	Kategorie von Empfängern	Drittlands-transfer	Löschfristen	Technische/organisatorische Maßnahmen
Lohnabrechnung (über Buchhaltungsbüro)	Hans Klausen 0981/123456-1 hans@ modehuber-fallstadt.de	01.01.2018	• Auszahlung der Löhne/Gehälter • Abfuhr Sozialabgaben u. Steuern	Beschäftigte	• Name und Adressen der Beschäftigten • ggf. Religions-zugehörigkeit • Eindeutige Kennzahlen zur Steuer...	Buchhaltungs-büro	Keine	10 Jahre (Gesetzliche Aufbewahrungsfrist)	Siehe IT-Sicherheitskonzept
Betrieb der Webseite (über Hosting-Dienstleister)	Peter Diercksen 0981/123456-2 peter@ modehuber-fallstadt.de	19.03.2018	Unternehmens-darstellung	• Kunden • Webseitenbesucher	• IP-Adressen	Keine	Keine	IP-Adresse nach 30 Tagen	Siehe IT-Sicherheitskonzept
Kundenkarten-verwaltung	Marie Greiner 0981/123456-3 marie@ modehuber-fallstadt.de	19.03.2018	Verwaltung der Kundendaten	Kunden	• Stammdaten der Kunden • Kaufhistorien	Keine	Keine	10 Jahre (Gesetzliche Aufbewahrungsfrist)	Siehe IT-Sicherheitskonzept
Zahlungsabwicklung bei Kunden (über externen Dienstleister)	Peter Diercksen 0981/123456-2 peter@ modehuber-fallstadt.de	19.03.2018	Durchführung der Zahlungsverarbeitung	Kunden	• Stammdaten der Kunden • Zahlungsdaten (Bank-verbindung)	Zahlungsdienst-leister	Keine	10 Jahre (Gesetzliche Aufbewahrungsfrist)	Siehe IT-Sicherheitskonzept
Werbemaßnahmen zur Kundengewinnung und -bindung	Marie Greiner 0981/123456-3 marie@ modehuber-fallstadt.de	20.03.2018	Marketing zur Kundenakquirierung	• Bestandskunden • potenzielle Neukunden	• Postadressen der Kunden	Keine	Keine	10 Jahre (Gesetzliche Aufbewahrungsfrist)	Siehe IT-Sicherheitskonzept
...	...	...	...	...	...	...	...	...	...

Auszug aus dem IT-Sicherheitskonzept (enthält technische und organisatorische Maßnahmen):

- ✓ Automatische Updates im Betriebssystem aktivieren
- ✓ Standard-Gruppenverwaltung (z. B. in Windows)
- ✓ Automatische Updates des Browsers aktivieren
- ✓ Aktueller Virenscanner/Sicherheitssoftware
- ✓ Backups regelmäßig, z. B. einmal wöchentlich auf externe Festplatte
- ✓ Papieraktenvernichtung mit Standard-Shredder

(Quelle: Bayerisches Landesamt für Datenschutzaufsicht, https://www.lda.bayern.de/media/muster/muster_12_einzelhaendler_verzeichnis.pdf, Abruf am 9.1.2023)

8 Datenübermittlungen – So gelingen sie rechtskonform

Häufig werden die im Unternehmen verarbeiteten personenbezogenen Daten auch an Dritte weitergegeben oder diesen zugänglich gemacht. Dies ist in aller Regel beim Einsatz von Dienstleistern der Fall, beispielsweise im Rahmen eines Wartungsvertrages für den Büro-Drucker, bei der Wartung einer Datenbankanwendung oder bei der Nutzung eines Cloud-Speichers. Aber auch an die Datenübermittlung an einen Steuerberater, an einen Versanddienstleister oder an die Hausbank muss in diesem Zusammenhang gedacht werden. Nicht so offensichtlich sind Datenübermittlungen, die beim Einsatz von Analyse- bzw. Tracking-Tools, wie Google Analytics, Etracker oder Facebook Pixel, auf der eigenen Internetseite durchgeführt werden.

Immer dann, wenn Sie **Daten aus Ihrer Sphäre an Dritte übermitteln,** müssen aus datenschutzrechtlicher Sicht zusätzliche Voraussetzungen erfüllt werden.

Bei der Datenübermittlung kann eine von drei unterschiedlichen Situationen vorliegen. Das hängt davon ab, wie die konkrete Konstellation zwischen Ihnen als verantwortlicher Stelle bzw. Übermittler der Daten und dem Dritten als Daten-Empfänger gestaltet ist. Es kommen folgende Varianten in Betracht:

- Auftragsverarbeitung (AV)
- Gemeinsame Verantwortlichkeit (engl.: Joint Controllership, kurz: JC)
- Getrennte Verantwortlichkeit

Eine dieser Möglichkeiten liegt in jedem Fall vor, wenn personenbezogene Daten vom Verantwortlichen an einen Dritten übermittelt werden. Für die Praxis ist es entscheidend, zunächst zu identifizieren, welche Variante zutrifft, um anschließend – falls erforderlich – die dazu passende Vertragsart zu vereinbaren. Denn bei der Auftragsverarbeitung muss ein sog. AV-Vertrag und bei der zweiten Variante ein Vertrag über die gemeinsame Verantwortlichkeit (JC-Vertrag) abgeschlossen werden. Im Fall der getrennten Verantwortlichkeit bedarf es hingegen keines speziellen Datenschutz-Vertrages.

8.1 Das ist bei einem Auftragsverarbeitungsverhältnis zu beachten

Ein AV-Verhältnis liegt immer dann vor, wenn der Auftragsverarbeiter für den und auf Weisung des Verantwortlichen tätig wird, um dessen Daten auftragsgemäß zu verarbeiten. Entscheidend ist nicht nur die Weisungsbefugnis des Verantwortlichen. Der Verantwortliche bestimmt bei einem Auftragsverarbeitungsverhältnis auch den Zweck und die Mittel der Verarbeitung.

Die Architektin Roswita Mack beauftragt einen IT-Dienstleister damit, bei dem von ihr genutzten Datenbankprogramm ein Update durchzuführen. Dabei hat der Dienstleister auch Zugriff auf die von Frau Mack in der Datenbank gespeicherten Daten ihrer Kunden.

In manchen Fällen kommt es vor, dass nicht der Verantwortliche, sondern der Auftragsverarbeiter die Mittel der Verarbeitung bestimmt. Das ist in der Praxis sogar recht häufig gegeben, insbesondere bei großen Dienstleistern, die für zahlreiche Kunden bzw. im Massengeschäft tätig sind.

Ingenieur Rovic bestellt bei einem Hosting-Anbieter Speicherplatz und weitere Dienstleistungen, um seine neue Website über dessen Server zu veröffentlichen. Dabei hat er nur die Wahl zwischen den Angeboten, die der Dienstleister ihm anbietet. Unterm Strich entscheidet der Anbieter somit über die Mittel der Verarbeitung. Den Zweck für die Verarbeitung legt Herr Rovic jedoch allein fest.

Auch wenn ein Dienstleister tatsächlich über die Mittel der Datenverarbeitung entscheidet – solange Sie als verantwortliche Stelle über die **Zwecke** entscheiden und dem Dienstleister gegenüber »den Ton angeben«, liegt ein AV-Verhältnis vor. Dieses AV-Verhältnis rechtfertigt die Übertragung der personenbezogenen Daten von Ihnen auf den Auftragsverarbeiter. Denn da Sie hierbei die Daten Ihrer Kunden, Mitarbeiter, Vertragspartner etc. »aus der Hand geben«, muss im Hinblick auf den Datenschutz eine solche Rechtfertigung bzw. Rechtsgrundlage gegeben sein.

8.1.1 Typische Beispiele von AV-Verhältnissen

In der Praxis ist es oft nicht ganz einfach, eine Datenübermittlung an Dritte genau zu charakterisieren und juristisch korrekt als Auftragsverarbeitung, als gemeinsame oder als getrennte Verantwortung einzustufen.

Zur Verdeutlichung haben wir Ihnen typische Beispiele von AV-Verhältnissen in der folgenden Liste zusammengestellt:

- DV-technische Arbeiten für Lohn- und Gehaltsabrechnung durch externen Dienstleister
- Bereitstellung/Wartung von Servern durch IT-Dienstleister (Outsourcing mittels Cloud-Computing)
- Werbeadressenverarbeitung in sogenannten Lettershops
- Hosting der Webseite, wenn dort personenbezogene Daten erfasst werden (z.B. über Kontaktformular)
- Verarbeitung von Kundendaten durch ein Callcenter (ohne wesentliche eigene Entscheidungsspielräume)
- Auslagerung der E-Mail-Verwaltung (z.B. Betreuung von Nutzeranfragen)
- Datenerfassung, Datenkonvertierung oder Einscannen von Dokumenten
- Auslagerung der Back-up-Sicherheitsspeicherung und anderer Archivierungen
- Aktenvernichtung bzw. Datenträgerentsorgung durch einen Dienstleister

- Prüfung oder Wartung (z.B. Fernwartung, externer Support) automatisierter Verfahren oder von EDV-Anlagen, wenn dabei ein Zugriff auf personenbezogene Daten nicht ausgeschlossen werden kann.
- Zentralisierung bestimmter »Shared-Services-Dienstleistungen« innerhalb eines Konzerns, wie Dienstreisen-Planungen oder Reisekostenabrechnungen
- Apothekenrechenzentren (§ 300 SGB V)
- ärztliche/zahnärztliche Verrechnungsstellen (ohne Forderungsverkauf)
- Sicherheitsdienste, die an der Pforte Besucher- und Anliefererdaten erheben
- externe Personen, Dienstleister usw., die im Auftrag Messwerte in Mietwohnungen ablesen bzw. verarbeiten (Heizung, Strom, Wasser etc.)
- Visabeschaffungsdienstleister, die hierfür vom Arbeitgeber die Beschäftigtendaten erhalten
- ggf. Einsatz von Online-Analysesoftware (z.B. Google Analytics), je nach Konfiguration der Software
- Einsatz von externen Dienstleistern beim Versand von Newslettern

Die Auflistung ist nicht abschließend. Sie dient lediglich dazu, anhand von Beispielfällen zu illustrieren, welche Merkmale für AV-Verhältnisse prägend sind.

Die genannten Beispiele sowie weiter gehende Informationen zu diesem Thema finden sich auch in den FAQ des Bayerischen Landesamtes für Datenschutzaufsicht (BayLDA), die gratis als PDF-Datei heruntergeladen werden können (Link: »FAQ« im Servicebereich). Ergänzende Informationen können außerdem dem Kurzpapier Nr. 13 der Datenschutzkonferenz (DSK) entnommen werden, das ebenfalls kostenlos erhältlich ist (Link: »Kurzpapier-13«).

8.1.2 In diesen Fällen handelt es sich nicht um AV-Verhältnisse

In den folgenden Fällen liegen regelmäßig **keine** AV-Verhältnisse vor, da entweder keine Weisungsbefugnis vorliegt, der beauftragte Dritte über die Verarbeitungszwecke bestimmt oder für eigene Zwecke handelt:

- Tätigkeiten von Berufsgeheimnisträgern (Steuerberater, Anwälte, externe Betriebsärzte, Wirtschaftsprüfer)
- Inkassobüros mit Forderungsübertragung
- Bankinstitute
- Postdienste für Brief- oder Pakettransport
- Detektive bei Observierungs-/Überwachungs-/Ausforschungstätigkeit
- Hersteller bzw. Großhändler, die von Einzelhändlern für mit Endkunden vereinbarte Direktlieferungen die Endkundenadressen erhalten (beauftragte Warenzusendung)
- Blumen- oder Weinversender, die eine Liste mit Adressdaten zur Versendung der Blumen- bzw. Weingeschenke an Dritte erhalten (beauftragte Warenzusendung)
- Insolvenzverwalter
- Personalvermittlung nach Auftrag von Stellensuchenden oder Arbeitgebern
- Internet-Plattformbetreiber zur Vermittlung zwischen Anbietern & Nachfragern, die sich auf der Plattform treffen können
- Telekommunikationsdienstleistungen (außer darüber hinausgehende Zusatzdienste, wie Auslagerung einer betrieblichen Telefonanlage oder Cloudspeicherlösungen etc.)
- Versicherungs-/Finanzmakler bzw. -vermittler im Rahmen des Kundenvertrags
- Handelsvertreter im Rahmen ihrer Beratungstätigkeit & Vertragsvermittlungen

- Übersendung von Schulungsteilnehmer-Daten zur Durchführung der Schulung an externe Trainer, Schulungsveranstalter oder an Tagungshotel
- Fertigung individueller medizinischer Produkte, Hilfsmittel, Prothesen etc. im Auftrag von Ärzten, Zahnärzten, Apotheken, Sanitätshäusern usw.
- Medizinische Labore, Materiallabore usw. (Materialuntersuchung im Auftrag)
- Zahlungsdienstleister für elektronische Zahlungen (Transport von Zahlungsdaten, Geldwäsche- und Betrugsprüfung nach ZAG bzw. den Mindestanforderungen der BaFin)
- von Reisebüros aufgrund Kundenvertrags vermittelte Leistungsanbieter, wie Hotels, Mietwagenfirmen, Fluggesellschaften, Busunternehmen, Versicherungen usw.
- vom Vermieter beauftragte Handwerker, die dazu die nötigen Mieterdaten erhalten
- Sachverständige zur Begutachtung eines Kfz-Schadens
- Personenbeförderung, Krankentransportleistungen
- Bewachungsdienstleistungen
- Reinigungsdienstleistungen und Handwerkereinsätze in Unternehmen
- Reinigung von Berufskleidung mit Namensschildern
- Druck von Prospekten, Katalogen etc. mit Bildern von Beschäftigten oder Fotomodellen
- Transport von Unterlagen & Waren durch Kurierdienste, Speditionen, Zeitungsausträger
- Übersetzung von Texten in/aus Fremdsprachen

Bei diesen Konstellationen kann es sich entweder um eine gemeinsame oder eine getrennte Verantwortlichkeit handeln.

8.1.3 Wichtig: der AV-Vertrag

Wenn Sie eine Datenübermittlung als AV-Verhältnis identifiziert haben, müssen Sie im nächsten Schritt einen AV-Vertrag mit dem Auftragsverarbeiter, also dem von Ihnen beauftragten Dritten, abschließen. Der Vertrag kann schriftlich oder elektronisch abgeschlossen werden (Art. 28 Abs. 9 DSGVO). Sie können den Vertrag also unterschrieben mit der Post verschicken oder alternativ den unterschriebenen Vertrag einscannen und per E-Mail übermitteln. Auch eine »Unterschrift« per Mausklick ist möglich – je nachdem, was Sie mit Ihrem Vertragspartner vereinbaren bzw. in welcher Form der Vertrag bereitgestellt wird.

Anhand der Checkliste können Sie prüfen, ob in Ihrem AV-Vertrag alle Punkte geregelt sind.

Checkliste: AV-Vertrag

Im Vertrag sind zunächst festgelegt und beschrieben ...	
☐	Gegenstand, Dauer, Art und Zweck der Datenverarbeitung,
☐	die Art der personenbezogenen Daten,
☐	die Kategorie der Betroffenen,
☐	die Rechte und Pflichten, die ich als Verantwortlicher habe.
Der Vertrag beschreibt außerdem folgende Pflichten des Auftragsverarbeiters:	
☐	Die Daten dürfen nur auf dokumentierte Weisung des Verantwortlichen bearbeitet werden.
☐	Es ist gewährleistet, dass sich die zur Datenverarbeitung befugten Personen zur Vertraulichkeit verpflichtet haben oder einer angemessenen gesetzlichen Verschwiegenheitspflicht unterliegen.
☐	Es werden alle erforderlichen Maßnahmen zur Sicherheit der Datenverarbeitung (vgl. Art. 32 DSGVO) ergriffen.

☐	Bei Inanspruchnahme der Dienste eines weiteren Auftragsverarbeiters werden alle Bedingungen für eine Auftragsverarbeitung im Sinne des Vertrages eingehalten.
☐	Der Auftragsverarbeiter unterstützt den Verantwortlichen mit geeigneten TOMs dabei, der Pflicht zur Beantwortung von Anträgen auf Wahrnehmung von Betroffenenrechten nachzukommen.
☐	Der Auftragsverarbeiter unterstützt den Verantwortlichen bei der Einhaltung seiner Pflichten (unter Berücksichtigung der Art der Verarbeitung und der ihm zur Verfügung stehenden Informationen).
☐	Nach Abschluss der Datenverarbeitung werden alle Daten nach Wahl des Verantwortlichen durch den Auftragsverarbeiter gelöscht oder zurückgegeben.
☐	Es werden dem Verantwortlichen alle erforderlichen Informationen zum Nachweis der Einhaltung seiner Pflichten und zur Ermöglichung der Überprüfungen bereitgestellt.

! Die Gesellschaft für Datenschutz und Datensicherheit e.V. (GDD) stellt auf Ihrer Website u.a. ein Muster für einen AV-Vertrag bereit, das als PDF-Datei kostenlos heruntergeladen und genutzt werden kann (Link: »AV-Vertrag«).

Damit es für Sie anschaulicher ist, welche juristischen Formulierungen bzw. Klauseln in einem solchen AV-Vertrag enthalten sein müssen, finden Sie nachfolgend beispielhaft die Musterformulierungen zu den TOMs und den Rechten von betroffenen Personen aus dem AV-Mustervertrag der GDD:

Formulierungsbeispiele

Technisch-organisatorische Maßnahmen

(1) Der Auftragnehmer ergreift in seinem Verantwortungsbereich alle erforderlichen technisch-organisatorische Maßnahmen gem. Art. 32 DSGVO zum Schutz der personenbezogenen Daten und übergibt dem Auftraggeber die Dokumentation zur Prüfung [Anlage 1]. Bei Akzeptanz durch den Auftraggeber werden die dokumentierten Maßnahmen Grundlage des Vertrags.

(2) Soweit die Prüfung/ein Audit des Auftraggebers einen Anpassungsbedarf ergibt, ist dieser einvernehmlich umzusetzen.

(3) Die vereinbarten technischen und organisatorischen Maßnahmen unterliegen dem technischen Fortschritt und der Weiterentwicklung. Insoweit ist es dem Auftragnehmer zukünftig gestattet, alternative adäquate Maßnahmen umzusetzen. Dabei darf das Sicherheitsniveau der festgelegten Maßnahmen nicht unterschritten werden. Über wesentliche Änderungen, die durch den Auftragnehmer zu dokumentieren sind, ist der Auftraggeber unverzüglich in Kenntnis zu setzen.

[OPTIONALE KLAUSEL] Die Verarbeitung von Daten, die diesem Vertrag unterliegen, ist in Privatwohnungen nicht gestattet (Heim- und Telearbeit).

Rechte von betroffenen Personen

(1) Der Auftragnehmer unterstützt den Auftraggeber in seinem Verantwortungsbereich und soweit möglich mittels geeigneter technisch-organisatorischer Maßnahmen bei der Beantwortung und Umsetzung von Anträgen betroffener Personen hinsichtlich ihrer Datenschutzrechte. Er darf die Daten, die im Auftrag verarbeitet werden, nicht eigenmächtig, sondern nur nach dokumentierter Weisung des Auftraggebers beauskunften, portieren, berichtigen, löschen oder deren Verarbeitung einschränken. Soweit eine betroffene Person sich diesbezüglich unmittelbar an den Auftragnehmer wendet, wird der Auftragnehmer dieses Ersuchen unverzüglich an den Auftraggeber weiterleiten.

(2) Soweit vom Leistungsumfang umfasst, sind die Rechte auf Auskunft, Berichtigung, Einschränkung der Verarbeitung, Löschung sowie Datenportabilität nach dokumentierter Weisung des Auftraggebers unmittelbar durch den Auftragnehmer sicherzustellen.

Sie können einen Muster-AV-Vertrag, wie den der GDD, verwenden. Oftmals stellen Dienstleister aber auch einen eigenen AV-Vertrag bereit.

Hier ist eine individuelle Rechtsberatung durch einen entsprechend spezialisierten Rechtsanwalt empfehlenswert. Die Gestaltung bzw. die Überprüfung eines AV-Vertrages stellt eine konkrete Rechtsberatung dar und darf folglich zum Beispiel nicht von Datenschutzbeauftragten vorgenommen werden (sofern diese keine Rechtsanwälte sind).

8.2 Wie »die gemeinsame Verantwortlichkeit« zu regeln ist

Bisweilen liegt bei der Datenübermittlung an Dritte kein AV-Verhältnis, sondern eine gemeinsame Verantwortung vor. In einem solchen Fall muss kein AV-, sondern ein sogenannter JC-Vertrag vereinbart werden.

8.2.1 Typische Beispiele gemeinsamer Verantwortlichkeit

Eine gemeinsame Verantwortung liegt beispielsweise in folgenden Fällen vor:

- bestimmte Datenkategorien (z.B. Adressdaten) werden für bestimmte gleichlaufende Geschäftsprozesse von mehreren Konzernunternehmen gemeinsam verwaltet;
- gemeinsame Errichtung einer Infrastruktur, auf der mehrere Beteiligte ihre jeweils individuellen Zwecke verfolgen

Eine Online-Plattform für Reisereservierungen wird von einem Reisebüro, einer Hotelkette und einer Fluggesellschaft gemeinsam betrieben.

- klinische Arzneimittelstudien, wenn mehrere Mitwirkende (z.B. Sponsoren, Studienzentren, Ärzte) jeweils in Teilbereichen Entscheidungen über die Verarbeitung treffen

Studienzentren verwalten die Namen, Gesundheits- und andere Daten der teilnehmenden Patienten, die Ärzte erheben und beurteilen die Diagnosedaten etc.

- Ein Personalvermittlungs-Dienstleister sichtet für einen Arbeitgeber Bewerber. Er bezieht dabei auch Bewerbungen ein, die direkt bei ihm eingegangen sind und nicht gezielt auf die Stelle des Arbeitgebers gerichtet waren.
- je nach Gestaltung ggf. gemeinsamer Informationspool/Warndatei mehrerer Verantwortlicher (z.B. Banken) über säumige Schuldner
- Betrieb einer Facebook-Fanpage oder eines anderen geschäftlichen Social-Media-Profils:
- Einbindung von Social-Plug-ins auf eigener Website
- Nutzung einer Online-Analyse-Software (z.B. Google Analytics), deren Anbieter die erhobenen Nutzerdaten auch für eigene Zwecke (z.B. Statistiken oder Verbesserungen der eigenen Software) nutzen kann

Die beiden letztgenannten Konstellationen basieren auf dem EuGH-Urteil vom 5.6.2018 (Az. C-210/16). In beiden Fällen besteht eine gemeinsame Verantwortung zwischen dem sozialen Netzwerk (z.B. Facebook) und dem Betreiber des Profils (z.B. der Facebook Fanpage) bzw. demjenigen, der die Social-Plug-ins auf seiner Website einbindet.

Weitere Informationen und Beispiele zur gemeinsamen Verantwortlichkeit finden sich in der »Stellungnahme 1/2010« der Artikel-29-Gruppe, einem Vorläufer des jetzigen Europäischen Datenschutzausschusses (EDSA). Dieses »Working Paper 169« kann kostenfrei heruntergeladen werden (Link: »Working-Paper-169«).

8.2.2 Der Joint-Controllership-Vertrag

Für einen JC-Vertrag existieren keine Formvorgaben, sodass er in Schriftform, elektronisch oder sogar per Handschlag abgeschlossen werden kann. Zu Zwecken einer besseren Nachweisbarkeit empfiehlt sich natürlich die Schrift- oder zumindest die elektronische Form, beispielsweise als PDF-Datei.

Sie haben in Ihrem Unternehmen einen JC-Vertrag mit einem Dritten geschlossen? Dann müssen Sie den betroffenen Personen, deren Daten Sie an den Dritten übermitteln, die wesentlichen Inhalte dieser JC-Vereinbarung zur Verfügung stellen (Art. 26 Abs. 2 Satz 2 DSGVO). Dies kann im Rahmen Ihrer eigenen Datenschutzerklärung erfolgen, indem Sie dort beschreiben, dass eine gemeinsame Verantwortlichkeit besteht und wer für welchen Datenverarbeitungsvorgang verantwortlich ist.

In der sogenannten Seiten-Insights-Ergänzung von Facebook stellt das Unternehmen seine Erklärung hinsichtlich der gemeinsamen Verantwortlichkeit mit den einzelnen Profil-Betreibern bereit (Link: »Facebook-gemeinsam«). Darin heißt es u.a.:

»Du und Facebook Ireland Limited […] erkennen an und stimmen zu, gemeinsam Verantwortliche gemäß Artikel 26 DSGVO für die Verarbeitung dieser personenbezogenen Daten in Events für Seiten-Insights (»Insights-Daten«) zu sein. Die gemeinsame Verantwortlichkeit umfasst die Erstellung dieser Events und ihre Zusammenführung in Seiten-Insights, die dann den Seitenbetreibern zur Verfügung gestellt werden. Die Parteien stimmen überein, dass Facebook Ireland und ggf. du für jegliche andere Verarbeitung von personenbezogenen Daten im Zusammenhang mit einer Seite und/oder den mit ihr verbundenen Inhalten, für die keine gemeinsame Entscheidung über die Zwecke und Mittel erfolgt, eigenständige und unabhängige Verantwortliche bleiben.«

In einem JC-Vertrag legen die Parteien in transparenter Form fest, wer von ihnen welche Verpflichtung gemäß der DSGVO erfüllt, insbesondere was die Wahrnehmung der Rechte der betroffenen Person angeht, und wer welchen Informationspflichten, wie z.B. Name der verantwortlichen Stelle, Kontaktdaten des DSB, Zweck der Verarbeitung etc. (Art. 13, 14 DSGVO), nachkommt. In der JC-Vereinbarung kann eine Anlaufstelle für die betroffenen Personen angegeben werden. Sie muss die jeweiligen tatsächlichen Funktionen und Beziehungen der gemeinsam Verantwortlichen gegenüber betroffenen Personen gebührend widerspiegeln (Art. 26 Abs. 2 Satz 1 DSGVO).

Betreibt ein Unternehmer eine Facebook Fanpage, dann besteht für ihn mit Facebook eine gemeinsame Verantwortung. Facebook stellt hierfür eine JC-Vereinbarung bereit, in der alle wesentlichen Aspekte nach den Anforderungen der DSGVO enthalten sind. Der »Seiten-Insights-Ergänzung bezüglich des Verantwortlichen« muss der Unternehmer nicht extra zustimmen. Es reicht vollkommen aus, dass Facebook sie formuliert hat und öffentlich für alle abrufbar bereitstellt. Darin legt Facebook u.a. fest, dass Facebook sicherstellt, dass für die Datenverarbeitung eine Rechtsgrundlage besteht, dass angemessene TOMs existieren usw. Hingegen ist es die Pflicht des Unternehmers als Fanpage-Betreiber, den Besuchern seiner Fanpage insbesondere eine Datenschutzerklärung nach Art. 13, 14 DSGVO bereitzustellen.

Der Landesdatenschutzbeauftragte Baden-Württemberg stellt auf seiner Website eine kostenfrei nutzbare Vorlage für einen JC-Vertrag bereit (Link: »JC-Vertrag«).

Damit es auch hier für Sie anschaulicher ist, wie ein solcher JC-Vertrag in der Praxis aussehen kann, finden Sie hier einen kurzen **Auszug** aus dem Mustervertrag des Landesdatenschutzbeauftragten aus Baden-Württemberg:

Muster

§ 1

(1) Diese Vereinbarung regelt die Rechte und Pflichten der Verantwortlichen (in Folge auch »Parteien« genannt) bei der gemeinsamen Verarbeitung personenbezogener Daten. Diese Vereinbarung findet auf alle Tätigkeiten Anwendung, bei denen Beschäftigte der Parteien oder durch sie beauftragte Auftragsverarbeiter personenbezogene Daten für die Verantwortlichen verarbeiten. Die Parteien haben die Mittel und Zwecke der nachfolgend näher beschriebenen Verarbeitungstätigkeiten gemeinsam festgelegt.

(2) In der [Anwendung/Im Rahmen des Projekts – System benennen] werden personenbezogene Daten verarbeitet. Je nach Prozessabschnitt erfolgt die Verarbeitung dieser Daten im [Systembereich und gegebenenfalls Verfahren benennen, innerhalb derer eine gemeinsame Verantwortlichkeit besteht]. Die Parteien legen dabei die Prozessabschnitte fest, in denen personenbezogene Daten in gemeinsamer Verantwortlichkeit verarbeitet werden (Art. 26 DSGVO).

Hinweis: *Eine gemeinsame Verantwortlichkeit kann für eine gesamte Anwendung oder auch für ein gesamtes Projekt bestehen. Sie kann aber auch nur einen Teil des gesamten Verarbeitungsprozesses betreffen, wenn sie klar von den übrigen Prozessabschnitten abgegrenzt werden kann. Bestehen nur in einem Teilbereich gemeinsame Festlegungen über Zwecke und Mittel der Datenverarbeitung, so können die folgenden zwei Sätze zur Klarstellung ergänzt werden.*

Für die übrigen Prozessabschnitte, bei denen keine gemeinsame Festlegung der Zwecke und Mittel einzelner Phasen der Datenverarbeitung besteht, ist jede Vertragspartei eigenständiger Verantwortlicher im Sinne des Art. 4 Nr. 7 DSGVO. Soweit die Vertragsparteien datenschutzrechtliche gemeinsam Verantwortliche im Sinne von Art. 26 DSGVO sind, gelten die folgenden Vereinbarungen:

§ 2

(1) Im Rahmen der gemeinsamen Verantwortlichkeit ist [Partei 1] für die Verarbeitung der personenbezogenen Daten im [hier Systemabschnitt, Datenverarbeitungsprozesse und und/oder Verfahren benennen, auf die Partei 1 faktischen Einfluss hat] (Wirkbereich A) zuständig. Gegenstand der Verarbeitung, deren Rechtsgrundlage [Rechtsgrundlage für die Verarbeitung benennen] ist, sind die Datenarten/-kategorien [hier Datenkategorien benennen, die in den zuvor genannten Abschnitten verarbeitet werden].

(2) [Partei 2] ist im Rahmen der gemeinsamen Verantwortlichkeit für die Verarbeitung der personenbezogenen Daten in [hier Systemabschnitt, Datenverarbeitungsprozesse und und/oder Verfahren benennen, auf die Partei 2 faktischen Einfluss hat] (Wirkbereich B) zuständig. Gegenstand der Verarbeitung, deren Rechtsgrundlage [Rechtsgrundlage für die Verarbeitung benennen] ist, sind die Datenarten/-kategorien [hier Datenkategorien benennen, die in dem zuvor genannten Abschnitten verarbeitet werden].

§ 3

Jede Partei gewährleistet die Einhaltung der gesetzlichen Bestimmungen, insbesondere die Rechtmäßigkeit der durch sie auch im Rahmen der gemeinsamen Verantwortlichkeit durchgeführten Datenverarbeitungen. Die Parteien ergreifen alle erforderlichen technischen und organisatorischen Maßnahmen, damit die Rechte der betroffenen Personen, insbesondere nach den Art. 12 bis 22 DSGVO, innerhalb der gesetzlichen Fristen jederzeit gewährleistet werden können bzw. sind.

Auch bei der Gestaltung bzw. Überprüfung eines JC-Vertrages ist eine individuelle Rechtsberatung durch einen entsprechend spezialisierten Rechtsanwalt empfehlenswert.

8.3 Die getrennte Verantwortlichkeit bei der Datenübermittlung

Eine getrennte Verantwortlichkeit liegt in solchen Fällen vor, in denen zwei Verantwortliche in bestimmten Bereichen die gleichen Daten nutzen, dabei aber jeweils ihre eigenen Zwecke verfolgen. Die nachfolgenden Fälle sind typisch:

- Banken (z.B. bei Überweisungen vom Unternehmens- auf das Konto eines Geschäftspartners)
- Versanddienstleister (z.B. beim Versand von Briefen oder Paketen)
- Finanzbehörden (z.B. bei der Übermittlung einer Steuererklärung durch den Steuerberater)
- Krankenkassen (z.B. bei der Meldung eines Versicherungsfalles nach einem Betriebsunfall)

- Versicherungen (z.B. bei der Meldung eines Verkehrsunfalls mit einem Geschäftswagen)
- Sozialversicherungsträger (z.B. bei der Leistung von Sozialversicherungsbeiträgen)
- Steuerberater (z.B. bei der Übermittlung von Beschäftigtendaten zu Zwecken der Lohnabrechnung)
- Wirtschaftsprüfer (z.B. bei der Übermittlung von Beschäftigtendaten im Rahmen einer Betriebsprüfung)
- Rechtsanwälte (z.B. bei der Übermittlung von Personendaten im Rahmen eines erteilten Mandats)
- Ärzte (z.B. bei der Erhebung von Gesundheitsdaten des Patienten durch den Arzt)
- Bundesagentur für Arbeit/Jobcenter (z.B. bei der Verarbeitung von persönlichen Daten durch das Jobcenter im Rahmen einer Stellenvermittlung)

Es kommt natürlich immer auf den jeweiligen Einzelfall an, ob ein AV-Verhältnis, eine gemeinsame Verantwortlichkeit oder eine getrennte Verantwortlichkeit gegeben ist.

Liegt eine getrennte Verantwortlichkeit vor, muss, im Unterschied zu AV- bzw. JC-Verhältnissen, **kein spezieller Datenschutz-Vertrag** abgeschlossen werden.

8.4 Das ist bei einer Datenübermittlung ins Ausland wichtig

Wenn der Dritte, an den Sie Ihre Daten übermitteln, seinen Sitz nicht in Deutschland, sondern im Ausland hat, ist das aus datenschutzrechtlicher Perspektive mit besonderen Risiken verbunden. Sie müssen dann eine weitere Hürde meistern.

Als Verantwortlicher müssen Sie sicherstellen, dass im Empfängerland ebenfalls ein angemessenes Datenschutzniveau herrscht. Dies muss unabhängig von der Einordnung der Datenübermittlung gesichert sein, also sowohl bei AV- und JV-Verhältnissen als auch bei getrennter Verantwortlichkeit. Je nachdem, in welchem Land der Datenempfänger seinen Sitz hat, sind unterschiedliche Rahmenbedingungen zu erfüllen.

8.4.1 Die EU-/EWR-Staaten sind unproblematisch

Bei einer Datenübermittlung ins Ausland ist die Konstellation am einfachsten, bei der der Dritte seinen Sitz in einem Mitgliedsstaat der Europäischen Union (EU) bzw. des Europäischen Wirtschaftsraums (EWR) hat.

Die **EU-Mitglieder** sind: Belgien, Bulgarien, Dänemark, Deutschland, Estland, Finnland, Frankreich, Griechenland, Irland, Italien, Kroatien, Lettland, Litauen, Luxemburg, Malta, die Niederlande, Österreich, Polen, Portugal, Rumänien, Schweden, die Slowakei, Slowenien, Spanien, die Tschechische Republik, Ungarn und Zypern.

Der **EWR** besteht aus den EU-Mitgliedsstaaten plus Island, Liechtenstein und Norwegen.

Bei einem Datenaustausch innerhalb der EU bzw. im EWR gilt für beide Parteien gleichermaßen die DSGVO, das heißt, beide unterliegen dem gleichen, hohen Datenschutzniveau.

Übermitteln Sie also Daten innerhalb der EU bzw. des EWR, muss zwischen Ihnen und dem Dritten, je nach Konstellation, ein AV- bzw. ein JC-Vertrag abgeschlossen werden. Das reicht für eine datenschutzkonforme Datenübermittlung aus.

8.4.2 Nicht-EU-Staaten mit angemessenem Schutzniveau

Es gibt auch einige Staaten, die zwar kein EU- bzw. EWR-Mitglied sind, denen aber durch die EU-Kommission ein mit der Europäischen Union vergleichbares Datenschutzniveau attestiert wurde.

Zu den Nicht-EU-Staaten mit angemessenem Schutzniveau zählen aktuell:

Andorra, Argentinien, Färöer Inseln, Großbritannien, Guernsey, Isle of Man, Israel, Japan, Jersey, Kanada, Neuseeland, Republik Südkorea, Schweiz, Uruguay

---

Datenübermittlungen in die genannten Länder werden datenschutzrechtlich nicht anders behandelt als solche innerhalb der EU bzw. des EWR. Das heißt, je nachdem, ob ein AV- oder ein JC-Verhältnis vorliegt, reicht ein entsprechender Vertrag aus.

Wichtig: Bis zum »Schrems II«-Urteil des EuGH vom 16.7.2020 (Az. C-311/18) bestand auch für die USA ein Angemessenheitsbeschluss in Form des sogenannten EU-US-Privacy-Shields. Ohne Übergangs- oder Schonfrist entfiel durch dieses Urteil die Grundlage für eine rechtskonforme Übermittlung personenbezogener Daten in die USA.

8.4.3 Bei unsicheren Drittstaaten sind weitere Maßnahmen notwendig

Die in der Praxis am meisten mit Problemen beladenen Konstellationen treten auf, wenn einer der Beteiligten in einem **»unsicheren Drittstaat«**, also in einem Nicht-EU- bzw. Nicht-EWR-Staat, sitzt.

Alle Staaten, die kein EU- bzw. EWR-Mitglied sind und auch keinen Angemessenheitsbeschluss der EU-Kommission erhalten haben, werden im Datenschutzrecht als »unsichere Drittstaaten« bezeichnet. Dazu zählen beispielsweise Russland, China, Indien oder auch die USA.

Praktisch von Bedeutung: Die USA als »unsicherer Drittstaat«

Die Einstufung der USA als »unsicherer Drittstaat« hat datenschutzrechtlich für viele von Ihnen Konsequenzen! Aufgrund der praktischen und auch wirtschaftlichen Bedeutung der Nutzungsmöglichkeit der Tools bzw. Dienste von Microsoft, Adobe, Google, Facebook & Co. hat dies enorme Auswirkungen auf den beruflichen Alltag von fast jedem.

Wenn Sie für Ihre private Korrespondenz Office 365 nutzen, dann ist das kein Problem. Datenschutzrechtlich bedenklich ist die Nutzung von Microsoft-Diensten allerdings im geschäftlichen Umfeld, da Sie hier – im Unterschied zu Ihrer privaten Tätigkeit – die Vorgaben der DSGVO beachten müssen. Aufgrund der enormen Bedeutung für nahezu alle Unternehmen, Behörden und Vereine wird an einer politischen Lösung gearbeitet. Es soll eine neue Variante des »Privacy Shields« geschaffen werden, um wieder einen unproblematischeren Weg für den Austausch von personenbezogenen Daten zwischen Europa und den USA zu ermöglichen.

Am 25.3.2022 wurde eine grundsätzliche Einigung auf ein »Trans-Atlantic Data Privacy Framework« (TADPF) bekannt gegeben. Es ist noch unklar, ob und wann dieses neue Abkommen in Kraft treten wird. Wenn dies erfolgt, sollte ab diesem Zeitpunkt wieder ein angemessenes Datenschutzniveau in den USA anzunehmen sein, sodass ein großes Problem für die Übermittlung von Daten mit Personenbezug auf der Welt gelöst wäre. Was das dann für die Praxis genau bedeutet, bleibt abzuwarten.

Welche Maßnahmen sind für ein angemessenes Schutzniveau notwendig?

Hat der Datenempfänger seinen Sitz in einem unsicheren Drittstaat, reicht der Abschluss eines AV- bzw. JC-Vertrages für sich genommen nicht aus. Es muss auf andere Weise ein angemessenes Datenschutzniveau hergestellt werden. Dies kann generell durch Verwendung der sogenannten EU-Standardvertragsklauseln (engl.: standard contractual clauses, kurz: SCC) geschehen.

Die Europäische Kommission hat am 4.6.2021 eine neue Fassung der SCC veröffentlicht und auf ihrer offiziellen Website zum Download zur Verfügung gestellt (Link: »SCC« im Servicebereich). Diese amtliche Vertragsvorlage sollten Sie unbedingt als Grundlage für die Datenübermittlung in (unsichere) Drittstaaten einsetzen.

Ein kurzer Blick in diese EU-Standardvertragsklauseln dient nur der Veranschaulichung. Denn wie Sie an den Auszügen aus den SCC sehen können, wendet sich der Vertragstext in erster Linie an Profis:

STANDARDVERTRAGSKLAUSELN

ABSCHNITT I

Klausel 1

Zweck und Anwendungsbereich

a) Mit diesen Standardvertragsklauseln soll sichergestellt werden, dass die Anforderungen der Verordnung (EU) 2016/679 des Europäischen Parlaments und des Rates vom 27.4.2016 zum Schutz natürlicher Personen bei der Verarbeitung personenbezogener Daten, zum freien Datenverkehr und zur Aufhebung der Richtlinie 95/46/EG (Datenschutz-Grundverordnung) (1) bei der Übermittlung personenbezogener Daten an ein Drittland eingehalten werden.

b) Die Parteien:

i) die in Anhang I.A aufgeführte(n) natürliche(n) oder juristische(n) Person(en), Behörde(n), Agentur(en) oder sonstige(n) Stelle(n) (im Folgenden »Einrichtung(en)«), die die personenbezogenen Daten übermittelt/n (im Folgenden jeweils »Datenexporteur«), und

ii) die in Anhang I.A aufgeführte(n) Einrichtung(en) in einem Drittland, die die personenbezogenen Daten direkt oder indirekt über eine andere Einrichtung, die ebenfalls Partei dieser Klauseln ist, erhält/erhalten (im Folgenden jeweils »Datenimporteur«), haben sich mit diesen Standardvertragsklauseln (im Folgenden »Klauseln«) einverstanden erklärt.

c) Diese Klauseln gelten für die Übermittlung personenbezogener Daten gemäß Anhang I.B.

d) Die Anlage zu diesen Klauseln mit den darin enthaltenen Anhängen ist Bestandteil dieser Klauseln.

Klausel 2

Wirkung und Unabänderbarkeit der Klauseln

a) Diese Klauseln enthalten geeignete Garantien, einschließlich durchsetzbarer Rechte betroffener Personen und wirksamer Rechtsbehelfe gemäß Artikel 46 Absatz 1 und Artikel 46 Absatz 2 Buchstabe c der Verordnung (EU) 2016/679 sowie — in Bezug auf Datenübermittlungen von Verantwortlichen an Auftragsverarbeiter und/oder von Auftragsverarbeitern an Auftragsverarbeiter — Standardvertragsklauseln gemäß Artikel 28 Absatz 7 der Verordnung (EU) 2016/679, sofern diese nicht geändert werden, mit Ausnahme der Auswahl des entsprechenden Moduls oder der entsprechenden Module oder der Ergänzung oder Aktualisierung von Informationen in der Anlage. Dies hindert die Parteien nicht daran, die in diesen Klauseln festgelegten Standardvertragsklauseln in einen umfangreicheren Vertrag aufzunehmen und/oder weitere Klauseln oder zusätzliche Garantien hinzuzufügen, sofern diese weder unmittelbar noch mittelbar im Widerspruch zu diesen Klauseln stehen oder die Grundrechte oder Grundfreiheiten der betroffenen Personen beschneiden.

b) Diese Klauseln gelten unbeschadet der Verpflichtungen, denen der Datenexporteur gemäß der Verordnung (EU) 2016/679 unterliegt.

Die SCC sind modular aufgebaut und erfassen vier verschiedene Fallgruppen:

1. **Verantwortlicher–Verantwortlicher:** Datenübermittlung zwischen zwei datenschutzrechtlich separat verantwortlichen Stellen

Ein Reiseunternehmen übermittelt die Daten seiner Kunden in die USA, um dort ein Hotel zu buchen.

2. **Verantwortlicher–Auftragsverarbeiter:** Datenübermittlung zwischen Verantwortlichem und Auftragsverarbeiter

Eine Webdesign-Agentur mietet Server-Speicherplatz von einem Dienstleister in Indien an.

3. **Auftragsverarbeiter–(Unter-)Auftragsverarbeiter:** Datenübermittlung zwischen einem Auftragsverarbeiter und einem Unterauftragsverarbeiter

Eine Webdesign-Agentur mietet Server-Speicherplatz von einem Dienstleister in Indien an und der setzt seinerseits weitere Unterauftragnehmer in China ein.

4. **Auftragsverarbeiter–Verantwortlicher:** Datenübermittlung zwischen einem in der EU bzw. im EWR ansässigen Dienstleister, der Daten von einem Verantwortlichen mit Sitz in einem Drittstaat empfängt

Ein US-Unternehmen ist Kunde eines deutschen Anbieters einer branchenspezifischen Cloud-Software.

Für das »klassische« AV-Verhältnis zwischen Ihnen als in der EU ansässigem Verantwortlichen und einem ausländischen Dienstleister trifft »Fall 2« zu.

Die Umsetzung der SCC mithilfe eines Online-Generators

Der Aufbau der SCC gestaltet sich wie folgt:

- Abschnitt I: allgemeine Regelungen
- Abschnitt II: Pflichten der Vertragsparteien, spezielle Regelungen für Transferkonstellation
- Abschnitt III: Auswirkungen lokaler Gesetze, Pflichten des Datenimporteurs
- Abschnitt IV: Schlussbestimmungen (z.B. Kündigungsregeln, anwendbares Recht)
- Anhang I: Details zu Vertragsparteien, Daten, zuständige Datenschutzaufsichtsbehörden, Übermittlungskonstellation
- Anhang II: Beschreibung der technischen und organisatorischen Maßnahmen (TOMs)
- Anhang III: ggf. Angaben zu weiteren (Unter-)Auftragnehmern

! Für eine einfachere Handhabung und bessere Umsetzung in die Praxis werden von verschiedenen Anbietern SCC-Generatoren kostenfrei online bereitgestellt, z.B. auf der Website der Kanzlei Taylor Wessing (www.taylorwessing.com/de/online-services/scc-generator) oder über das Online-Angebot des European Essential Guarantees Guide (www.essentialguarantees.com/scc/). Mithilfe eines solchen Generators können Sie sich die passende Vertragsvariante zusammenstellen.

Allerdings ist die Gestaltung von rechtssicheren Verträgen in erster Linie Sache eines entsprechend **spezialisierten Anwalts.** Mit einem Generator können Sie sich schon einmal in die Materie einlesen und anhand des Ergebnisses einen ersten Eindruck davon gewinnen, wie ein Vertrag in Form der SCC auszusehen hat. Um diesen jedoch wirklich rechtssicher zu gestalten und zu verwenden, sollte der Rat eines Fachmanns eingeholt werden.

Bestimmung des Datenschutzniveaus

Der Einsatz der SCC ist jedoch nur der erste Schritt. Es reicht noch nicht aus, um ein angemessenes Datenschutzniveau im Drittland anzunehmen. Dazu müssen noch weitere Voraussetzungen erfüllt sein.

Der Europäische Datenschutzausschuss (EDSA) hat dazu am 18.6.2021 seine »Empfehlungen 01/2020 zu Maßnahmen zur Ergänzung von Übermittlungstools zur Gewährleistung des unionsrechtlichen Schutzniveaus für personenbezogene Daten« veröffentlicht (Link: »Schutzniveau«).

Auf Basis dieser EDSA-Empfehlungen sind insgesamt sechs Prüfschritte für die Sicherstellung einer rechtskonformen Datenübermittlung an Dritte in einem Drittstaat durchzuführen:

1. **Know your transfers:** Zunächst müssen Sie sich einen Überblick darüber verschaffen, in welchen Fällen Sie überhaupt personenbezogene Daten an Dritte übermitteln. Idealerweise sollte bereits nach AV-Verhältnis, gemeinsamer bzw. getrennter Verantwortlichkeit differenziert werden.

2. **Rechtsgrundlage:** Sie müssen die Rechtsgrundlage (also meist die SCC) überprüfen.

3. **Risikoabschätzung** (engl.: transfer impact assessment, kurz: TIA): Im dritten Schritt gilt es die Lage im Drittland, in dem der Datenempfänger sitzt, zu bewerten. Sie müssen prüfen, ob vor Ort Gesetze, behördliche Praktiken oder sonstige »Gepflogenheiten« existieren, die mit dem Datenschutz nach europäischem Verständnis nicht in Einklang zu bringen sind. In den USA kommen hier z.B. der Clarifying Lawful Overseas Use of Data Act (sog. CLOUD Act) oder der Foreign Intelligence Surveillance Act (FISA) in Betracht.

4. **Zusätzliche Maßnahmen:** Je nach Ergebnis der bisherigen Prüfungsschritte müssen Sie ergänzende Maßnahmen ergreifen bzw. bestehende Maßnahmen anpassen. In seinen Empfehlungen

gibt der EDSA im Rahmen eines Anhangs diverse Beispiele für vertragliche, organisatorische und technische Maßnahmen (z.B. Pseudonymisierung, Anonymisierung, Verschlüsselung, Begrenzung von Zugriffsrechten …).

5. **Formale Schritte:** Abhängig von den in Schritt 4 getroffenen Maßnahmen stehen ggf. noch weitere, formale Schritte an, z.B. die Verwendung von individuell angepassten SCC.
6. **Regelmäßige Prüfung:** In angemessenen zeitlichen Abständen müssen Sie prüfen, ob sich etwas verändert hat, was eine Neubewertung bzw. -ausrichtung und ggf. eine Neuvornahme von Maßnahmen erfordert.

Um die Risikoabschätzung, die TIA, im dritten Prüfungsschritt durchzuführen, müssen insbesondere folgende Aspekte berücksichtigt werden:

- Zwecke der Verarbeitung
- Kategorien und Format der personenbezogenen Daten
- Länge der Verarbeitungskette und Anzahl der beteiligten Akteure
- Übertragungskanäle und beabsichtigte Datenweiterleitungen
- tatsächliche Umstände der Übermittlung, z.B. ob Daten im Drittland gespeichert werden oder es lediglich zu Zugriffen aus dem Drittland kommt
- alle relevanten vertraglichen, technischen oder organisatorischen Garantien und angewandte Maßnahmen

Unternehmer Hauck will einen Newsletter anbieten und dazu einen Dienstleister mit Sitz in den USA nutzen. Eine entsprechende Vorabprüfung kann wie folgt aussehen:

- **Dienst/Zweck:** E-Mail-Marketing-Plattform
- **Anbieter:** Random Ltd. Group, LLC, 123 Muster Street, Atlanta, GA 30308, USA.

- **Arten von Daten:** Namen, E-Mail-Adressen, Analysedaten in Form von Informationen zu Öffnungs- und Anklickraten von Newslettern sowie Anmelde- und Bestätigungszeitpunkt inkl. IP-Adresse
- **Betroffene Personen:** E-Mail-Empfänger
- **Rechtsgrundlagen:** Art. 6 Abs. 1 Satz 1 lit. a) DSGVO (Versand und Analyse), Art. 6 Abs. 1 Satz 1 lit. f) DSGVO (Protokollierung, Speicherung nach Widerruf)
- **Verarbeitung im Drittland:** USA
- **Alternative EU-Dienste:** Es existieren verschiedene EU-Alternativen. Eine Umstellung auf einen neuen Anbieter wäre allerdings nicht nur mit erheblichen Kosten (ca. x Euro/Tag für technische Umstellung, Schulung des Personals), sondern auch mit erheblichem zeitlichem Mehraufwand verbunden, denn Random bietet diverse Komfortfunktionen, die die Konkurrenz nicht bietet.
- **Rechtsgrundlage Verarbeitung im Drittland:** SCC
- **Risikoabwägung (TIA):** Lediglich geringes Risiko für Betroffene, da keine sensiblen Daten (Art. 9 DSGVO), sondern nur solche übermittelt werden, die ohnehin in vielen Fällen öffentlich zugänglich sind (E-Mail-Adresse). Zudem könnten Dritte bei Einsicht in die verarbeiteten Daten keinen Schaden anrichten, der zu persönlichen oder wirtschaftlichen Nachteilen der Betroffenen führen würde. Auch ist die Wahrscheinlichkeit der Kenntnisnahme eher als gering einzustufen, schon aufgrund der vom Anbieter ergriffenen besonderen Sicherheitsmaßnahmen (z.B. Verschlüsselung nach dem Stand der Technik, Prüfung von Anfragen auf Erforderlichkeit und Zulässigkeit oder auch Veröffentlichung eines Transparenzberichts).

  Ergebnis:
  angemessenes Datenschutzniveau ist gewährleistet.

- **Löschung:** Drei Jahre nach Kündigung aus berechtigten Interessen zu Nachweiszwecken (Hinweis auf Möglichkeit jederzeitigen Löschungsantrags)
- **Informationen der Betroffenen:** Spezielle Hinweise im Rahmen des Anmeldeformulars sowie weiter gehende Details in der Datenschutzerklärung

Diese Vorabprüfung sollten Sie schriftlich dokumentieren, entweder auf Papier oder in einer Textdatei, und anschließend zusammen mit Ihren anderen, das Thema Datenschutz betreffenden Unterlagen aufbewahren.

8.5 Datenübermittlung in der Praxis: Übersicht über die eigenen Datenflüsse

Um einen Überblick zu bekommen und auch zu behalten, an wen und auf welcher Grundlage personenbezogene Daten aus Ihrer Sphäre an Dritte übermittelt werden, bietet es sich an, eine Tabelle anzulegen, in der die wichtigsten Punkte eingetragen werden können.

Sofern Sie die Tabelle stets aktuell halten, können Sie daraus schnell und einfach ablesen,

- ob und in welchen Fällen ggf. ein Vertrag erforderlich ist,
- ob eine Risikoabschätzung (TIA) durchgeführt werden muss usw.

Die Auflistung Ihrer Datentransfers z.B. zu Dienstleistern, Behörden oder anderen Stellen kann etwa wie folgt gestaltet werden:

Dritter	AV/JC/ getrennte Verantwortlichkeit	Vertrag	Risikoabschätzung (TIA)
Web-Hoster XYZ GmbH	AV-Verhältnis	vorhanden & aktuell	nicht nötig, Dritter sitzt in Deutschland
Steuerberater	getrennte Verantwortlichkeit	nicht nötig	nicht nötig
Cyber-Cloud Inc., USA	AV-Verhältnis	muss noch abgeschlossen werden	TIA durchgeführt
Facebook	JC-Verhältnis	vorhanden (wird von Facebook bereitgestellt)	TIA durchgeführt
IT-Dienstleister ZYX GmbH	AV-Verhältnis	vorhanden & aktuell	nicht nötig, Dritter sitzt in Deutschland
Finanzbehörden	getrennte Verantwortlichkeit	nicht nötig	nicht nötig, Dritter sitzt in Deutschland

Sie können die Tabelle natürlich Ihren individuellen Anforderungen anpassen, beispielsweise noch weitere Spalten hinzufügen, wie zur beauftragten Datenverarbeitung, zum Datum des Vertragsabschlusses oder zum Land, in dem Ihr Vertragspartner seinen Sitz hat.

Entscheidend ist, dass Sie aus dieser Tabelle ersehen können, wie Ihre Datenflüsse sind, d.h., mit wem Sie Daten austauschen und auf welcher datenschutzrechtlichen Grundlage dies geschieht.

Es ist verständlich, dass Sie als Nichtjurist von diesen Vorgaben erschlagen werden. Es liegt zwar in Ihrer unternehmerischen Verantwortung, alle Datenschutz-Vorgaben umzusetzen. Sie müssen das aber nicht allein bewältigen, sondern können und sollten sich im Einzelfall fachmännischen Rat einholen.

Egal, ob Sie die Prüfung der Datenübermittlung eigenständig oder mithilfe von externem Know-how durchführen – Sie müssen in jedem Fall in regelmäßigen Abständen überprüfen, ob alles noch korrekt ist.

Ein abgeschlossener AV-Vertrag muss beispielsweise aufgrund neuer Vorschriften oder Gerichtsentscheidungen angepasst werden. Ein Angemessenheitsbeschluss kann z. B. eine begrenzte Laufzeit aufweisen (z.B. der für Großbritannien für vier Jahre). Für Verantwortliche mit UK-Dienstleistern resultiert daraus folglich die Pflicht zur Einrichtung einer entsprechenden »Wiedervorlage«. Wer hingegen Daten in einen unsicheren Drittstaat auf Basis der SCC übermittelt, der muss ein Auge darauf haben, ob zukünftig eventuell neue SCC-Fassungen veröffentlicht werden. Zudem kann sich auch die Rechtslage in dem Land ändern, in dem der datenempfangende Dritte seinen Sitz hat.

9 Der richtige Umgang mit Betroffenenrechten

Betroffene, deren personenbezogene Daten von Unternehmen, Behörden und Vereinen verarbeitet werden, haben diverse Ansprüche, um ihr verfassungsrechtlich verankertes Recht auf informationelle Selbstbestimmung ausüben bzw. schützen zu können. Sie haben das Recht auf

- **Auskunft** über ihre Daten,
- **Berichtigung** ihrer Daten,
- **Löschung** ihrer Daten,
- **Einschränkung** der Datenverarbeitung,
- **Datenübertragbarkeit**,
- **Widerspruch** gegen bestimmte Datenverarbeitungen,
- **Widerruf** einer erteilten Einwilligung sowie auf
- **Beschwerde** bei einer Aufsichtsbehörde.

9.1 So reagieren Sie richtig

Wenn Sie einen Antrag auf Auskunft, die Bitte zur Datenlöschung oder den Widerruf einer Einwilligung erhalten, müssen Sie

- zunächst die Identität des Antragstellers überprüfen und
- zeitnah
- mit einer Antwort oder Negativauskunft

reagieren.

Zur Reaktion auf die Ausübung von Betroffenenrechten ist im Gesetz generell eine Monatsfrist vorgesehen (Art. 12 Abs. 3 DSGVO). Hinzu kommt, dass Betroffene weder einen bestimmten Kommunikationskanal noch eine bestimmte Form einhalten müssen. Das bedeutet, die Betroffenenrechte können jederzeit etwa per Brief, telefonisch, via E-Mail an einen bestimmten Mitarbeiter oder auch an eine allgemeine Adresse (z.B. »info@xyz.de«) und sogar per Kurznachricht in den sozialen Medien ausgeübt werden. Das macht es wiederum erforderlich, dass Sie und alle in Ihrem Unternehmen Beschäftigten die datenschutzrechtlichen Grundlagen kennen sowie ausreichend für das Thema sensibilisiert sind. Nur so können Anfragen von Betroffenen frühzeitig als solche erkannt und entsprechende Maßnahmen eingeleitet werden.

Folgende Schritte sollten Sie daher im Rahmen Ihres **Ablaufplans** berücksichtigen:

- Grundlagenschulung und regelmäßige Auffrischungsschulungen für alle Beschäftigten
- (zumindest unregelmäßige) Sensibilisierungen der Beschäftigten, z.B. im Rahmen eines Newsletters oder einer regelmäßigen Zusammenkunft (»jour fixe«) mit Informationen zu aktuellen Datenschutzthemen
- Arbeitsanweisung an alle Beschäftigten, wie sie sich bei Betroffenenanfragen zu verhalten haben und an wen diese weiterzuleiten sind (z.B. an die Geschäftsführung, an den DSB)
- Erstellung von Vorlagen bzw. Musterantwortschreiben

9.1.1 First things first: Prüfung der Identität

Vor Übersendung der Auskunft oder bevor Sie auf ein anderes Betroffenenrecht reagieren, müssen Sie auf jeden Fall die Identität der betroffenen Person feststellen, damit Sie die Daten nicht an einen unberechtigten Dritten herausgeben.

Dazu kann bei Bestandskunden die Abfrage eines Kundenkennworts oder anderer persönlicher Daten erfolgen. Im Zweifel müssen Sie die Vorlage eines amtlichen Lichtbildausweises verlangen oder das **Post-Ident-Verfahren** einsetzen. Mit dem Post-Ident-Verfahren bietet die

Deutsche Post AG die Möglichkeit, die Identität von Personen zu überprüfen bzw. zu bestätigen, indem sich die betreffende Person in einer Postfiliale oder im Rahmen einer Videokonferenz durch Vorlage ihres Personalausweises o.Ä. ausweist.

Es besteht auch im Unternehmen selbst die Möglichkeit, die Identität durch Vorzeigen eines amtlichen Lichtbildausweises per Videokonferenz zu erledigen. Solch eine Vorgehensweise bietet sich beispielsweise während einer Pandemie an.

Wie auch immer Sie es umsetzen – die Verifikation der Identität des Betroffenen, der eines seiner Datenschutz-Rechte geltend macht, ist Pflicht. Sie dürfen vom Betroffenen die Angaben von so vielen Daten verlangen, wie Sie benötigen, um sicherzustellen, dass Sie es auch tatsächlich mit der richtigen bzw. mit der berechtigten Person zu tun haben. Die Abfrage der Postanschrift wird von den Aufsichtsbehörden als zulässiges und effektives Mittel angesehen. Außerdem können Sie Ihr Antwortschreiben dann direkt postalisch an diese Anschrift richten.

Teilen Sie Ihren Kunden, Beschäftigten, Vertragspartnern etc. jeweils eine individuelle Kunden-, Mitarbeiter-, Partner- o.ä. Nummer mit. Zudem können Sie ihnen auch Kennworte zuteilen. In beiden Fällen haben Sie die Möglichkeit, relativ schnell und einfach die Identität zu überprüfen, wenn ein Betroffenenrecht ausgeübt wird. Handelt es sich dabei um eine Person, deren Daten Sie nicht verarbeiten, die Sie also noch nicht kennen, muss die Identitätsprüfung natürlich auf andere Weise erfolgen.

Auch wenn Sie auf Ihrer Internetseite einen Kunden- bzw. Log-in-Bereich anbieten, in dem sich Kunden, Interessierte etc. mit individuellen Zugangsdaten (z.B. Benutzername und Passwort) einloggen können, gestaltet sich die Identitätsprüfung recht simpel. Denn dann kann der Betroffene einfach durch Einloggen in den Kundenbereich seine Identität nachweisen. In diesem Kundenbereich können Sie auch, falls gewünscht, die geforderte Auskunft bzw. Antwort in digitaler Form hinterlegen.

Achtung: Versäumen Sie die Identitätsprüfung und übermitteln deswegen Daten an einen nichtberechtigten Dritten, liegt eine sogenannte Datenpanne vor. Eine solche Datenpanne ist mit einem hohen Risiko verbunden, so dass sie der für Sie zuständigen Aufsichtsbehörde gemeldet und gegebenenfalls sogar den betroffenen Personen mitgeteilt werden muss. Ausführliche Informationen zum Thema finden Sie in → Kapitel 11 »Datenpannen«.

9.1.2 Erfüllung der Betroffenenrechte: zeitnah, transparent und korrekt

Soweit Sie personenbezogene Daten des Betroffenen verarbeiten, seine Identität geklärt ist, die jeweiligen Voraussetzungen erfüllt sind und keine Ausnahmen vorliegen, müssen Sie ihm fristgerecht und korrekt antworten bzw. auf seine Anfrage reagieren.

Ihre genaue Reaktion hängt davon ab, welches Recht der Betroffene geltend macht.

Fristgerechte Reaktion

Stellt bei Ihnen eine Person einen Antrag auf Ausübung eines Betroffenenrechts – mit Ausnahme des Beschwerderechts – müssen Sie diesen so bald wie möglich, spätestens aber **innerhalb eines Monats** beantworten (Art. 12 Abs. 3 DSGVO). In begründeten Fällen, z.B. bei hohem Arbeitsaufkommen in der Vorweihnachtszeit oder bei zahlreichen Anträgen, kann diese Reaktionsfrist um zwei weitere Monate verlängert werden. Dies muss dem Antragsteller aber mitgeteilt und auch entsprechend begründet werden.

Die selbstständige Personalberaterin Irene Molinek erhält von einer Person die Anfrage, in der sie Frau Molinek um eine Auskunft über alle Daten bittet, die sie von ihr verarbeitet. Auf diese Anfrage muss die Personalberaterin so schnell wie möglich reagieren. Erhält Frau Molinek im gleichen Zeitraum nicht nur die eine, sondern noch zahlreiche weitere Auskunftsanfragen, kann sie sich in jeder Antwort zunächst einmal auf ein erhöhtes Anfrageaufkommen berufen und die eigentliche Monatsfrist um zwei weitere Monate verlängern. Diese Fristverlängerung ist jedoch einmalig und muss gegenüber den Betroffenen entsprechend begründet werden.

Verständlich und transparent

Die Auskunft muss in präziser, transparenter, verständlicher und leicht zugänglicher Form sowie in einer klaren und einfachen Sprache erfolgen (Art. 12 Abs. 1 DSGVO).

Faustformel: so **einfach, transparent** und **genau** wie möglich.

Es empfiehlt sich, im Rahmen von Antworten auf Anfragen zu Betroffenenrechten niemals »die Tür zuzumachen«, sondern diese immer so zu formulieren, dass der Betroffene weiß, dass er sich im Falle von Nachfragen immer an Sie wenden kann.

Unnötige Datenmengen vermeiden!

Betroffenenanfragen können mit einem erheblichen Aufwand verbunden sein. Sind Ihre internen Arbeitsabläufe weitgehend digitalisiert bzw. automatisiert gestaltet, vereinfacht Ihnen das die Arbeit. Denn gegebenenfalls ist somit die Zusammenstellung aller infrage kommenden Daten zur Erstellung einer Auskunft »auf Knopfdruck« möglich.

Für Unternehmen, bei denen die Digitalisierung noch nicht sehr weit vorangeschritten ist und die mit gemischten Datenbeständen in Papier- und in elektronischer Form arbeiten, kann eine harmlose Auskunftsanfrage bereits einen erheblichen Aufwand bedeuten.

Gerade bei langjährigen Kunden- oder Mitarbeiterbeziehungen kann es bei Auskunftsanfragen dazu kommen, dass Sie eine Unmenge an Daten »beauskunften« müssen. In solchen Fällen ist es sinnvoll und auch zulässig, dass Sie den Betroffenen fragen, ob er bestimmte Informationen sucht. Eine Spezifizierung der Anfrage erspart allen Beteiligten unnötigen Aufwand. Besteht der Betroffene aber auf eine umfängliche Auskunft über alle von ihm verarbeiteten personenbezogenen Daten, bleibt Ihnen nichts anderes übrig, als voll umfänglich Auskunft zu erteilen, selbst wenn das »Berge von Papier« bedeutet.

Es ist sowohl gesetzlich gefordert als auch im eigenen Interesse, die Geschäftsprozesse des eigenen Unternehmens zu hinterfragen und gegebenenfalls neu zu gestalten.

9.1.3 Unbekannte Person: Negativauskunft oder Ablehnung des Antrags

Auch dann, wenn Sie die Person, die ein Betroffenenrecht ausübt, nicht kennen, weil es sich um keinen Kunden, keinen Mitarbeiter, keinen Vertragspartner etc. handelt, müssen Sie in jedem Fall **auf die Anfrage reagieren.** Nachdem Sie die Identität überprüft haben, müssen Sie also auch gegenüber

Ihnen bislang unbekannten Personen z.B. eine Auskunft erteilen. In solchen Fällen kann es sich natürlich nur um eine Ablehnung bzw. um eine Negativauskunft handeln, denn bis auf die Daten aus der Anfrage haben Sie ja sonst keinerlei Daten von der betreffenden Person.

Ihre Antwort auf eine Auskunftsanfrage kann in einem solchen Fall folgendermaßen formuliert werden:

Muster

Sehr geehrte/-r Frau/Herr,

vielen Dank für Ihr Schreiben vom ..., in welchem Sie Auskunft über Ihre personenbezogenen Daten verlangen, die bei uns verarbeitet werden.

Sie sind bei uns weder als Kunde noch als Mitarbeiter oder als Vertragspartner geführt, sodass wir keine personenbezogenen Daten von Ihnen verarbeiten. Das gilt mit Ausnahme Ihres o.a. Auskunftsbegehrens, welches wir für drei Jahre zwecks eines etwaigen Nachweises aufbewahren werden. Danach wird es routinemäßig gelöscht, sofern Sie nicht in die weitere Verarbeitung eingewilligt haben oder wir berechtigte Interessen an der Weiterverarbeitung haben.

Mit freundlichen Grüßen

Die Korrespondenz sollten Sie dann in der Tat etwas länger als drei Jahre aufbewahren, da der Betroffene in diesem Zeitraum die Möglichkeit hat, sich zu beschweren, wenn er der Ansicht ist, Sie hätten gar nicht, nicht schnell genug oder unzureichend auf seine Anfrage reagiert. Nach drei Jahren verjähren seine Ansprüche darauf, sodass eine längere Aufbewahrung nicht mehr erforderlich ist.

Auch wenn Sie andere Betroffenenrechte nicht erfüllen können, besonders in Fällen, in denen Sie keine Daten der anfragenden Person haben, müssen Sie dennoch reagieren.

Sie sollten dem Betroffenen dann mitteilen, dass z.B. seiner Anfrage auf Berichtigung oder auf Löschung seiner Daten nicht entsprochen werden kann. Auch sollten Sie ein kurzes Antwortschreiben versenden, wenn Sie ein Betroffenenrecht aus anderen Gründen nicht erfüllen können, z.B. weil es an den Voraussetzungen fehlt oder Ausnahmegründe vorliegen.

9.2 Recht auf Auskunft

Jede Person, egal ob Kunde, Beschäftigter, Bewerber, Vertragspartner usw., hat hinsichtlich ihrer gespeicherten Daten ein **zweistufiges Recht auf Auskunft** (Art. 15 DSGVO). Im Rahmen dieses Auskunftsrechts kann der Betroffene von Ihnen als Verantwortlichem in einem ersten Schritt eine Bestätigung darüber verlangen, ob personenbezogene Daten, die ihn betreffen, von Ihnen verarbeitet werden. Ist dies der Fall, hat der Betroffene im zweiten Schritt das Recht auf Auskunft über die ihn betreffenden Daten.

Eine Auskunft darf grundsätzlich nicht mit Kosten für den Betroffenen verbunden sein.

9.2.1 Welche Daten müssen Sie mitteilen?

Will der Betroffene von Ihnen Auskunft über die ihn betreffenden Daten (Schritt 2), müssen Sie ihm folgende Informationen mitteilen:

- die individuellen Daten des Betroffenen, die bei Ihnen verarbeitet werden,
- die Verarbeitungszwecke,
- die erfassten Daten-Kategorien,
- die Empfänger oder Kategorien von Empfängern,
- falls möglich die geplante Dauer, für die die Daten gespeichert werden, oder, falls dies nicht möglich ist, die Kriterien für die Festlegung dieser Dauer,
- das Bestehen der weiteren Betroffenenrechte auf Berichtigung, Löschung, Einschränkung, Widerspruch, Widerruf sowie Beschwerde,
- alle verfügbaren Informationen über die Herkunft der Daten, wenn diese nicht bei dem Betroffenen selbst erhoben werden, sowie

- ggf. das Bestehen einer automatisierten Entscheidungsfindung (z.B. im Falle von sog. Profiling) sowie aussagekräftige Informationen über die involvierte Logik, die Tragweite und die angestrebten Auswirkungen einer derartigen Verarbeitung für den Betroffenen.

Wie der EuGH in seinem Urteil vom 12.1.2023 (Az. C-154/21) entschieden hat, müssen im Rahmen der Auskunft die konkreten Empfänger angegeben werden, soweit diese bekannt sind. Auch wenn der Gesetzestext in Art. 15 DSGVO von »Empfänger oder Kategorien von Empfängern« spricht, steht die Rechtsprechung auf dem Standpunkt, dass ein hohes Maß an Transparenz erreicht werden sollte, indem die konkreten Empfänger gegenüber dem Betroffenen benannt werden. Nur dann, so der EuGH, wenn es (noch) nicht möglich ist, diese Empfänger zu identifizieren, können Sie sich als Verantwortlicher darauf beschränken, lediglich die Kategorien der betreffenden Empfänger mitzuteilen.

Der Auskunftsanspruch bezieht sich nicht nur auf einen **Stammdatenauszug.** Im Zweifel sind davon **alle** Unterlagen umfasst, in denen Daten der betreffenden Person enthalten sind. Es geht also auch um die Korrespondenz, interne Vermerke usw. Wie weit der Auskunftsanspruch aus Art. 15 DSGVO in der Praxis tatsächlich reicht, ist Gegenstand diverser Gerichtsverfahren. Hierbei zeichnet sich leider keine einheitliche Linie ab und eine höchstrichterliche Entscheidung steht noch aus.

Es ist empfehlenswert, dass die Auskunft in **schriftlicher Form** an den Betroffenen erfolgt, es sei denn, er besteht auf einer elektronischen Übermittlung, z.B. als PDF-Datei per E-Mail. Je nach Art der Daten, die hier mitgeteilt werden, sollte die Kommunikation per E-Mail nicht unverschlüsselt erfolgen, insbesondere bei den besonders sensiblen Datenkategorien, wie etwa Gesundheitsdaten, Religions- oder Gewerkschaftszugehörigkeit.

Nach Art. 15 Abs. 3 DSGVO hat der Betroffene einen Anspruch darauf, vom Verantwortlichen eine Kopie seiner Daten zu erhalten, also z.B. Kopien aller Verträge, aller Angebote und aller Korrespondenz, die mit dem Betroffenen geführt wurde. Über den genauen Umfang der Pflicht zur Bereitstellung einer Kopie wird zwar unter Datenschutztrechtlern gestritten, aber der Wortlaut von Art. 15 DSGVO ist recht eindeutig und weitreichend, sodass im Zweifel jede Information und alle Unterlagen in Kopie an den Betroffenen herauszugeben sind. Weil dies in der Praxis nicht immer gewünscht ist bzw. unter Umständen sehr großen Aufwand bedeutet, sollten Sie im Falle von Auskunftsanfragen nicht automatisch immer eine Kopie der Daten mitschicken, sondern abwarten, ob der Betroffene diese ausdrücklich anfragt.

Ein Auskunftsersuchen kann dann abgelehnt werden, wenn es offensichtlich unbegründet ist oder rechtsmissbräuchlich erfolgt, also z.B. jede Woche neu angefragt wird. In solchen Fällen kann ein angemessenes Entgelt für die entstehenden Kosten verlangt oder gar die Auskunft ganz verweigert werden. Das Vorliegen dieser Voraussetzungen muss die verantwortliche Stelle im Zweifel nachweisen können.

Ausnahmen: In diesen Fällen müssen Sie nicht einfach Auskunft geben

In folgenden Ausnahmefällen können Sie die Auskunft verweigern bzw. dafür ein angemessenes Entgelt verlangen:

- Die Identitätsprüfung war nicht erfolgreich bzw. die Anforderungen von zusätzlichen Informationen zur Identitätsfeststellung sind gescheitert.
- Es handelt sich um einen unbegründeten bzw. exzessiven Antrag (Art. 15 Abs. 5 Satz 2 DSGVO), daher ist entweder die begründete Weigerung oder die Erhebung eines angemessenen Entgelts möglich.
- Die Daten werden nur deshalb gespeichert, weil sie aufgrund gesetzlicher oder satzungsmäßiger Aufbewahrungsvorschriften nicht gelöscht werden dürfen (§ 34 Abs. 1 Nr. 2 lit. a) BDSG).

- Die Daten werden nur deshalb gespeichert, weil sie ausschließlich den Zwecken der Datensicherung oder der Datenschutzkontrolle dienen (§ 34 Abs. 1 Nr. 2 lit. b) BDSG).

Eine Verweigerung der Auskunft setzt jedoch voraus, dass Sie dem Betroffenen gegenüber die (vorläufige) Ablehnung der Auskunftserteilung begründen (§ 34 Abs. 2 Satz 2 BDSG) und dies auch für sich intern gut dokumentieren.

9.2.2 Eine korrekte Antwort in der Praxis

Im Falle eines Auskunftsanspruchs kann Ihre Antwort folgendermaßen aussehen:

Muster

Sehr geehrte Damen und Herren,

mit Ihrer Anfrage vom ... haben Sie uns um Auskunft über die zu Ihrer Person gespeicherten personenbezogenen Daten gebeten. Sie sind bei uns als Kunde erfasst.

Wir teilen Ihnen mit, dass die Datenerhebung zu Zwecken der Durchführung des mit Ihnen bestehenden Vertragsverhältnisses, der Kommunikation mit Ihnen sowie der Erfüllung unserer rechtlichen Pflichten erfolgt. Aus der als Anlage beigefügten Übersicht können Sie ersehen, welche Daten von Ihnen hier vorliegen. Bitte informieren Sie uns, sofern Sie Fehler darin entdecken, damit wir diese umgehend korrigieren können.

Generell bestehen diverse gesetzliche Aufbewahrungspflichten und -fristen, z.B. im Handelsrecht (sechs Jahre) oder auch im Steuerrecht (zehn Jahre). Nach Ablauf dieser Fristen werden die betreffenden Daten von uns routinemäßig gelöscht, sofern sie nicht mehr zur Erfüllung eines Vertrages oder zur Durchsetzung von Rechtsansprüchen erforderlich sind oder Sie in die weitere Verarbeitung eingewilligt haben. Sofern Daten keinen Aufbewahrungspflichten bzw. -fristen unterliegen, werden sie gelöscht, sobald sie für den Zweck, für den sie erhoben wurden, nicht mehr benötigt werden. Für den Fall, dass wir ein berechtigtes Interesse daran haben, bestimmte Daten auch nach Wegfall des Verarbeitungszwecks bzw. der Aufbewahrungspflichten weiterhin zu verarbeiten (z.B. bei laufenden Rechtsstreitigkeiten, Gewährleistungs-/Garantiezeiten etc.), werden die Daten nach Wegfall des berechtigten Interesses gelöscht.

Die Daten werden nicht an Dritte weitergegeben, mit Ausnahme von Zahlungs- oder Versanddienstleistern sowie den Finanzbehörden, was im Einzelfall zur Vertragserfüllung bzw. zur Erfüllung gesetzlicher Pflichten erforderlich ist. Es erfolgt keine Übermittlung an Länder außerhalb der Europäischen Union.

Eine automatisierte Entscheidungsfindung einschließlich Profiling findet nicht statt.

Wir hoffen, dass wir mit den vorstehenden Ausführungen Ihre Fragen hinreichend beantworten konnten. Sollten Sie doch noch Fragen haben, können Sie sich natürlich jederzeit gerne an uns wenden.

Sofern Sie der Ansicht sind, dass wir Ihre Daten in unrechtmäßiger Weise verarbeiten, so steht Ihnen das Recht zu, sich bei einer Datenschutzaufsichtsbehörde zu beschweren. Außerdem möchten wir Sie auf Ihr Recht auf Berichtigung oder Löschung der Sie betreffenden personenbezogenen Daten sowie auf Einschränkung der Verarbeitung oder auf Widerspruch gegen die Verarbeitung hinweisen.

Mit freundlichen Grüßen

Anlage: Übersicht der verarbeiteten Daten

Die Anlage für ein solches Auskunftsantwortschreiben kann im Fall von Max Mustermann folgende Informationen enthalten:

Name:	Mustermann, Max
Anschrift:	Musterstr. 123, 12345 Musterhausen
Telefonnr.:	020-123456789
E-Mail:	max@mustermann.de
Kundennr.:	987654321
Bankverbindung:	IBAN: DE00 1234 5678 9987 6543 21
Korrespondenz:	div. E-Mail- und Post-Korrespondenz (dem Betroffenen bereits bekannt)

9.3 Recht auf Berichtigung

Art. 16 DSGVO gewährt Betroffenen das Recht, vom Verantwortlichen unverzüglich die Berichtigung von unrichtigen personenbezogenen Daten des Betroffenen zu verlangen. Das Gleiche gilt für die Vervollständigung von unvollständigen Daten.

Diese Rechtsposition ist genau betrachtet auch für die verantwortliche Stelle vorteilhaft – denn wer will schon Schreibfehler oder Zahlendreher in seinen Kundendaten etc. haben?

Erhalten Sie also von einem Betroffenen eine entsprechende Berichtigungsanfrage, müssen Sie im ersten Schritt dessen Identität überprüfen. Im nächsten Schritt müssen Sie die personenbezogenen Daten des Betroffenen mit den in Ihren Datenbeständen vorhandenen Daten abgleichen und dann gegebenenfalls die notwendigen Korrekturen vornehmen.

Sie sollten anschließend – aus Gründen der Fairness und der Transparenz – den Betroffenen darüber informieren, dass Sie seine Daten geprüft und ggf. korrigiert haben.

Muster

Sehr geehrte Damen und Herren,

auf Ihre Anfrage vom ... möchten wir Ihnen mitteilen, dass wir die über Sie bei uns vorliegenden personenbezogenen Daten geprüft haben. Wie Sie richtig festgestellt haben, hat sich bei Ihrem Geburtsdatum ein Zahlendreher eingeschlichen, den wir inzwischen korrigiert haben. Somit hat sich dieser Vorgang aus unserer Sicht erledigt und Sie müssen nichts weiter veranlassen.

Sollten Sie dennoch weitere Fragen haben, stehen wir Ihnen natürlich jederzeit gerne zur Verfügung.

Mit freundlichen Grüßen

9.4 Recht auf Löschung

Betroffene können nach Art. 17 DSGVO die Löschung ihrer personenbezogenen Daten gegenüber Ihnen als verantwortlicher Stelle verlangen. In den in dieser Norm genannten Fällen, in denen Betroffenen ein Löschrecht zusteht, müsste in der Regel auch ohne Aufforderung durch den Betroffenen eine Datenlöschung durch die verantwortliche Stelle erfolgen. In der Praxis wird dies aber nicht selten versäumt, sodass den Betroffenen mit Art. 17 DSGVO ein weiteres, wichtiges Mittel zur Durchsetzung ihrer Rechtsposition zur Verfügung steht.

9.4.1 Wann müssen Daten gelöscht werden?

Für den Anspruch auf Löschung muss zumindest einer der folgenden Gründe vorliegen:

- Die personenbezogenen Daten sind für die Zwecke, für die sie erhoben oder auf sonstige Weise verarbeitet wurden, nicht mehr notwendig.

IT-Berater Kast hat einem potenziellen Kunden ein Angebot gemacht, welches dieser ablehnt. Name und Anschrift des Kunden sind nun nicht mehr notwendig.

- Die betroffene Person widerruft ihre Einwilligung zur Verarbeitung ihrer Daten und es fehlt an einer anderweitigen Rechtsgrundlage für die Verarbeitung.

Feinkosthändler Jobst hat als Arbeitgeber des Betroffenen dessen Foto auf seiner Internetseite veröffentlicht, um sein Unternehmen und seine Mitarbeiter vorzustellen. Der Betroffene kann jedoch seine diesbezüglich erteilte Einwilligung widerrufen und die Löschung des Fotos verlangen.

- Die betroffene Person legt berechtigterweise Widerspruch gegen die Verarbeitung ein und es liegen keine vorrangigen berechtigten Gründe für die Verarbeitung vor.

Frau Tulip bekommt regelmäßig einen personalisierten Werbeflyer des regionalen Immobilienmaklers Debus. Per Mail informiert sie Herrn Debus, dass sie in Zukunft diese Werbung nicht mehr erhalten möchte. Herr Debus stellt anschließend sicher, dass Frau Tulip keine weiteren Werbeschreiben mehr erhält, indem er ihre Daten aus dem »normalen« Datenbestand löscht und sie auf eine Sperrliste setzt, auf der sich solche Personen befinden, an die keine Werbung mehr geschickt werden darf.

- Die personenbezogenen Daten werden unrechtmäßig verarbeitet.

Eine Gärtnerei verschickt eine Werbe-Mail mit Hinweisen auf ihre Sommerangebote an Personen, die darin nicht eingewilligt haben.

- Die Löschung der personenbezogenen Daten ist zur Erfüllung einer rechtlichen Verpflichtung erforderlich, welcher der Verantwortliche unterliegt.

Ein Arbeitgeber muss die Abmahnung aus der Personalakte eines Beschäftigten nach dessen Ausscheiden aus dem Unternehmen entfernen.

- Die personenbezogenen Daten eines Kindes wurden über ein an Kinder gerichtetes Internetangebot erhoben.

Auf einer Online-Spieleplattform hat sich ein Kind selbst registriert. Nun möchten die Eltern die Daten des Kindes wieder löschen lassen.

! Löschen heißt auch tatsächlich löschen, also die betreffenden Daten restlos entfernen – unabhängig davon, in welchem Format oder auf welchem Medium sie vorliegen. Papierunterlagen müssen z.B. in den Reißwolf gesteckt oder durch einen Dienstleister fachgerecht vernichtet werden. Daten in elektronischer Form müssen von den EDV-Systemen ebenfalls restlos entfernt werden, dürfen also nicht nur gesperrt oder versteckt werden.

9.4.2 In diesen Fällen müssen personenbezogene Daten nicht gelöscht werden

Es gibt auch ein paar Ausnahmen vom Löschanspruch des Betroffenen (Art. 17 Abs. 3). Trifft eine der nachfolgenden Umstände zu, müssen Sie als Verantwortlicher die betreffenden Daten nicht löschen:

- Die Daten sind erforderlich zur Ausübung des Rechts auf freie Meinungsäußerung und Information.

Ein Posting, das Dachdecker Peter Paul in den sozialen Medien veröffentlicht und in dem er zulässigerweise über den Betroffenen gesprochen hat, muss nicht gelöscht werden.

- Die Daten sind erforderlich zur Erfüllung einer rechtlichen Verpflichtung.

Steuerberaterin Susi Sorglos muss die Rechnung an einen Kunden nicht löschen, solange sie gesetzlich zur Aufbewahrung derselben verpflichtet ist.

- Die Daten sind erforderlich zur Wahrnehmung einer Aufgabe, die im öffentlichen Interesse liegt, oder zur Ausübung öffentlicher Gewalt.

Das Finanzamt muss die Daten von Steuerpflichtigen nicht löschen, solange sie dazu benötigt werden, dass das Finanzamt seiner gesetzlich verankerten Kernaufgabe nachgeht.

- Es liegen Gründe des öffentlichen Interesses im Bereich der öffentlichen Gesundheit vor.

Das Gesundheitsamt darf die Daten über eine Corona-Erkrankung so lange aufbewahren, wie diese für die Erfüllung der Aufgaben der Behörde erforderlich sind.

- Es bestehen im öffentlichen Interesse liegende Archivzwecke, wissenschaftliche oder historische Forschungszwecke oder statistische Zwecke.

Bestimmte Daten von Behörden werden dem Landes- bzw. Bundesarchiv zu Auswertungszwecken übermittelt, teilweise in anonymisierter Form.

- Die Daten sind erforderlich zur Geltendmachung, Ausübung oder Verteidigung von Rechtsansprüchen.

Architekt Rohrweiler und sein Kunde konnten sich bei Eintritt eines Schadens nicht über die Haftung einigen. Solange Herr Rohrweiler deswegen in einen Rechtsstreit verwickelt ist, muss er die Daten des Kunden nicht löschen.

In der Praxis gibt es diverse Interessen von verantwortlichen Stellen, die der erfolgreichen Geltendmachung eines Löschanspruchs entgegenstehen können. Dazu gehören:

- gesetzliche Aufbewahrungspflichten aus dem Handelsgesetzbuch (HGB), der Abgabenordnung (AO), des Arbeitszeitgesetzes (ArbZG) o.Ä.
- vertragliche Aufbewahrungspflichten

- gesetzliche Auskunftspflichten, z.B. nach dem Arbeitsschutzgesetz (ArbSchG) etc.
- vertragliche Auskunftspflichten
- Verjährungsfristen aufgrund Gesetzes oder aus einer gegenüber Kunden abgegebenen Garantie
- Aufbewahrungsrechte, z.B. bei drohenden Rechtsstreitigkeiten

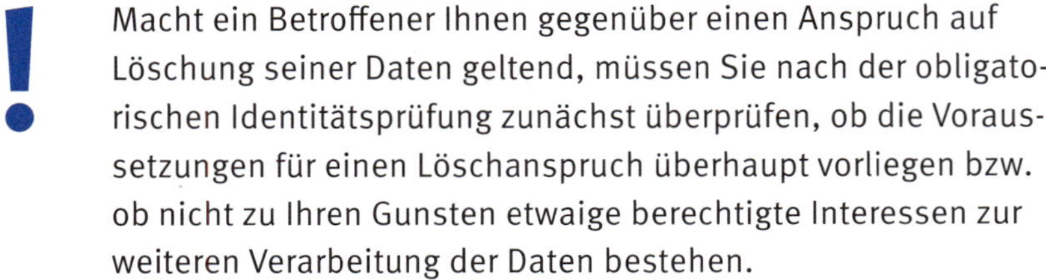
Macht ein Betroffener Ihnen gegenüber einen Anspruch auf Löschung seiner Daten geltend, müssen Sie nach der obligatorischen Identitätsprüfung zunächst überprüfen, ob die Voraussetzungen für einen Löschanspruch überhaupt vorliegen bzw. ob nicht zu Ihren Gunsten etwaige berechtigte Interessen zur weiteren Verarbeitung der Daten bestehen.

9.4.3 Das Recht auf Vergessenwerden

Mit der DSGVO ist eine Besonderheit eingeführt worden: das sogenannte Recht auf Vergessenwerden (Art. 17 Abs. 2 DSGVO).

Dieses Recht auf Vergessenwerden steht einem Betroffenen dann zu, wenn Sie als Verantwortlicher die personenbezogenen Daten des Betroffenen öffentlich gemacht haben, beispielsweise durch die Veröffentlichung auf einer Internetseite oder durch die Übermittlung an Dritte.

Macht der Betroffene seinen Anspruch auf Datenlöschung Ihnen gegenüber zu Recht geltend, haben Sie im Fall der Internetveröffentlichung Sorge zu tragen, dass seine Daten nicht nur aus Ihrem **eigenen Bestand** entfernt werden, sondern auch **online.** Das heißt, dass Sie die entsprechenden Daten von Ihrer Website, aus Ihren Social-Media-Profilen, aus Ihren Cloudspeichern etc. zu entfernen haben.

Hinweis: Sie können bei Google, Marktführer im Bereich Online-Suchdienste, einen Antrag auf Entfernung bestimmter Inhalte aus deren Suchindex stellen (Link: »Google-Entfernung«).

Sofern Sie die Daten des Betroffenen **an Dritte** übermittelt haben, müssen Sie diese über den Löschanspruch informieren. Ob dieser daraufhin seinen Löschpflichten nachkommt oder ob er für sich unter Umständen ein Recht zur weiteren Verarbeitung bzw. Aufbewahrung dieser Daten geltend machen kann, liegt nicht in Ihrem Verantwortungsbereich.

Wichtig ist aber in jedem Fall, dass Sie alle Empfänger der Daten über den geltend gemachten Löschanspruch informieren.

9.4.4 Auch ein Antrag auf Löschung muss beantwortet werden

Wenn Sie nach Aufforderung seitens eines Betroffenen dessen berechtigten Löschanspruch umgesetzt haben, dann sollten Sie ihm anschließend zur Wahrung der Transparenz eine dementsprechende Information zukommen lassen.

Muster

Sehr geehrte Damen und Herren,

auf Ihr Schreiben vom ... haben wir Ihre Anfrage geprüft und festgestellt, dass in der Tat die von Ihnen genannten Daten löschreif waren. Diese haben wir daher inzwischen restlos aus unseren Systemen entfernt.

Bei weiteren Fragen stehen wir Ihnen natürlich jederzeit gerne zur Verfügung.

Mit freundlichen Grüßen

9.5 Recht auf Einschränkung

Unter den in Art. 18 DSGVO genannten Voraussetzungen können Betroffene einen Anspruch auf Einschränkung der Verarbeitung ihrer personenbezogenen Daten geltend machen. Dazu muss einer der folgenden Gründe gegeben sein:

- Die Richtigkeit der Daten wird vom Betroffenen bestritten.
- Die Verarbeitung ist unrechtmäßig, der Betroffene lehnt die Löschung der Daten ab und verlangt stattdessen die Einschränkung der Verarbeitung.
- Der Verantwortliche benötigt die Daten für seine Zwecke nicht länger, aber der Betroffene braucht sie zur Geltendmachung, Ausübung oder Verteidigung von Rechtsansprüchen.
- Der Betroffene hat Widerspruch gegen die Datenverarbeitung eingelegt und es steht noch nicht fest, ob die berechtigten Gründe des Verantwortlichen gegenüber denen des Betroffenen überwiegen.

In all den genannten Konstellationen muss eine Prüfung der Daten, der Sach- und/oder der Rechtslage durchgeführt werden. Erfolgt die Verarbeitung bestimmter Daten tatsächlich ohne entsprechende Rechtsgrundlage, sind die Daten zu löschen. Für den Zeitraum der Prüfung, ob eine taugliche Rechtsgrundlage vorliegt oder nicht, hat der Betroffene einen Anspruch darauf, dass seine Daten in dieser Zeit keinesfalls weiterhin zu anderen Zwecken verarbeitet werden.

Sie müssen Ihre internen Arbeitsabläufe so gestalten, dass Sie die Möglichkeit haben, im Falle der Geltendmachung eines Anspruchs auf Einschränkung der Verarbeitung, die betreffenden Daten mit einer Art **»Sperrvermerk«** zu versehen. Dies muss unabhängig von der Form, in welcher die Daten vorliegen, möglich sein. Egal, ob Sie einen roten Aufkleber auf einen Leitz-Ordner kleben oder ob die Daten in Ihren internen EDV-Systemen einen elektronischen Sperrvermerk erhalten – es liegt in Ihrer Verantwortung dafür zu sorgen, einen berechtigten Einschränkungs-Anspruch in Ihrem Unternehmen auch tatsächlich umzusetzen.

Als Verantwortlicher müssen Sie allen Empfängern, denen Sie die vom Anspruch auf Einschränkung erfassten personenbezogenen Daten übermittelt haben, jede Berichtigung oder Löschung dieser Daten oder eine Einschränkung der Verarbeitung mitteilen (Art. 19 DSGVO). Dies gilt jedenfalls dann, soweit es sich nicht als unmöglich erweist oder mit einem unverhältnismäßigen Aufwand verbunden ist. Unmöglich ist eine Benachrichtigung etwa dann, wenn es den ursprünglichen Empfänger der Daten nicht mehr gibt (z.B. aufgrund einer Insolvenz oder Geschäftsaufgabe). Ein unverhältnismäßiger Aufwand kann hingegen vorliegen, wenn aufgrund der Vielzahl an Daten bzw. Geschäftsvorgängen nicht mehr genau nachvollzogen werden kann, wann welche Daten an welchen Empfänger übermittelt wurden.

9.6 Recht auf Datenübertragbarkeit

Das Recht auf Datenübertragbarkeit gemäß Art. 20 DSGVO wurde mit der Intention eingeführt, den sogenannten **Locked-in-Effekt** zu vermeiden.

Hat beispielsweise jemand einen Facebook-Account und möchte zu LinkedIn »umziehen«, kann dieser Locked-in-Effekt dafür sorgen, dass er davon abgehalten wird. Denn hätte der Wechsel zu einem anderen sozialen Netzwerk sozusagen einen Neustart »bei Null« zur Folge, da alle Kontakte, alle Postings, alle Gruppenmitgliedschaften usw. verloren gingen, hätte dies eine hemmende Wirkung auf den Wechselwunsch. Aus diesem Grund hat der EU-Gesetzgeber den Anspruch auf Datenübertragbarkeit (oder auch Datenportabilität) eingeführt, damit bei einem Wechsel in ein neues soziales Netzwerk die Daten aus dem bisher genutzten Netzwerk mitgenommen werden können und nicht verloren gehen.

Es ist offensichtlich, dass ein solcher Anspruch aufseiten der Verantwortlichen zu größeren Problemen führen kann. Denn sie werden dazu verpflichtet, dem Betroffenen seine Daten »in einem strukturierten, gängigen und maschinenlesbaren Format« zur Verfügung zu stellen. Wie das in der Praxis genau aussehen und technisch realisiert werden soll, erwähnt die DSGVO leider mit keinem einzigen Wort.

Daher gilt dieses Recht auf Datenübertragbarkeit auch nicht in jedem Fall, sondern nur wenn die folgenden Voraussetzungen **alle gleichzeitig** vorliegen

- Die Daten wurden dem Verantwortlichen durch den Betroffenen selbst zur Verfügung gestellt.
- Die Verarbeitung der Daten basiert auf einer Einwilligung oder auf einem Vertrag.
- Die Verarbeitung der Daten erfolgt mithilfe automatisierter Verfahren.

Der Anspruch auf Datenübertragung gilt nicht für Daten, die in Papierform bzw. analog verarbeitet werden. Auch Daten, die z.B. auf Grundlage einer rechtlichen Verpflichtung verarbeitet werden, und solche Daten des Betroffenen, die der Verantwortliche nicht von ihm selbst, sondern über Dritte erhalten hat (z.B. von einer Versicherung, vom Arbeitsamt oder von einer Bank), sind ausgeschlossen.

Ein Kunde von EDV-Dienstleister Dieter Dorf ist mit dessen Leistungen nicht mehr zufrieden und möchte deshalb zur Konkurrenz wechseln. Dazu muss Herr Dorf dem Kunden auf dessen Bitte alle von ihm verarbeiteten personenbezogenen Kundendaten, wie Name, Anschrift, Kontodaten etc., als Datei in einem gängigen, elektronischen Format (z.B. CSV) übermitteln.

Aufgrund der nicht unerheblichen Probleme bei der praktischen Umsetzung dieses Betroffenenrechts spielt der Anspruch auf Datenübertragbarkeit derzeit tatsächlich (noch) keine große Rolle. Gleichwohl sollten Sie darauf vorbereitet sein.

9.7 Recht auf Widerspruch

In bestimmten Situationen gesteht das Gesetz Betroffenen ein Recht auf Widerspruch gegen die Verarbeitung ihrer personenbezogenen Daten zu (Art. 21 DSGVO). Dazu müssen im Wesentlichen zwei Voraussetzungen gegeben sein. Zum einen muss eine besondere Situation des Betroffenen vorliegen. Zum anderen muss die Datenverarbeitung zur Wahrnehmung einer Aufgabe erforderlich sein, die im öffentlichen Interesse liegt, bzw. in Ausübung öffentlicher Gewalt erfolgt (z.B. bei Behörden in Erfüllung ihrer gesetzlichen Kernaufgaben wie dem Ausstellen eines Strafzettels für Falschparker), oder sie basiert auf berechtigten Interessen (z.B. beim Profiling oder bei Direktwerbung).

Der selbstständige Grafikdesigner Detlef Dante schickt potenziellen Kunden Werbung per Post zu. Dies darf er nur so lange tun, wie die Empfänger dem nicht widersprechen (Opt-out-Regelung). Herr Dante hat zwar ein berechtigtes Interesse am Versand der Werbung, aber seine Kunden können dem widersprechen.

Zusätzlich dürfen aufseiten des Verantwortlichen keine zwingenden schutzwürdigen Gründe für die Verarbeitung vorliegen, welche die Interessen, Rechte und Freiheiten des Betroffenen überwiegen. Denn wenn die betreffende Datenverarbeitung der Geltendmachung, Ausübung oder Verteidigung von Rechtsansprüchen des Verantwortlichen dient, ist ein Widerspruch dagegen nicht möglich. Auch durch das Widerspruchsrecht darf also nicht zulasten einer Partei in Rechtsstreitigkeiten eingegriffen werden.

Auf das Widerspruchsrecht müssen Sie Betroffene frühzeitig hinweisen, nämlich im Rahmen Ihrer Informationspflichten nach Art. 13, 14 DSGVO (→ Kapitel 5 »Informationspflichten«).

Auch wenn gegen Datenverarbeitungen durch Behörden und andere öffentliche Stellen ein generelles Widerspruchsrecht besteht, wird dies in der Praxis eher selten tatsächlich durchgesetzt werden können. Denn es existieren diverse Ausnahmen in Art. 21 DSGVO bzw.

in § 36 BDSG. Danach ist ein Widerspruchsrecht ausgeschlossen, soweit an der Datenverarbeitung ein zwingendes öffentliches Interesse besteht, das die Interessen des Betroffenen überwiegt, oder eine Rechtsvorschrift zur Verarbeitung verpflichtet. Insbesondere Letzteres liegt regelmäßig in den Fällen vor, in denen Behörden ihre gesetzlichen Kernaufgaben erfüllen.

9.8 Recht auf Widerruf einer erteilten Einwilligung

Ein wichtiges Betroffenenrecht, das Recht eine erteilte Einwilligung widerrufen zu können, findet sich nicht in der Reihe der anderen Rechte (Art. 15 ff. DSGVO). Dieses Recht ist an einer anderen Stelle der Datenschutzgrundverordnung verankert (Art. 7 Abs. 3 DSGVO).

Dass der Widerruf einer Einwilligung genauso einfach sein muss wie die Erteilung der Einwilligung selbst, ist in → Kapitel 3.6.1 »Wie eine Einwilligung zur Datenverarbeitung abgegeben werden muss« dargestellt.

Der ausgeübte Widerruf entfaltet eine Wirkung für die Zukunft, d.h., die bis dato auf Basis der Einwilligung verarbeiteten Daten wurden bis zum Zeitpunkt des Widerrufs rechtmäßig verarbeitet. Danach ist die Verarbeitung jedoch einzustellen.

Auch auf das Recht auf Widerruf müssen Sie Betroffene hinweisen. Dieser Hinweis muss frühzeitig, nämlich zum Zeitpunkt der Abgabe der Einwilligungserklärung, erfolgen. Fehlt der Hinweis, erfolgt die Einwilligung nicht rechtskonform, sodass die Datenverarbeitung insgesamt illegal ist.

Ein Widerruf kann jederzeit formlos erfolgen, also z.B. auch telefonisch oder per E-Mail. Der Betroffene muss dafür nicht zwingend den Begriff »Widerruf« benutzen. Er muss nur insgesamt zum Ausdruck bringen, dass er an der erteilten Einwilligung nicht länger festhalten möchte. Seine Entscheidung muss er nicht begründen.

Sie sollten Ihre interne Organisation so anpassen, dass Sie jederzeit im Blick haben, welcher Betroffene wann seine Einwilligung erteilt und ggf. wann er sie widerrufen hat. Verschicken Sie z.B. einen Newsletter per E-Mail, müssen Sie in der Lage sein, den Versand an einzelne Empfänger zu stoppen, wenn diese widerrufen, d.h. den Newsletter abbestellen.

9.9 Recht auf Beschwerde

Das Recht, sich bei einer Aufsichtsbehörde über eine verantwortliche Stelle zu beschweren, findet sich in Art. 77 Abs. 1 DSGVO. Und hier gilt es, den Gesetzestext ganz genau zu lesen:

»Jede betroffene Person hat [...] das Recht auf Beschwerde bei einer Aufsichtsbehörde [...]«

In Datenschutzhinweisen liest man hingegen häufig einen Hinweis, wie

---

»Sie haben das Recht, sich bei der für uns zuständigen Aufsichtsbehörde zu beschweren.«.

Das mag mancher für Haarspalterei halten, aber solch eine sprachliche Ungenauigkeit führt dazu, dass die Rechte der Betroffenen eingeschränkt werden.

Denn wenn Sie als Verantwortlicher mit einer derartigen Formulierung darauf hinweisen, dass das Beschwerderecht »nur« bei der für Sie zuständigen Aufsichtsbehörde besteht, dann trifft das zum einen nicht zu. Zum anderen vermitteln Sie den Betroffenen damit, sie müssten sich zwingend an eine bestimmte Aufsichtsbehörde wenden, um ihr Recht wirksam ausüben zu können.

Das Gesetz lässt den Betroffenen aber die Wahl, an welche Aufsichtsbehörde sie sich wenden. Falls der Betroffene seine Beschwerde an eine eigentlich nicht zuständige Behörde richtet, wird diese den Vorgang an die richtige Anlaufstelle weiterleiten. Daher würden Sie bei Verwendung einer solchen falschen Formulierung zumindest gegen das Transparenzgebot verstoßen.

Um Missverständnissen vorzubeugen, sollte dieser Passus in Ihren Datenschutzhinweisen – online wie auch offline – daher folgendermaßen formuliert werden:

Muster

Hinsichtlich der Verarbeitung Ihrer personenbezogenen Daten durch uns haben Sie das Recht, sich bei einer Datenschutzaufsichtsbehörde zu beschweren, beispielsweise bei der für uns zuständigen ______________________.

Eine Liste mit den deutschen Landesdatenschutzaufsichtsbehörden finden Sie z.B. auf der Website des Bundesbeauftragten für den Datenschutz und die Informationsfreiheit (www.bfdi.bund.de) im Servicebereich in der Rubrik »Anschriften und Links«.

Enthält die Beschwerde des Betroffenen einen Anhaltspunkt für einen Verstoß gegen das Datenschutzrecht, wendet sich die Aufsichtsbehörde mit einem Anschreiben an die verantwortliche Stelle. Keine Sorge: In aller Regel wird nicht ohne Weiteres ein Bußgeld verhängt oder eine Anordnung getroffen. Im Normalfall versucht die Behörde zunächst, den Sachverhalt aufzuklären, indem sie den Verantwortlichen mit der Beschwerde konfrontiert und um Stellungnahme bittet.

10 Bei Verstößen gegen das Datenschutzrecht drohen Strafen

Was kann schlimmstenfalls passieren, wenn Sie gegen das Datenschutzrecht verstoßen? Die Antwort: Es kann auf mehreren Ebenen sehr teuer oder zumindest sehr ärgerlich werden. Dabei kommt es primär auf den jeweiligen Sachverhalt bzw. den konkreten Verstoß an. Generell besteht das Risiko, dass die für Sie zuständige Datenschutzaufsichtsbehörde auf Sie zukommt und Ihnen eine bestimmte Datenverarbeitung verbietet oder Ihnen gar ein Bußgeld aufbrummt. Zusätzlich drohen Schadensersatz- bzw. Schmerzensgeldforderungen der jeweils vom Datenschutzverstoß betroffenen Personen. Und außerdem können Mitbewerber Sie abmahnen und zur Unterlassung von Verstößen auffordern.

10.1 Die Aufgaben der Aufsichtsbehörden

In jedem Mitgliedstaat der Europäischen Union gibt es mindestens eine Behörde, die speziell für die Aufsicht im Bereich Datenschutz zuständig ist.

In Deutschland gibt es insgesamt sogar 18 **Datenschutzaufsichtsbehörden,** pro Bundesland jeweils eine, in Bayern zwei – eine für Unternehmen und eine für Behörden –, und des Weiteren den Bundesdatenschutzbeauftragten. Im Gremium **Datenschutzkonferenz** (DSK) finden sich die deutschen Datenschutzaufsichtsbehörden zusammen, um sich in bestimmten Punkten abzustimmen und sich über eine einheitliche Vorgehens- bzw. Sichtweise einigen zu können.

Auf der DSK-Homepage (www.datenschutzkonferenz-online.de) finden sich unter dem Menüpunkt »Infothek« zahlreiche Kurzpapiere, Beschlüsse, Orientierungshilfen etc. Diese kostenfreien Materialien bieten wertvolle Informationen und einen guten Anhaltspunkt in Bezug auf die Auffassungen der deutschen Aufsichtsbehörden zu einzelnen Problemstellungen, wie etwa Videoüberwachung, Auskunftsrecht oder Beschäftigtendatenschutz.

Die Datenschutzaufsichtsbehörden haben u.a. folgende Aufgaben:

- Überwachung der Anwendung des nationalen und des EU-Datenschutzrechts
- Sensibilisierung und Aufklärung der Öffentlichkeit für bzw. über Risiken, Vorschriften, Garantien und Rechte im Datenschutzrecht
- Sensibilisierung von Unternehmen, Behörden und Vereinen für die ihnen aus der DSGVO entstehenden Pflichten
- Befassen mit Beschwerden

10.2 Diese Sanktionen können die Aufsichtsbehörden verhängen

Zu den wichtigsten Sanktionsmöglichkeiten der Aufsichtsbehörden zählen Verwarnungen, Anweisungen, die Verhängung von Geldbußen und natürlich auch Unterlassungsverfügungen.

10.2.1 Unterlassungsverfügung heißt »Stopp«

Mit einer Unterlassungsverfügung kann die Aufsichtsbehörde Ihnen untersagen, eine bestimmte, rechtswidrige Datenverarbeitung weiter zu betreiben.

Unternehmer Kist führt in seinem Unternehmen eine Liste mit Personen, die er zu Werbezwecken anruft, ohne dafür jedoch die Einwilligung der jeweiligen Person erhalten zu haben. Damit verstößt Herr Kist einerseits gegen das Wettbewerbs-, andererseits auch gegen das Datenschutzrecht. Die Behörde kann ihm untersagen, eine solche Liste zu führen bzw. die darauf befindlichen Personen zu kontaktieren.

Die Möglichkeit, eine Datenverarbeitung für eine bestimmte Dauer oder für immer zu untersagen, ist ein »scharfes Schwert«, das man nicht unterschätzen sollte. Je nachdem, wie wichtig diese Datenverarbeitung für die unternehmerische Tätigkeit ist, kann eine solche Untersagung durchaus existenzbedrohende Konsequenzen haben.

10.2.2 Geldbußen: Es gibt leichte und schwere Verstöße

Die Maßnahme, die Verantwortliche am meisten fürchten (sollten), ist die Verhängung von Bußgeldern. Deren Obergrenzen sind im Vergleich zur alten Rechtslage massiv gestiegen. Früher drohten – je nach Verstoß – bis max. 50.000,– € bei leichten bzw. 300.000,– € bei schweren Verstößen. Diese Höchstbeträge sind unter der DSGVO um etwa den Faktor 67 (!) angestiegen, nämlich auf bis zu 10 Mio. Euro für leichte Verstöße bzw. bis zu 20 Mio. Euro für schwere Verstöße.

Alternativ können bis zu 2 % bzw. bis zu 4 % des im Vorjahr weltweit erzielten Umsatzes als Geldbuße erhoben werden. Die Aufsichtsbehörden haben im Rahmen von Bußgeldverfahren die Möglichkeit, sich für den jeweils höheren Betrag zu entscheiden. In jedem Fall müssen die verhängten Geldbußen nach Maßgabe von Art. 83 Abs. 9 Satz 2 DSGVO **wirksam, verhältnismäßig** und **abschreckend** sein.

Es muss generell zwischen leichten (eher formellen) und schweren (materiellen) Verstößen differenziert werden. Nach Art. 83 Abs. 4 DSGVO fallen Verstöße gegen folgende Vorschriften in die Kategorie »leicht«:

- Privacy by design, Privacy by default (Art. 25 DSGVO)
- Bestellung eines Vertreters (Art. 27 DSGVO)
- Auftragsverarbeiter (Art. 28 DSGVO)
- Verzeichnis von Verarbeitungstätigkeiten (Art. 30 DSGVO)
- Sicherheit der Verarbeitung (Art. 32 DSGVO)
- Meldung von Verletzungen (Art. 33 DSGVO)
- Benachrichtigung der Betroffenen (Art. 34 DSGVO)
- Datenschutz-Folgenabschätzung (Art. 35 DSGVO)
- Benennung eines Datenschutzbeauftragten (Art. 37 DSGVO)

Wenn Sie also beispielsweise ein fehlerhaftes oder gar kein Verarbeitungsverzeichnis führen, eine eigentlich meldepflichtige Datenpanne nicht der für Sie zuständigen Aufsichtsbehörde melden oder keinen DSB benennen, obwohl Sie dazu verpflichtet wären, würden Sie »leichte« DSGVO-Verstöße begehen.

Als »schwer« gelten hingegen Verstöße gegen folgende Normen (Art. 83 Abs. 5 DSGVO):

- Datenschutzgrundsätze (Art. 5–7 DSGVO)
- Verarbeitung besonderer Kategorien personenbezogener Daten (Art. 9 DSGVO)
- Rechte der Betroffenen (Art. 12–22 DSGVO)
- Datenübermittlung an Drittstaaten (Art. 44–49 DSGVO)
- Anweisungen etc. von Aufsichtsbehörden (Art. 58 DSGVO)

Bei einer Missachtung der wesentlichen Datenschutzgrundsätze (z.B. Rechtmäßigkeit, Transparenz oder Zweckbindung) durch eine verspätete Reaktion auf einen Auskunftsantrag oder durch die Übermittlung von personenbezogenen Daten ins Nicht-EU-Ausland ohne ausreichende Garantien liegen »schwere« Verstöße vor und der Verantwortliche riskiert ein höheres Bußgeld.

Einzig Behörden und andere öffentliche Stellen haben hierzulande keine Geldbußen zu befürchten, egal welchen Datenschutzverstoß sie begehen (vgl. § 43 Abs. 3 BDSG).

10.2.3 Wie berechnet sich die Höhe von Bußgeldern?

Am 14.10.2019 hat die DSK ein einheitliches Bußgeldmodell vorgestellt. Man kann es mit dem Bußgeldkatalog aus dem Straßenverkehrsrecht vergleichen. An dieses Datenschutz-Bußgeldmodell halten sich alle deutschen Datenschutzaufsichtsbehörden in den Fällen, bei denen es um die Verhängung von Geldbußen gegenüber Unternehmen geht. Es bezieht sich ausdrücklich nicht auf Sanktionen gegen Behörden, Vereine oder natürliche Personen. Zudem ist es für Gerichte nicht bindend. Aufsichtsbehörden anderer EU-Staaten müssen sich ebenfalls nicht an dieses Modell halten. Es handelt sich hierbei also um einen rein deutschen Vorstoß.

Anhand des DSK-Bußgeldmodells wird die Höhe einer Geldbuße in fünf Schritten ermittelt:

1. Kategorisierung der Unternehmen nach **Größenklassen**
2. Bestimmung des **mittleren Jahresumsatzes** der jeweiligen Untergruppe der Größenklasse
3. Ermittlung des wirtschaftlichen **Grundwertes**
4. Multiplikation des Grundwertes nach **Schweregrad der Tat**
5. **Anpassung des Grundwertes** anhand aller sonstigen für und gegen den Betroffenen sprechenden Umstände

In **Schritt 1** wird das Unternehmen auf Grundlage seines Jahresumsatzes in eine von insgesamt 20 Größenklassen eingestuft. In einer Tabelle dargestellt sieht das Ganze wie folgt aus:

KMU						**Großunternehmen**	
A		**B**		**C**		**D**	
Kleinstuntern. bis 2 Mio. € Jahresumsatz		kl. Untern. mit 2–10 Mio. € Jahresumsatz		mittlere Untern. mit 10–50 Mio. € Jahresumsatz		große Untern. mit über 50 Mio. € Jahresumsatz	
A.I	‹ 700.000	B.I	2–5 Mio.	C.I	10–12,5 Mio.	D.I	50–75 Mio.
A.II	‹ 1,4 Mio.	B.II	5–7,5 Mio.	C.II	12,5–15 Mio.	D.II	75–100 Mio.
A.III	‹ 2 Mio.	B.III	7,5–10 Mio.	C.III	15–20 Mio.	D.III	100–200 Mio.
				C.IV	20–25 Mio.	D.IV	200–300 Mio.
				C.V	25–30 Mio.	D.V	300–400 Mio.
				C.VI	30–40 Mio.	D.VI	400–500 Mio.
				C.VII	40–50 Mio.	D.VII	› 500 Mio.

Hier werden den einzelnen Größenklassen jeweils konkrete Umsatzwerte bzw. -rahmen zugeordnet (z.B. 700.000 bis 1,4 Mio. Euro in Klasse A.II). Die einzelnen Beträge verstehen sich jeweils in Euro.

Im **2. Schritt** wird anhand der betreffenden Größenklasse der mittlere Jahresumsatz ermittelt.

KMU						Großunternehmen	
A		B		C		D	
A.I	350.000	B.I	3,5 Mio.	C.I	11,25 Mio.	D.I	62,5 Mio.
A.II	1.050.000	B.II	6,25 Mio.	C.II	13,75 Mio.	D.II	87,5 Mio.
A.III	1,7 Mio.	B.III	8,75 Mio.	C.III	17,5 Mio.	D.III	150 Mio.
				C.IV	22,5 Mio.	D.IV	250 Mio.
				C.V	27,5 Mio.	D.V	350 Mio.
				C.VI	35 Mio.	D.VI	450 Mio.
				C.VII	45 Mio.	D.VII	konkr. Umsatz (2 % bzw. 4 %)

In der Klasse A.II beträgt der errechnete Mittelwert also beispielsweise 1,05 Mio. Euro.

Der **3. Schritt** legt einen wirtschaftlichen Grundwert in Form eines Tagessatzes fest. Hierbei wird der im vorherigen Schritt errechnete Mittelwert durch 360 geteilt.

KMU						Großunternehmen	
A		B		C		D	
A.I	972,– €	B.I	9.722,– €	C.I	31.250,– €	D.I	173.611,– €
A.II	2.917,– €	B.II	17.361,– €	C.II	38.194,– €	D.II	243.056,– €
A.III	4.722,– €	B.III	24.306,– €	C.III	48.611,– €	D.III	416.667,– €
				C.IV	62.500,– €	D.IV	694.444,– €
				C.V	76.222,– €	D.V	972.222,– €
				C.VI	97.222,– €	D.VI	1,25 Mio. €
				C.VII	125.000,– €	D.VII	konkr. Umsatz

In der Klasse A.II beträgt dieser Grundwert (Tagessatz) exemplarisch 2.917,– €.

In **Schritt 4** wird der ermittelte Tagessatz mit einem bestimmten Faktor multipliziert. Dieser Faktor hängt davon ab, wie der Schweregrad des konkreten Datenschutzverstoßes zu bewerten ist. Anhand der folgenden Tabelle können Sie erkennen, dass der Faktor zwischen 1 und 12 oder sogar noch mehr betragen kann.

Schweregrad der Tat	Faktor für leichte Verstöße (Art. 83 Abs. 4 DSGVO)	Faktor für schwere Verstöße (Art. 83 Abs. 5, 6 DSGVO)
Leicht	1–2	1–4
Mittelschwer	2–4	4–8
Schwer	4–6	8–12
Sehr schwer	6+	12+

In einem angenommenen mittelschweren Fall eines leichten Verstoßes würde die Geldbuße für die Klasse A.II also zwischen 5.834,– € und 11.668,– € betragen.

Im **5. und letzten Schritt** werden alle sonstigen Umstände berücksichtigt, die für bzw. gegen das Unternehmen sprechen. Dabei orientiert sich das DSK-Modell an den in Art. 83 Abs. 2 DSGVO genannten Punkten. Dazu zählen insbesondere die folgenden Aspekte:

- Art, Schwere und Dauer des Verstoßes
- Anzahl der von der Verarbeitung betroffenen Personen
- Ausmaß des erlittenen Schadens
- Vorsatz oder Fahrlässigkeit
- jegliche vom Verantwortlichen getroffenen Maßnahmen zur Minderung des entstandenen Schadens
- Grad der Verantwortung des Verantwortlichen
- etwaige einschlägige frühere Verstöße
- Umfang der Zusammenarbeit mit der Aufsichtsbehörde

- Kategorien der betroffenen Daten
- Art und Weise, wie der Verstoß der Aufsichtsbehörde bekannt wurde
- Einhaltung von früher gegen den Verantwortlichen in Bezug auf denselben Gegenstand angeordneten Maßnahmen
- Einhaltung von genehmigten Verhaltensregeln oder genehmigten Zertifizierungsverfahren
- jegliche anderen erschwerenden oder mildernden Umstände im jeweiligen Fall, wie unmittelbar oder mittelbar durch den Verstoß erlangte finanzielle Vorteile oder vermiedene Verluste

Ein Unternehmen begeht einen leichten Verstoß, indem es nach einer Datenpanne diese nicht an die zuständige Aufsichtsbehörde meldet. Das Unternehmen hatte im Vorjahr einen Umsatz von 3 Mio. Euro, ist nach dem DSK-Modell also in Gruppe B.I einzustufen. Folglich beträgt der für diese Klasse einschlägige mittlere Jahresumsatz 3,5 Mio. Euro, und zwar auch dann, wenn der tatsächliche Umsatz des betreffenden Unternehmens niedriger lag. Der Tagessatz beträgt dann immerhin 9.722,– €. Je nachdem, wie die zuständige Aufsichtsbehörde den konkreten Verstoß einstuft, kann dieser Tagessatz mit einem Faktor zwischen 1 und 6 oder höher multipliziert werden. Im günstigsten Fall werden also »nur« rund 10.000,– € fällig!

Eine Reduzierung der Summe im fünften Schritt des DSK-Modells ist grundsätzlich also auch möglich.

Der »Datenschutz-Bußgeldkatalog« der DSK kann online eingesehen bzw. heruntergeladen werden (Link »Bußgeldkatalog«). Auch wenn sich die Höhe des Bußgeldes für den jeweiligen Verstoß nicht exakt bestimmen lässt, bietet der Katalog die Möglichkeit, den »best case« bzw. den »worst case« zu ermitteln.

Auf Grundlage des DSK-Konzepts gibt es mittlerweile Bußgeldrechner, beispielsweise

- www.werning.com/dsgvo-bussgeldrechner/ (Link: »Rechner«)
- www.dsgvo-portal.de/dsgvo-bussgeld-rechner.php (Link: »Rechner DSGVO«).

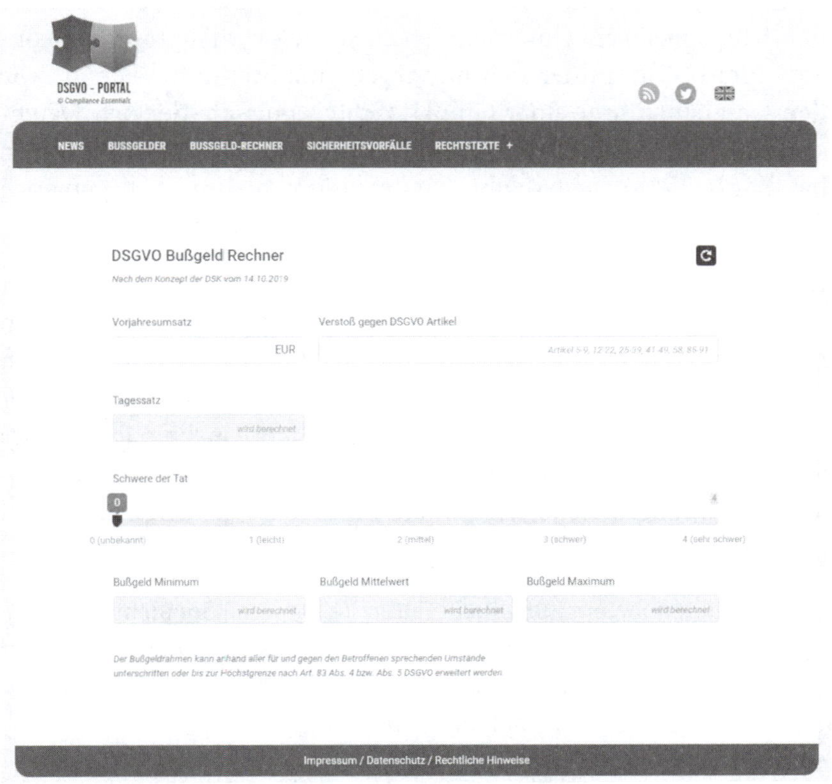

Dort werden verschiedene Informationen abgefragt und anschließend die zu erwartende Höhe der Geldbuße berechnet. Einen Überblick über die bislang in Europa wegen Datenschutzverstößen verhängten Geldbußen bietet u.a. das Online-Tool »GDPR Enforcement Tracker« (www.enforcementtracker.com, Link: »Geldbußen«).

Höhe des Bußgeldes nicht einfach hinnehmen!

Wie viele Themen im Bereich Datenschutzrecht ist auch das Thema »Bußgelder« ständig »im Fluss«. Es gibt hierzu regelmäßig Stellungnahmen von Aufsichtsbehörden sowie Gerichtsentscheidungen. Diverse Einzelaspekte werden kontinuierlich diskutiert, für die bislang noch keine abschließende Einigung bzw. Lösung gefunden wurde.

So ist beispielsweise noch nicht abschließend geklärt, ob Bußgelder überhaupt gegen ein Unternehmen als solches verhängt werden können oder ob Bußgelder sich nur gegen eine bestimmte Person, wie den Geschäftsführer einer GmbH, richten müssen, der den Datenschutzverstoß stellvertretend für das Unternehmen zu verantworten hat. Für beide Ansichten gibt es gute Argumente und es liegen auch für beide Ansichten bereits Gerichtsentscheidungen vor.

Auch die Frage der Bemessung der Höhe einer Geldbuße ist sehr umstritten. Bis es zu abschließenden Klärungen der noch offenen Fragen durch den Bundesgerichtshof (BGH) oder den Europäischen Gerichtshof (EuGH) kommt, bleibt es spannend. Das bedeutet aber auch, dass ein einmal verhängtes Bußgeld nicht »in Stein gemeißelt« ist und einfach akzeptiert werden muss. Im Gegenteil – in vielen Fällen gibt es zahlreiche Ansatzpunkte für eine aussichtsreiche Verteidigung.

Sollten Sie ein Bußgeld erhalten, resignieren Sie nicht! Wenden Sie sich an einen auf das Thema spezialisierten Anwalt, der mit Ihnen gemeinsam entscheidet, ob und wie Sie sich gegen die Sanktion der Aufsichtsbehörde wehren sollten.

10.3 Betroffene Personen können Schadensersatz fordern

Nicht nur die Datenschutzaufsichtsbehörden können auf Verstöße gegen das Datenschutzrecht reagieren und beispielsweise ein Bußgeld verhängen. Auch die von dem Verstoß betroffenen Personen können sich zur Wehr setzen. Diese haben grundsätzlich die Möglichkeit, Schadensersatz bzw. Schmerzensgeld von dem Verantwortlichen zu verlangen, der den jeweiligen Datenschutzverstoß zu verantworten hat.

Schadensersatz und **Schmerzensgeld** unterscheiden sich durch die Art des Schadens, für den Ersatz gefordert wird. Besteht ein materieller Schaden, weil z.B. aufgrund einer Datenpanne die Identität einer betroffenen Person von Dritten gestohlen und damit auf »fremde Rechnung« eingekauft wurde, kann der eingetretene Schaden sehr konkret beziffert werden. Hat diese Datenpanne jedoch dazu geführt, dass der Name des Betroffenen als Kunde eines Erotik-Webshops veröffentlicht wurde, liegt ein immaterieller Schaden vor. Dieser kann nicht konkret beziffert werden und wird somit als Schmerzensgeld eingeordnet. Sowohl Schadensersatz als auch Schmerzensgeld zielen darauf ab, Ersatz für einen eingetretenen Schaden zu erlangen.

Solche Schadensersatzforderungen können auf die Vorschrift des Art. 82 Abs. 1 DSGVO gestützt werden. Danach haftet jeder an einer Verarbeitung von personenbezogenen Daten beteiligte Verantwortliche für den Schaden, der durch einen Datenschutzverstoß verursacht wird. Gemeint sind hier nicht die jeweils handelnden Personen, wie etwa der Mitarbeiter in der Personalabteilung, sondern die verantwortlichen Stellen selbst. Im Außenverhältnis zwischen Verantwortlichen und Betroffenen ist und bleibt die verantwortliche Stelle für etwaige Verstöße haftbar. Im Innenverhältnis zwischen Verantwortlichem und dem betreffenden Mitarbeiter, der den konkreten Verstoß begangen hat, gelten entweder die Vorschriften des Arbeitsrechts oder etwaige vertragliche Regelungen – je nachdem, ob der Mitarbeiter fest angestellt oder z.B. als freier Mitarbeiter beschäftigt wird.

Ab wann entsteht ein Schadensersatzanspruch?

Nicht jeder Verstoß gegen das Datenschutzrecht führt automatisch zu einem Schadensersatzanspruch aufseiten des Betroffenen. Im Datenschutzrecht ist hier noch nicht abschließend geklärt: Reicht bereits ein Verstoß gegen das Datenschutzrecht für sich genommen aus, um Schadensersatz geltend machen zu können? Oder muss darüber hinaus ein sich aus dem Datenschutzverstoß ergebender konkreter Schaden entstehen?

Wenn ein Verstoß gegen das Datenschutzrecht für die Geltendmachung von Schadensersatz genügen würde, könnten Betroffene bereits dann Schadensersatz verlangen, wenn sie z.B. feststellen, dass ein Unternehmen keine korrekten allgemeinen Datenschutzhinweise bereitstellt.

Weil eine solche Haftung aus Art. 82 Abs. 1 DSGVO zu weit gehen würde, tendieren viele gerichtliche Entscheidungen bislang noch dazu, zusätzlich einen tatsächlichen Schaden, wie z.B. einen Image- oder finanziellen Schaden, aufseiten des Betroffenen zu fordern. Ein solcher Schaden muss vom Betroffenen entsprechend belegt werden, allein die Behauptung, etwa durch eine fehlende Datenschutzerklärung »geschädigt« worden zu sein, reicht nicht aus.

In den bisherigen Schadensersatzfällen ging es bislang nicht um horrende Beträge, wie man sie aus den USA kennt. Hierzulande geht es regelmäßig um Summen zwischen 500,– € und 10.000,– €. Allerdings können auch solche vergleichsweise geringen Beträge unter Umständen existenzgefährdend werden.

Aufgrund einer Datenpanne bei einem Baustoffhändler ist die Kundendatenbank mit 1.000 Datensätzen auf dem Server für jedermann online einsehbar. Nimmt jeder der 1.000 Betroffenen den Händler »nur« auf 500,– € Schadensersatz in Anspruch, ist seine Existenz gefährdet.

So wurde von den Gerichten bereits entschieden

Die folgende Tabelle gewährt einen exemplarischen Überblick über den Stand der Rechtsprechung zu Ansprüchen aus Art. 82 Abs. 1 DSGVO. In der linken Spalte der Tabelle findet sich eine Auflistung von Entscheidungen, in denen das Gericht einen Schadensersatzanspruch bejaht hat. In Klammern sind die Beträge in Euro angegeben, die der klagenden Partei jeweils zugesprochen wurden. Es wird klar ersichtlich, dass leider noch keine Tendenz in die eine oder andere Richtung existiert.

Anspruch bejaht	**Anspruch verneint**
OLG Köln, Urteil vom 14.7.2022, Az. 15 U 1 37/21 **(500,- €)**	OLG Frankfurt a.M., Urteil vom 30.6.2022, Az. 16 U 229/20
ArbG Münster, Urteil vom 25.3.2021, Az. 3 Ca 391/20 **(5.000,– €)**	OLG Stuttgart, Urteil vom 31.3.2021, Az. 9 U 34/21
LG Meiningen, Urteil vom 23.12.2020, Az. 3 O 363/20 **(10.000,– €)**	ArbG Mannheim, Urteil vom 25.3.2021, Az. 8 Ca 409/20
AG Hildesheim, Urteil vom 5.10.2020, Az. 43 C 145/19 **(800,– €)**	LArbG Baden-Württemberg, Urteil vom 25.2.2021, Az. 17 Sa 37/20
LArbG Köln, Urteil vom 14.9.2020, Az. 2 Sa 358/20 **(300,– €)**	LG Karlsruhe, Urteil vom 9.2.2021, Az. 4 O 67/20
ArbG Dresden, Urteil vom 26.8.2020, Az. 13 Ca 1046/20 **(1.500,– €)**	LG Landshut, Urteil vom 6.11.2020, Az. 51 O 513/20
ArbG Neumünster, Urteil vom 11.8.2020, Az. 1 Ca 247 c/20 **(1.500,– €)**	LG Köln, Urteil vom 7.10.2020, Az. 28 O 71/20
LG Lüneburg, Urteil vom 14.7.2020, Az. 9 O 145/19 **(1.000,– €)**	LG Frankfurt a.M., Urteil vom 18.9.2020, Az. 2-27 O 100/20
LG Darmstadt, Urteil vom 26.5.2020, Az. 13 O 244/19 **(1.000,– €)**	LG Hamburg, Urteil vom 4.9.2020, Az. 324 S 9/19
AG Pforzheim, Urteil vom 25.3.2020, Az. 13 C 160/19 **(4.000,– €)**	LG Frankfurt a.M., Urteil vom 03.09.2020, Az. 2-03 O 48/19
ArbG Düsseldorf, Urteil vom 5.3.2020, Az. 9 Ca 6557/18 **(5.000,– €)**	OLG Dresden, Urteil vom 20.8.2020, Az. 4 U 784/20
ArbG Lübeck, Beschluss vom 20.6.2019, Az. 1 Ca 538/19 **(1.000,– €)**	LG Karlsruhe, Urteil vom 2.8.2019, Az. 8 O 26/19

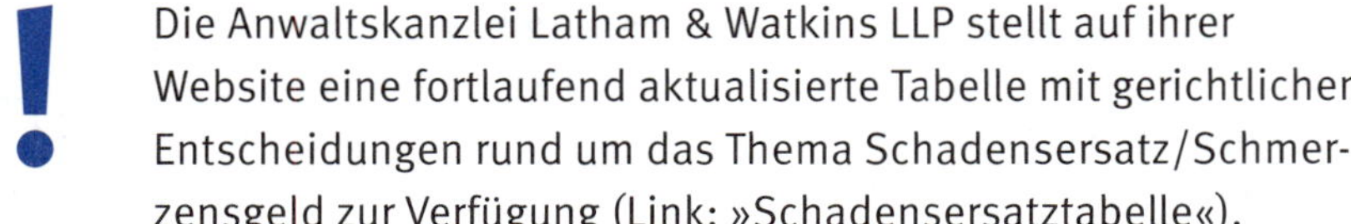

Die Anwaltskanzlei Latham & Watkins LLP stellt auf ihrer Website eine fortlaufend aktualisierte Tabelle mit gerichtlichen Entscheidungen rund um das Thema Schadensersatz/Schmerzensgeld zur Verfügung (Link: »Schadensersatztabelle«).

Letztlich wird der EuGH die zentralen Fragen rund um die Anwendung von Art. 82 Abs. 1 DSGVO beantworten müssen. Zu diesem Zweck hat das Bundesarbeitsgericht dem EuGH konkrete Fragen vorgelegt, deren Beantwortung hoffentlich ein wenig Klarheit in diese Diskussion bringen wird.

10.4 Auch möglich: Abmahnungen von der Konkurrenz

Nach alter Rechtslage in »Vor-DSGVO-Zeiten« wurden Verstöße gegen das Datenschutzrecht regelmäßig zugleich auch als wettbewerbswidrig und damit als abmahnbar angesehen.

Eine **Abmahnung** ist die Aufforderung, einen vermuteten oder tatsächlichen Rechtsverstoß zu unterlassen. Sie kann in verschiedenen Situationen ausgesprochen werden, z.B. im Falle der unerlaubten Verwendung fremder Fotos, bei beleidigenden Äußerungen, bei Markenrechtsverletzungen oder auch bei Fehlverhalten im Arbeitsverhältnis.

Abmahnungen können also – je nach Sachlage – von einem Konkurrenzunternehmen, von einem Markenrechtsinhaber, aber auch vom Arbeitgeber ausgesprochen werden.

Eine Abmahnung zieht in der Regel mehrere Konsequenzen nach sich. Der Abgemahnte ...

- hat den Verstoß (sofern dieser zutrifft) zukünftig zu unterlassen,
- muss dem Abmahnenden dessen Schaden ersetzen (zumindest die Kosten des Anwalts, der mit der Abmahnung beauftragt wurde) und
- muss eine strafbewehrte Unterlassungserklärung abgeben.

In einer solchen Unterlassungserklärung wird sinngemäß versprochen, dass dieser Verstoß ab sofort nicht mehr begangen wird und falls doch, dass eine Vertragsstrafe in festgelegter Höhe (oft ein Betrag im vierstelligen Bereich) gezahlt wird.

Inzwischen ist es jedoch umstritten, ob Datenschutzverstöße nach wie vor abmahnbar sind oder ob dies durch das abschließende Sanktionssystem der DSGVO ausgeschlossen ist.

Allerdings gilt seit dem 2.12.2020 das Gesetz zur Stärkung des fairen Wettbewerbs (sog. Anti-Abmahn-Gesetz). Darin ist u.a. geregelt, dass bei Abmahnungen durch Konkurrenten bei Vorliegen der folgenden Voraussetzungen keine Vertragsstrafe mehr geltend gemacht werden kann:

- erstmalige Abmahnung durch den Abmahnenden gegenüber dem Abgemahnten
- Verstoß gegen gesetzliche Informations- und Kennzeichnungspflichten oder gegen das Datenschutzrecht
- der Abgemahnte beschäftigt in der Regel nicht mehr als 100 Mitarbeiter

Das zeigt, dass der Gesetzgeber grundsätzlich von einer Abmahnbarkeit von Datenschutzverstößen ausgeht.

Das **Anti-Abmahn-Gesetz** bezweckt die Beschränkung der finanziellen Folgen insbesondere für kleinere Unternehmen in bestimmten Bagatellfällen. Auch legt es fest, wann Abmahner die Erstattung ihrer im Zuge der Abmahnung entstandenen Kosten (z.B. die Anwaltskosten) nicht mehr verlangen können. Danach scheidet eine Pflicht zur Kostenerstattung durch den Abgemahnten aus, wenn eine der folgenden Voraussetzungen zutrifft:

- Abmahnung durch Konkurrenzunternehmen und
- Verstoß gegen gesetzliche Informations- und Kennzeichnungspflichten (z.B. Impressum-Pflichtangaben, Preisangaben oder Widerrufsbelehrung) oder
- Verstoß gegen das Datenschutzrecht durch Unternehmen und gewerblich tätige Vereine, sofern diese in der Regel weniger als 250 Mitarbeiter beschäftigen.

Datenschutzverstöße können also abgemahnt werden, allerdings beschränkt das Anti-Abmahn-Gesetz die finanziellen Risiken solcher Abmahnungen, sodass diese ihren (finanziellen) Schrecken verlieren.

11 Datenpannen – was muss wann an wen gemeldet werden?

Vielleicht ist Ihnen das auch schon mal passiert? Man verliert einen USB-Stick mit wichtigen geschäftlichen Daten oder der Computer wird von einem Virus befallen.

In solchen Situationen sind regelmäßig auch Daten mit Personenbezug betroffen! Das bedeutet, es liegt eine »Verletzung des Schutzes personenbezogener Daten«, anders ausgedrückt, eine »Datenpanne«, vor.

Eine Datenpanne müssen Sie unter bestimmten Voraussetzungen an die zuständige **Datenschutzaufsichtsbehörde** und gegebenenfalls auch an die von der Datenpanne **betroffenen Personen** melden!

11.1 So erkennen Sie Datenpannen

In Art. 4 Nr. 12 DSGVO wird eine Datenpanne wie folgt definiert:

»Verletzung der Sicherheit, die, ob unbeabsichtigt oder unrechtmäßig, zur Vernichtung, zum Verlust, zur Veränderung oder zur unbefugten Offenlegung von beziehungsweise zum unbefugten Zugang zu personenbezogenen Daten führt, die übermittelt, gespeichert oder auf sonstige Weise verarbeitet wurden.«

Es geht also nicht nur um **verlorene, beschädigte oder veränderte Daten,** sondern auch um Fälle, in denen **unbefugte Dritte** in irgendeiner Weise **Zugang zu Daten** erhalten, die eigentlich nicht für sie gedacht sind.

Typische Datenpannen sind daher u.a.:

- Server-Hack
- Virus im EDV-System
- Verschlüsselungstrojaner
- Verlust von Papier-Unterlagen
- Diebstahl eines mobilen Endgeräts (z.B. Notebook, iPad)
- Verlust eines externen Datenträgers (z.B. USB-Stick, Festplatte)
- Versand von Unterlagen an falschen Empfänger
- E-Mail mit »offenem Verteiler«, d.h., verschiedene Empfänger sind im »cc«- statt im »bcc«-Feld angegeben

In solchen oder ähnlichen Fällen müssen Sie als Verantwortlicher prüfen, ob eine Verletzung personenbezogener Daten im Sinne der DSGVO vorliegt und ob diese gemeldet werden muss. Bei der Prüfung, ob eine meldepflichtige Datenpanne vorliegt, können Sie sich an dieser Checkliste orientieren:

Checkliste Datenpanne :

	Ja	Nein
Von der Datenpanne sind auch Daten mit Personenbezug verletzt? (oder sind »nur« reine Zahlenwerke, Statistiken oder Maschinendaten betroffen)	☐	☐
Es besteht ein Risiko oder sogar ein hohes Risiko für die Betroffenen?	☐	☐
Es existiert eine gesetzliche Meldepflicht (außerhalb der DSGVO, wie z.B. bei Störungen beim Betrieb von Energieversorgungsnetzen, Atomkraftwerken etc.)?	☐	☐
Es gibt Orientierungshilfen o.Ä., die die Ansicht der für mich zuständigen Datenschutzaufsichtsbehörde wiedergeben?	☐	☐
Es gibt Aussagen der für mich zuständigen Aufsichtsbehörde zur konkreten Datenpanne?	☐	☐

Sie müssen das Risiko einschätzen!

Liegt bei Ihnen eine Datenpanne vor, müssen Sie in einem nächsten Schritt das damit einhergehende **Risiko** einschätzen. Die DSGVO gibt Ihnen zu diesem Zweck verschiedene Kriterien an die Hand, welche Sie berücksichtigen sollten. Es wird davon ausgegangen, dass durch die Datenpanne bei den davon betroffenen Personen grundsätzlich ein **physischer, materieller oder immaterieller Schaden** entstehen kann. Für eine Risikoeinschätzung sollten Sie überprüfen, ob es bei den betroffenen Personen aufgrund der Datenpanne zu einem der folgenden Nachteile kommen kann:

- Verlust der Kontrolle über die eigenen Daten
- Einschränkung ihrer Betroffenenrechte
- Diskriminierung
- Identitätsdiebstahl oder -betrug
- finanzieller Verlust
- unbefugte Aufhebung der Pseudonymisierung
- Rufschädigung
- Verlust der Vertraulichkeit von Daten, die einem Berufsgeheimnis unterliegen (z.B. aufgrund eines Mandanten- oder Patientenverhältnisses)
- andere erhebliche wirtschaftliche oder gesellschaftliche Nachteile für die Betroffenen

Drohen solch nachteiligen Folgen, können Sie davon ausgehen, dass ein Risiko für die Betroffenen aufgrund der Datenpanne besteht.

Alternativ finden Sie in den Leitlinien für die Meldung von Verletzungen des Schutzes personenbezogener Daten (Working Paper 250) verschiedene Kriterien, anhand denen Sie das Risiko bei einer Datenpanne einschätzen können:

- Art der Datenpanne
- Art und Umfang der Daten

- Identifizierbarkeit der Daten bzw. der Betroffenen
- spezielle Umstände in Bezug auf die Betroffenen (z.B. Kinder als Betroffene)
- spezielle Umstände in Bezug auf den Verantwortlichen (z.B. umfangreiche Verarbeitung von sensiblen Daten gemäß Art. 9 DSGVO)
- Anzahl der Betroffenen
- zu erwartende Konsequenzen der Datenpanne

Diese Leitlinien zu Datenschutzverletzungen erhalten Sie online kostenfrei zum Download auf der Seite www.lfd.niedersachsen.de der Landesdatenschutzbeauftragten von Niedersachsen (Link: »Leitlinien«).

Egal, welche Kriterien Sie Ihrer Risikoeinstufung zugrunde legen oder wie diese ausfällt – Sie müssen sie auf jeden Fall durchführen, nachvollziehbar begründen und gut dokumentieren. Die Einschätzung müssen Sie als unternehmerisch und datenschutzrechtlich Verantwortlicher treffen. Dies kann Ihnen niemand abnehmen, auch nicht Ihr DSB oder ein Rechtsanwalt. Beide können Sie jedoch mit fachmännischem Rat unterstützen.

11.2 Die Meldung an die Aufsichtsbehörde

Kommen Sie zu dem Ergebnis, dass durch die Datenpanne ein Risiko für die Betroffenen vorliegt, ist eine Meldung an die für Sie zuständige Datenschutzaufsichtsbehörde unumgänglich.

Faustregel: In dubio pro Meldung.

Das heißt, wenn Sie sich nicht sicher sind, ob ein Risiko für die Betroffenen vorliegt, sollten Sie sicherheitshalber eine Meldung an die Aufsichtsbehörde abgeben.

Die Meldung an die Aufsichtsbehörde muss **unverzüglich,** spätestens aber binnen **72 Stunden** nach Bekanntwerden der Datenpanne erfolgen (Art. 33 Abs. 1 Satz 1 DSGVO). Werktage und Wochenende spielen bei dieser Frist keine Rolle.

Dem Unternehmer Fasold wird sein Laptop mit zahlreichen unverschlüsselten personenbezogenen Daten am Freitagnachmittag um 16:00 Uhr gestohlen. Ab dann läuft die Zeit. Die Meldung an die Aufsichtsbehörde muss bis Montag um 16:00 Uhr erfolgt sein.

Sie sollten auf Datenpannen vorbereitet sein und Ihre internen Prozesse entsprechend ausgerichtet haben. Das heißt konkret: Sie müssen Ihre Mitarbeiter, aber auch sich selbst schulen und sensibilisieren, damit eine Datenpanne so schnell wie möglich an die richtigen Personen gemeldet wird. Sie müssen in Ihrem Unternehmen so organisiert sein, dass Sie die vorgegebene 72-Stunden-Frist einhalten können.

Diese Pflichtinformationen muss Ihre Meldung mindestens enthalten (Art. 33 Abs. 3 DSGVO):

- eine Beschreibung der Art der Datenpanne, soweit möglich mit Angabe der Kategorien und der ungefähren Zahl der betroffenen Personen, der betroffenen Kategorien und der ungefähren Zahl der betroffenen personenbezogenen Datensätze
- den Namen und die Kontaktdaten des Datenschutzbeauftragten oder einer sonstigen Anlaufstelle für weitere Informationen
- eine Beschreibung der wahrscheinlichen Folgen (für die Betroffenen) der Datenpanne
- eine Beschreibung der von Ihnen ergriffenen oder vorgeschlagenen Maßnahmen zur Behebung der Datenpanne und gegebenenfalls Maßnahmen zur Abmilderung ihrer möglichen nachteiligen Auswirkungen

Machen Sie sich nicht die Mühe, selbst ein Schreiben zur Meldung an die Datenschutzaufsichtsbehörde zu formulieren. Inzwischen stellen alle deutschen Aufsichtsbehörden online ein Meldeformular bereit, über das Sie online bzw. per ausgefüllter PDF-Datei eine Pannenmeldung einreichen können. Das hat den Vorteil, dass alle erforderlichen Angaben abgefragt werden und dass Ihre Meldung auf dem schnellsten Weg zum richtigen Ansprechpartner gelangt.

In den meisten Fällen finden Sie das entsprechende Formular im Servicebereich der für Sie zuständigen Landesdatenschutzbehörde als »**Meldung nach Art. 33 DSGVO**«.

Herr Dr. Minz hat versehentlich ein Rezept an einen falschen Empfänger geschickt. Er meldet diese Datenpanne wie folgt an die für ihn zuständige Datenschutzaufsichtsbehörde:

Verantwortlicher:	Dr. Markus Minz Blumengasse 12 12345 Musterhausen Tel.: 020–123456789 E-Mail: info@dr-minz.de
Datenschutzbeauftragter:	Dieter Datenschutz datenschutz@dr-minz.de
Sachverhalt:	Durch eine irrtümliche Verwechslung der Anschriften von zwei Patienten wurde ein Rezept per Post versehentlich an den falschen Empfänger verschickt.
Zeitpunkt/-raum der Datenpanne:	3.–4.9.2022
Zeitpunkt des Bekanntwerdens der Datenpanne:	5.9.2022
Wurde die Datenpanne beseitigt?	Ja
Wie wurde die Datenpanne bekannt?	Mitteilung der Mutter des Patienten, der das nicht für ihn vorgesehene Rezept erhalten hat

Art der Datenpanne?	unbefugter Zugang zu Daten durch Dritte, der Empfänger des Rezepts und dessen Mutter konnten Einsicht in den Namen, das Geburtsdatum und das verordnete Medikament des eigentlichen Empfängers einsehen
Kategorien der betroffenen Daten	allg. persönlichen Daten, Gesundheitsdaten
Anzahl der betroffenen Personen:	1
Anzahl der betroffenen Datensätze:	1
Ist eine Datenübermittlung ins Ausland erfolgt? Wenn ja: In einen EU-Mitgliedstaat oder ins Nicht-EU-Ausland?	–
Folgen der Datenpanne: Besteht voraussichtlich ein hohes Risiko für die betroffenen Personen?	Ja, da der falsche und der eigentliche Empfänger sich nicht kennen und aufgrund der Panne von der gesundheitlichen Situation des eigentlichen Empfängers erfahren hat
Zukünftige Maßnahmen zur Verhinderung solcher Datenpannen?	Ab sofort wird der Versand von Rezepten etc. nach dem 4-Augen-Prinzip kontrolliert bzw. durchgeführt.
Maßnahmen zur Milderung der Folgen der Datenpanne?	Der Empfänger wurde um die Herausgabe des irrtümlich erhaltenen Rezepts gebeten; dies ist inzwischen auch erfolgt.

Meldung hat keine weitere Prüfung zur Folge!

Möglicherweise kommt Ihnen der Gedanke, dass Ihre Pannenmeldung die Aufsichtsbehörde dazu veranlasst, eine Prüfung Ihrer Datenschutzorganisation insgesamt zu veranlassen. Denn schließlich liegt ein Datenschutzvorfall vor, der sogar mit einem Risiko für die Betroffenen verbunden ist.

Ein solches Vorgehen entspricht aber nicht der (bisherigen) gängigen Praxis der Aufsichtsbehörden. Außerdem gilt im deutschen Rechtssystem der Grundsatz, dass man sich nicht selbst belasten muss. Die Erkenntnisse aus einer Pannenmeldung werden in aller Regel daher nicht in der Weise verwendet, dass die Aufsichtsbehörde anschließend auf jeden Fall eine Prüfung bei Ihnen durchführt. Sollten Sie allerdings – überspitzt formuliert – mit schöner Regelmäßigkeit Datenschutzverletzungen melden, wird sich die Aufsichtsbehörde schon ihre Gedanken machen. Und trotzdem sind Sie natürlich dazu verpflichtet, in den vom Gesetz vorgesehenen Fällen eine Meldung zu machen. Die Angst vor einer Prüfung der Datenschutzorganisation sollte keinesfalls dazu führen, auf die Meldung einer Datenpanne zu verzichten!

11.3 Worst-Case-Szenario: Meldung an Betroffene

Resultiert aus der Datenpanne Ihrer Ansicht nach nicht nur ein »normales«, sondern sogar ein hohes Risiko, müssen Sie die Datenpanne nicht nur der zuständigen Datenschutzaufsichtsbehörde melden, sondern darüber hinaus auch alle von der Datenpanne betroffenen Personen benachrichtigen.

11.3.1 Liegt ein »hohes« Risiko vor?

Die zentrale Frage, die Sie also im Zusammenhang mit der konkreten Datenpanne beantworten müssen: Handelt es sich bei dem Risiko um ein »hohes« Risiko? Was droht den von der Datenpanne Betroffenen, wenn z.B. ein unberechtigter Dritte ihre Daten in die Finger bekommt? Könnte er die Daten z.B. dazu missbrauchen, eine fremde Identität anzunehmen und unter falschem Namen Verträge abzuschließen? Oder könnte er die Betroffenen öffentlich bloßstellen, wenn er etwa Zugriff auf deren Gesundheitsdaten erhält? Fällt Ihre Risikoeinschätzung hier so aus, dass Sie nicht von einem »normalen«, sondern von einem hohen Risiko für die betroffenen Personen ausgehen, müssen Sie sie darüber in Kenntnis setzen. Dadurch tragen Sie dazu bei, die etwaigen Schäden für die Betroffenen ggf. noch zu begrenzen.

Auch hierbei erhalten Sie Unterstützung durch Leitlinien. In diesen wurden verschiedene Kriterien zur Datenschutz-Folgenabschätzung (→ Kapitel 12 »DSFA«) entwickelt.

Die Leitlinien der Artikel-29-Gruppe, das sogenannte »Working Paper 248«, finden Sie als kostenfreien Download beim Bayerischen Landesbeauftragten für den Datenschutz im Internet (Link: »Working-Paper-248«).

Die Leitlinien führen Verarbeitungsvorgänge von Daten auf, die »wahrscheinlich ein hohes Risiko mit sich bringen«.

Nach den Leitlinien liegt ein hohes Risiko vor, wenn **zwei oder mehr** der folgenden Punkte gegeben sind:

- Durchführung einer systematischen Beobachtung von Betroffenen (z.B. Videoüberwachung am Arbeitsplatz)
- Verarbeitung besonderer Kategorien personenbezogener Daten im Sinne von Art. 9, 10 DSGVO (z.B. in einer Arztpraxis)
- in großem Umfang verarbeitete personenbezogene Daten (z.B. in einer großen Steuerberaterkanzlei)
- Abgleich bzw. Kombination verschiedener Datensätze (z.B. durch Auskunfteien, wie Schufa, Creditreform etc.)
- Verarbeitung personenbezogener Daten von verletzlichen Datensubjekten (z.B. von Prominenten oder Kindern)
- Einsatz neuartiger Lösungen/Technologien (z.B. einer Online-Bewerbungsplattform mit automatisierter Bewerberauswahl)
- Übermittlung von personenbezogenen Daten in unsichere Drittstaaten (z.B. an Dienstleister in China, Indien oder Russland)
- Datenverarbeitungen, die Betroffene davon abhalten, ihre Rechte geltend zu machen oder einen Dienst bzw. Vertrag zu nutzen

Ein Verantwortlicher verliert einen USB-Stick mit den Personalakten von 500 Beschäftigten eines Unternehmens, inklusive der Daten über Gehälter, Krankmeldungen, eventuell Kirchensteuer usw. In diesem Fall sind zwei der genannten Kriterien erfüllt: die Verarbeitung von besonderen Kategorien personenbezogener Daten und in großem Umfang verarbeitete Daten. Der Verantwortliche muss von einem hohen Risiko ausgehen und zusätzlich zur Meldung an die Aufsichtsbehörde auch noch alle davon Betroffenen, also alle 500 Beschäftigten des Unternehmens, informieren.

Die Aspekte der Leitlinien sind in erster Linie im Rahmen einer Datenschutz-Folgenabschätzung zu berücksichtigen. Allerdings kann man sich zur Beantwortung der Frage, ob ein hohes Risiko vorliegt, an den gleichen Fragestellungen orientieren. Dies ist auch empfehlenswert, da die Leitlinien von einer anerkannten Datenschutz-Institution stammen und den Aufsichtsbehörden bekannt sind.

11.3.2 Die Datenpanne muss den Betroffenen gemeldet werden

Haben Sie festgestellt, dass aufgrund der Datenpanne in Ihrem Betrieb ein hohes Risiko für die Betroffenen vorliegt, müssen diese Personen benachrichtigt werden.

Nach Art. 34 DSGVO muss die Benachrichtigung **so schnell wie möglich** erfolgen, d.h., Sie haben hier noch nicht einmal eine 72-Stunden-Frist.

Die Benachrichtigung muss in **klarer und einfacher Sprache** die Art der Datenpanne beschreiben und zumindest die Pflichtinformationen enthalten, die auch in der Meldung an die zuständige Aufsichtsbehörde enthalten sein müssen (→ Kapitel 11.2 »Meldung an die Aufsichtsbehörde«).

Muster

Absender: [Name & Anschrift der verantwortlichen Stelle]

Empfänger: [Name & Anschrift der betroffenen Person]

Sehr geehrte/-r Herr/Frau ...,

wir kontaktieren Sie heute, um Sie über einen Datenschutzvorfall in unserem Unternehmen zu informieren. Dieser Vorfall führt unserer Ansicht nach voraussichtlich zu einem hohen Risiko für Ihre Rechte und Freiheiten.

Es geht um folgenden Sachverhalt: ... [Beschreibung des Vorfalls in klarer und einfacher Sprache, z.B. »Unser Dateiserver wurde von unbekannten Dritten gehackt, die dadurch Zugriff auf unsere Daten erlangt haben.«]

Davon betroffen sind die folgenden Datenkategorien: ... [Beschreibung der betroffenen Daten, z.B. Name, Kontaktdaten, Bankverbindung, Geburtsdatum ...]

Als Folge dieses Vorfalls ist es leider nicht auszuschließen, dass u.a. auch Ihre personenbezogenen Daten unberechtigten Dritten zur Kenntnis gelangt sind. Dadurch ist es den Dritten unter Umständen möglich, Ihre Daten zu veröffentlichen oder zu sachfremden Zwecken einzusetzen (z.B. Identitätsdiebstahl).

Wir halten Sie über den Fortgang der Angelegenheit unterrichtet.

Sofern Sie noch Fragen dazu haben, können Sie sich jederzeit an unseren Datenschutzbeauftragten wenden, der unter ... telefonisch oder per E-Mail unter ... erreichbar ist.

Mit freundlichen Grüßen

[Unterschrift]

11.3.3 In Ausnahmen ist eine Benachrichtigung nicht notwendig

Ist eine der folgenden Bedingungen erfüllt, kann die Meldung an die Betroffenen ausnahmsweise entfallen (Art. 34 Abs. 3 DSGVO):

- Es wurden geeignete technische und organisatorische Sicherheitsvorkehrungen getroffen und diese Vorkehrungen wurden auf die von der Verletzung betroffenen personenbezogenen Daten angewandt, insbesondere solche, durch die die personenbezogenen Daten für alle Personen, die nicht zum Zugang zu den personenbezogenen Daten befugt sind, unzugänglich gemacht werden, etwa durch Verschlüsselung.

Die auf einem verlorenen USB-Stick enthaltenen Daten sind vor dem Zugriff unberechtigter Dritte durch eine aktuelle Verschlüsselungsmethode abgesichert.

- Durch nachfolgende Maßnahmen ist sichergestellt, dass das hohe Risiko für die Rechte und Freiheiten der betroffenen Personen aller Wahrscheinlichkeit nach nicht mehr besteht.

Nach dem Verlust des Smartphones wird die Fernlöschung der darauf enthaltenen Daten aktiviert.

- Die Benachrichtigung wäre mit einem unverhältnismäßigen Aufwand verbunden. In diesem Fall hat stattdessen eine öffentliche Bekanntmachung oder eine ähnliche Maßnahme zu erfolgen, durch die die betroffenen Personen vergleichbar wirksam informiert werden.

Nach einem Hackerangriff auf die Server eines Unternehmens gibt es mehrere Zehntausend von betroffenen Personen. Diese alle einzeln anzuschreiben, würde einen unverhältnismäßigen Aufwand bedeuten, sodass in einem solchen Fall eine Anzeige in der Zeitung oder online geschaltet werden muss.

11.4 Für den Notfall gerüstet sein

Um auf Datenpannen im vorgeschriebenen Zeitraum reagieren zu können, müssen Sie selbst als Verantwortlicher, Ihre Mitarbeiter als auch die internen Arbeitsabläufe darauf vorbereitet sein.

Nicht zu unterschätzen ist hierbei die Rolle der Beschäftigten. Denn wissen Ihre Mitarbeiter nicht, dass nach einer Datenpanne diese gegebenenfalls so schnell wie möglich an die Aufsichtsbehörde und eventuell auch an die Betroffenen zu melden ist, können sie auch die notwendigen Schritte nicht in die Wege leiten. Daher sollten alle Ihre Mitarbeiter eine Grundschulung über das Basis-Know-how im Bereich Datenschutz erhalten.

Vergessen Sie nicht, auch Minijobber und in Ihrem Unternehmen mitarbeitende Familienangehörige für den Datenschutz zu sensibilisieren und zu schulen.

Alle neuen Mitarbeiter sollten diese Schulung so bald wie möglich erhalten. Zudem sollten die Beschäftigten in den verschiedenen Fachbereichen jeweils zu dem speziell für sie wichtigen Datenschutz-Wissen geschult werden.

Es kommt nicht darauf an, ob Sie die Schulungen selbst durchführen, sie durch Ihren DSB durchführen lassen oder damit einen externen Dienstleister beauftragen. Es ist auch nicht entscheidend, ob Sie die Schulungen als Präsenzveranstaltungen, als Webinare oder in Form von E-Learning organisieren. Entscheidend ist vielmehr, dass Sie die Schulungen überhaupt durchführen, denn die beste Datenschutzorganisation nützt wenig, wenn die Mitarbeiter den Datenschutz in ihrem Arbeitsalltag nicht leben. Es gibt inzwischen auch zahlreiche Angebote, z.B. von Online-Veranstaltungen, die Ihren Mitarbeitern oder auch Ihnen selbst das notwendige Wissen vermitteln.

Die kontinuierliche Sensibilisierung Ihrer Mitarbeiter für den Datenschutz und besonders für das Thema **Datenpannen** können Sie »im Kleinen« beginnen und in den Arbeitsalltag integrieren.

- Setzen Sie beispielsweise regelmäßige Team-Meetings an, in denen Sie (nicht nur, aber auch) über einzelne, vielleicht gerade aktuelle Themen aus dem Bereich Datenschutz und IT-Sicherheit sprechen.
- Sie können auch unangekündigte Kontrollen durchführen, indem Sie z.B. während der Mittagspause in einer Abteilung oder einem Büro nachschauen, ob dort die Computer gesperrt sind, während die Mitarbeiter zum Mittagessen gegangen sind, oder ob jeder einfach so Zugriff auf die Systeme hätte.

Was auch immer Sie sich einfallen lassen: Stellen Sie sicher, dass Ihre Mitarbeiter das Thema Datenschutz ernst nehmen!

Ein Ablaufplan für die Praxis

Damit es im Falle einer Datenpanne schnell geht, sollten Sie in Ihrem Betrieb einen Ablaufplan haben, wie Sie und Ihre Mitarbeiter vorgehen müssen.

Dieser Plan dient auch Ihrer Dokumentation, dass Sie keine notwendigen Schritte vergessen haben.

Muster

Ablaufplan bei Datenpannen

1. Schritt: Wahrnehmung der Datenpanne

- Jeder Beschäftigte, dem eine Datenpanne passiert bzw. der eine Datenpanne erkennt, meldet diese so schnell wie möglich den zuständigen Personen (insbesondere Geschäftsführung, Datenschutzbeauftragter ...):

  ____

  ____

- Der Beschäftigte, der die Datenpanne verursacht bzw. festgestellt hat, notiert stichwortartig Angaben zum Sachverhalt
  - Was ist passiert?
  - An welchem Datum und zu welcher Uhrzeit ist es passiert bzw. entdeckt worden?

2. Schritt: Bewertung & Einstufung der Datenpanne

- Wer hat die Datenpanne entdeckt?
- Um welche Datenpanne handelt es sich genau?
  (bitte zumindest stichpunktmäßig, aber so genau wie möglich beschreiben)
- Wer sind die von der Datenpanne betroffenen Personen (Beschäftigte, Kunden, Bewerber ...)?
- Wie groß ist die Anzahl der Betroffenen?
- Welches Schadensrisiko besteht für die Betroffenen?
- Wie hoch ist die Wahrscheinlichkeit, dass das potenzielle Risiko eintritt?
- Welche Risiken bzw. Auswirkungen bestehen für das Unternehmen?

3. Schritt: Kommunikationsstrategie & Meldung

- Die Datenpanne muss nach außen kommuniziert werden:

  Verantwortlich: ______________________

  Musterschreiben im Ordner ______________________ gespeichert.

- Datenpanne wird innerhalb des Unternehmens kommuniziert:

  Verantwortlich: ______________________

  Musterschreiben im Ordner ______________________ gespeichert.

- Meldung an die zuständige Aufsichtsbehörde möglichst spätestens binnen 72 Stunden nach Bekanntwerden der Datenpanne (falls dies nicht möglich sein sollte dann eine fristgemäße Meldung mit dem aktuellen Sachstand)

  Verantwortlich: ______________________

  Für unser Unternehmen zuständiges Meldeportal:

  ____

---

12 Die Datenschutz-Folgenabschätzung (DSFA)

Wollen Sie in Ihrem Unternehmen neue Datenverarbeitungen einführen, z.B. eine digitale Zeiterfassung, eine GPS-Überwachungssoftware für Ihre Firmenfahrzeuge, eine mit künstlicher Intelligenz (KI) versehene Bewerbersoftware oder die Videoüberwachung des Büroparkplatzes, dann müssen Sie in aller Regel **vor der Einführung** eine sogenannte Datenschutz-Folgenabschätzung (DSFA) durchführen (Art. 35 DSGVO).

Es handelt sich dabei um ein bestimmtes Verfahren, um das Risiko einer geplanten Datenverarbeitung für die davon betroffenen Personen einzuschätzen und ggf. mithilfe der zuständigen Datenschutzaufsichtsbehörde und/oder von zusätzlichen TOMs abzumildern. Vor der eigentlichen DSFA muss eine sogenannte **Schwellwertanalyse** erfolgen. Durch diese ermitteln Sie in einer Vorstufe zur eigentlichen DSFA das voraussichtlich bestehende Risiko im Zusammenhang mit einer bestimmten Datenverarbeitung (z.B. der Videoüberwachung des Parkplatzes). Sollte bei dieser Schwellwertanalyse als Ergebnis herauskommen, dass die geplante Datenverarbeitung voraussichtlich ein hohes Risiko für die Rechte und Freiheiten der Betroffenen mit sich bringt, dann ist eine DSFA Pflicht.

Je nach Ergebnis der eigentlichen DSFA müssen Sie danach Kontakt zu der für Sie zuständigen Datenschutzaufsichtsbehörde aufnehmen, bevor Sie die geplante Datenverarbeitung tatsächlich einführen können.

Verantwortlich für die Durchführung einer DSFA ist der Inhaber bzw. Geschäftsführer des Unternehmens. Selbstverständlich hat dieser die Möglichkeit, die Aufgabe an eine geeignete Person zu delegieren. Allerdings darf eine DSFA nicht vom Datenschutzbeauftragten, falls diese Position vorhanden ist, durchgeführt werden. Ein DSB kann hierbei nur beratend und unterstützend tätig sein (Art. 35 Abs. 2 DSGVO).

Um anhand der Schwellwertanalyse zu prüfen, ob Sie in einem konkreten Fall eine DSFA durchführen müssen, empfiehlt sich ein mehrstufiges Vorgehen.

12.1 Werden Sie auf der Positiv-Liste fündig?

Zunächst lohnt ein Blick in die sogenannte Positiv-Liste der Datenschutzkonferenz (DSK). Darin haben die deutschen Aufsichtsbehörden diejenigen Verarbeitungsvorgänge aufgeführt, die ihrer Ansicht nach mit einem hohen Risiko verbunden sind, sodass auf jeden Fall eine DSFA durchzuführen ist.

Die Positiv-Liste kann über die DSK-Website www.datenschutzkonferenz-online.de kostenfrei heruntergeladen werden (Link: »Positiv-Liste« im Servicebereich).

Auf dieser DSK-Positiv-Liste für den nicht öffentlichen Bereich (also für Unternehmen) finden sich folgende Verarbeitungstätigkeiten:

- Verarbeitung von biometrischen Daten zur eindeutigen Identifizierung natürlicher Personen
- Verarbeitung von genetischen Daten gemäß Art. 4 Nr. 13 DSGVO
- umfangreiche Verarbeitung von Daten, die dem Sozial-, einem Berufs- oder einem besonderen Amtsgeheimnis unterliegen
- umfangreiche Verarbeitung von Daten über den Aufenthalt von Betroffenen
- Zusammenführung von Daten aus verschiedenen Quellen und Weiterverarbeitung dieser Daten
- mobile optisch-elektronische Erfassung von Daten in öffentlichen Bereichen, sofern die Daten aus einem oder mehreren Erfassungssystemen in großem Umfang zentral zusammengeführt werden

- umfangreiche Erhebung und Veröffentlichung oder Übermittlung von Daten, die zur Bewertung des Verhaltens und anderer persönlicher Aspekte von Betroffenen dienen
- umfangreiche Verarbeitung von Daten über das Verhalten von Beschäftigten, die zur Bewertung ihrer Arbeitstätigkeit derart eingesetzt werden können, dass sich Rechtsfolgen für die Betroffenen ergeben oder diese in sonstiger Weise erheblich beeinträchtigt werden
- Erstellung umfassender Profile über die Interessen, das Netz persönlicher Beziehungen oder die Persönlichkeit der Betroffenen
- Einsatz von künstlicher Intelligenz (KI) zur Verarbeitung von Daten zur Steuerung der Interaktion mit Betroffenen oder zur Bewertung persönlicher Aspekte
- nicht bestimmungsgemäße Nutzung von Sensoren eines Mobilfunkgeräts im Besitz des Betroffenen oder von Funksignalen, die von solchen Geräten versandt werden, zur Bestimmung des Aufenthaltsorts oder der Bewegung von Betroffenen
- automatisierte Auswertung von Video- oder Audio-Aufnahmen zur Bewertung der Persönlichkeit der Betroffenen
- Erstellung umfassender Profile über die Bewegung und das Kaufverhalten von Betroffenen
- Anonymisierung von besonderen Daten (Art. 9 DSGVO) nicht nur in Einzelfällen zum Zweck der Übermittlung an Dritte
- Verarbeitung von Daten gemäß Art. 9, 10 DSGVO, sofern eine nicht nur einmalige Datenerhebung mittels der innovativen Nutzung von Sensoren oder mobilen Anwendungen stattfindet und diese Daten von einer zentralen Stelle empfangen und aufbereitet werden
- Verarbeitung von Daten gemäß Art. 9, 10 DSGVO, sofern die Daten durch die Anbieter neuer Technologien dazu verwendet werden, die Leistungsfähigkeit der Personen zu bestimmen

Beispiele:

- Ein medizinischer Dienstleister untersucht in seinem Labor Gewebeproben von Patienten der ihn beauftragenden Arztpraxen.
- Ein Detektivbüro betreibt im Auftrag eines Arbeitgebers eine Hintergrundrecherche über alle Beschäftigten des Unternehmens.
- Ein Unternehmen setzt ein modernes Zeiterfassungssystem ein, bei welchem sich die Beschäftigten mit ihrem Fingerabdruck identifizieren müssen.

In diesen Fällen auf der Positiv-Liste besteht auf jeden Fall die Pflicht zur Durchführung einer DSFA. Da die Aufsichtsbehörden solche und vergleichbare Verarbeitungsvorgänge auf die Liste gesetzt haben, zeigt deutlich, dass sie jeweils von einem hohen Risiko ausgehen.

Übrigens: Für Behörden und andere öffentliche Stellen existiert eine gesonderte Positiv-Liste der DSK, die ebenfalls über deren Internetangebot heruntergeladen werden kann.

Sofern Sie also planen, eine der in der Positiv-Liste genannten Datenverarbeitungen einzuführen, ist die Prüfung schon zu Ende, denn dann müssen Sie auf jeden Fall eine DSFA durchführen. Sofern Sie hier nicht fündig werden, bedeutet das jedoch nicht automatisch, dass Sie von der DSFA-Pflicht befreit sind. Eine DSFA kann noch aus anderen Gründen erforderlich sein.

12.2 Die Leitlinien der Artikel-29-Gruppe können weiterhelfen

Auch die Leitlinien, die von der Artikel-29-Gruppe zur DSFA aufgestellt wurden, können Ihnen bei der Risikoeinschätzung helfen.

Sollten bei Ihnen **mindestens zwei** der in den Leitlinien festgelegten Prüfkriterien erfüllt sein, ist ein hohes Risiko zu bejahen und folglich eine DSFA durchzuführen (Art. 35 Abs. 1 DSGVO).

Zu den zu prüfenden Punkten gehören:

- Die neu eingeführte Datenverarbeitung soll der Durchführung von Evaluierungs- bzw. Scoring-Maßnahmen dienen (z.B. Ablehnung eines Bankdarlehens aufgrund eines negativen Schufa-Eintrags).
- Mit der Datenverarbeitung wird eine automatisierte Entscheidung (z.B. Profiling) mit rechtlicher Relevanz o.ä. Wirkung für den Betroffenen (z.B. automatisiertes Auswahlverfahren von Bewerbern) getroffen.
- Es soll eine systematische Beobachtung von Betroffenen durchgeführt werden (z.B. Videoüberwachung am Arbeitsplatz).
- Es erfolgt eine Verarbeitung besonderer Kategorien personenbezogener Daten im Sinne von Art. 9, 10 DSGVO (z.B. in einer Arztpraxis).
- Personenbezogene Daten werden in großem Umfang verarbeitet (z.B. in einer großen Steuerberaterkanzlei).
- Es erfolgt ein Abgleich bzw. eine Kombination verschiedener Datensätze (z.B. durch Auskunfteien, wie Schufa, Creditreform etc.).
- Es erfolgt die Verarbeitung personenbezogener Daten von verletzlichen Datensubjekten (z.B. von Prominenten oder Kindern).
- Es werden neuartige Lösungen/Technologien eingesetzt (z.B. einer Online-Bewerbungsplattform mit automatisierter Bewerberauswahl).
- Personenbezogene Daten werden in unsichere Drittstaaten übermittelt (z.B. an Dienstleister in China, Indien oder Russland).
- Es werden Datenverarbeitungen durchgeführt, die Betroffene davon abhalten, ihre Rechte geltend zu machen oder einen Dienst bzw. Vertrag zu nutzen.

Wenn Sie auf der DSK-Positiv-Liste nicht fündig geworden sind, aber mit Blick auf die geplante Datenverarbeitung zwei oder mehr der hier aufgeführten Punkte bejahen können, führt kein Weg an einer DSFA vorbei.

12.3 Und was sagt das Gesetz?

Auch der Gesetzestext selbst enthält bestimmte Voraussetzungen, bei deren Vorliegen eine DSFA durchgeführt werden muss (Art. 35 Abs. 3 DSGVO). Nach der Datenschutzgrundverordnung ist eine DSFA durchzuführen für

- systematische und umfassende Bewertungen persönlicher Aspekte natürlicher Personen, die sich auf eine automatisierte Verarbeitung (einschließlich Profiling) gründet und die ihrerseits als Grundlage für Entscheidungen dient, die Rechtswirkung gegenüber den Betroffenen entfalten oder diese in ähnlich erheblicher Weise beeinträchtigen,
- umfangreiche Verarbeitung besonderer Kategorien von personenbezogenen Daten (Art. 9, 10 DSGVO) oder für
- systematische umfangreiche Überwachung öffentlich zugänglicher Bereiche.

Bei den hier beschriebenen Vorgängen geht es beispielsweise um die per KI unterstützte Auswertung von Bewerbungsunterlagen, die Durchführung von klinischen Studien oder die Videoüberwachung von Bahnhöfen, Flugplätzen etc.

Sollte die von Ihnen geplante Datenverarbeitung unter diese Vorschrift einzustufen sein, dann besteht auch hier für Sie eine DSFA-Pflicht.

Die Arztpraxis Morlock & Kollegen beschäftigt insgesamt 30 Ärzte und behandelt dementsprechend eine sehr große Anzahl von Patienten pro Jahr. Hierbei werden zahlreiche personenbezogene Daten verarbeitet, insbesondere auch Gesundheitsdaten (Art. 9 DSGVO). Dies geschieht aufgrund der Anzahl der beschäftigten Ärzte und der damit einhergehenden Patientenmenge auch umfangreich. Daher muss die Praxis vor der Einführung eines neuen Patientenabrechnungssystems eine DSFA durchführen.

12.4 Durchführung einer DSFA

Wenn Sie anhand der DSK-Positiv-Liste, mithilfe der Kriterien aus den Leitlinien der Artikel-29-Gruppe oder aufgrund des Gesetzestextes zu dem Schluss gekommen sind, dass Sie vor Einführung der geplanten Datenverarbeitung eine DSFA durchführen müssen, dann heißt es: ran an's Werk.

Wenn Sie sich einmal ein – zugegeben – sehr umfangreiches Beispiel einer DSFA anschauen möchten, dann können Sie sich das online frei erhältliche Exemplar für die Corona-Warn-App vornehmen (Link: »Corona«). Aber lassen Sie sich davon nicht abschrecken: In aller Regel muss eine DSFA für gängige Datenverarbeitungen in Unternehmen nicht annähernd so umfangreich ausfallen.

Eine DSFA muss zumindest folgende Punkte umfassen:

- eine systematische Beschreibung der geplanten Verarbeitungsvorgänge und der Zwecke der Verarbeitung, gegebenenfalls einschließlich der verfolgten berechtigten Interessen
- eine Bewertung der Notwendigkeit und Verhältnismäßigkeit der Verarbeitungsvorgänge in Bezug auf den Zweck
- eine Bewertung der Risiken für die Rechte und Freiheiten der betroffenen Personen
- die zur Bewältigung der Risiken geplanten Abhilfemaßnahmen, einschließlich Garantien, Sicherheitsvorkehrungen und Verfahren, durch die der Schutz personenbezogener Daten sichergestellt und der Nachweis dafür erbracht wird, dass die DSGVO eingehalten wird, wobei den Rechten und berechtigten Interessen der betroffenen Personen und sonstiger Betroffener Rechnung getragen wird

Alle hier aufgeführten Aspekte müssen im Rahmen der DSFA aufgeführt werden.

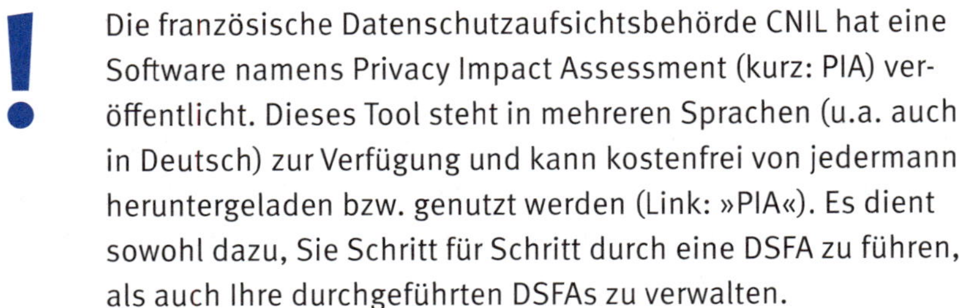

Die französische Datenschutzaufsichtsbehörde CNIL hat eine Software namens Privacy Impact Assessment (kurz: PIA) veröffentlicht. Dieses Tool steht in mehreren Sprachen (u.a. auch in Deutsch) zur Verfügung und kann kostenfrei von jedermann heruntergeladen bzw. genutzt werden (Link: »PIA«). Es dient sowohl dazu, Sie Schritt für Schritt durch eine DSFA zu führen, als auch Ihre durchgeführten DSFAs zu verwalten.

Wann Sie Ihre DSFA der Aufsichtsbehörde vorlegen müssen

Führt Ihre DSFA zu dem Ergebnis, dass die von Ihnen geplante Datenverarbeitung trotz aller Sicherungsmaßnahmen voraussichtlich weiterhin mit einem hohen Risiko für die Betroffenen verbunden sein wird, müssen Sie die DSFA der für Sie zuständigen Aufsichtsbehörde vorlegen (Art. 36 Abs. 1 DSGVO).

Dabei müssen Sie der Behörde auf jeden Fall folgende Informationen zur Verfügung stellen (Art. 36 Abs. 3 DSGVO):

- ggf. Angaben zu den jeweiligen Zuständigkeiten des Verantwortlichen, der gemeinsam Verantwortlichen und der an der Verarbeitung beteiligten Auftragsverarbeiter, insbesondere bei einer Verarbeitung innerhalb einer Gruppe von Unternehmen
- die Zwecke und die Mittel der beabsichtigten Verarbeitung
- die zum Schutz der Rechte und Freiheiten der betroffenen Personen vorgesehenen Maßnahmen und Garantien
- ggf. die Kontaktdaten des Datenschutzbeauftragten
- die Datenschutz-Folgenabschätzung
- alle sonstigen von der Aufsichtsbehörde angeforderten Informationen

Hat die Aufsichtsbehörde auf Basis dieser Informationen dann Ideen zur Eindämmung des potenziellen Risikos, muss sie Ihnen das mitteilen, in aller Regel innerhalb von acht Wochen. Diese Frist kann gegebenenfalls um weitere sechs Wochen verlängert werden (Art. 36 Abs. 2 DSGVO).

Hat auch die Aufsichtsbehörde keine Lösung parat, müssen Sie von der Einführung der Datenverarbeitung Abstand nehmen. Zu einem späteren Zeitpunkt ergeben sich möglicherweise neue Ideen oder neue Technologien bieten andere Lösungsansätze, sodass Sie die Datenverarbeitung dann doch noch realisieren können.

Beispiele:

- Auf der Website des Bayerischen Landesamts für Datenschutzaufsicht www.lda.bayern.de können Sie sich ein Beispiel für eine DSFA anschauen (Musterbeispiel »Insight AG – Kfz-Telematik-Versicherungstarif«; Link: »Insight-AG«)
- Eine exemplarische DSFA für ein »Pay as you drive«-Verfahren finden Sie beim »Unabhängigen Landeszentrum für Datenschutz« von Schleswig-Holstein unter www.datenschutzzentrum.de (Link: »DSFA-Datenschutzzentrum«).
- Die DSFA für ein Krankenhausinformationssystem können Sie auf der Website www.gesundheitsdatenschutz.org einsehen (Link: »Gesundheitsdatenschutz«).

13 Datenschutz im Beschäftigtenverhältnis

Im Verhältnis zwischen Ihnen als Arbeitgeber und Ihren Beschäftigten spielen besondere (Datenschutz-)Regelungen eine Rolle. Das liegt daran, dass hier ein gewisses Über-Unter-Ordnungsverhältnis zulasten der Arbeitnehmer angenommen wird, da Sie als Arbeitgeber ein umfassendes Weisungsrecht haben.

13.1 Verpflichtung auf Vertraulichkeit

Aufgrund der Vorgaben der Datenschutzgrundverordnung (Art. 5 Abs. 2, Art. 24 Abs. 1 DSGVO) müssen Sie im Zweifel nachweisen können, dass Sie rechtskonform handeln.

Verschiedene Vorschriften in der DSGVO führen dazu, dass Sie Ihre Mitarbeiter zur Vertraulichkeit verpflichten müssen:

- Beschäftigte eines Verantwortlichen dürfen personenbezogene Daten nur auf dessen Weisung verarbeiten (Art. 29 DSGVO).
- Verantwortliche müssen Schritte unternehmen, um sicherzustellen, dass ihm unterstellte Personen, die Zugang zu personenbezogenen Daten haben, diese nur auf Anweisung verarbeiten (Art. 32 Abs. 4 DSGVO).
- Im Rahmen eins AV-Verhältnisses muss der Auftragsverarbeiter die zur Verarbeitung der Daten befugten Personen zur Vertraulichkeit verpflichten (Art. 28 Abs. 3 Satz 2 DSGVO).

Ein Muster zur Verpflichtung auf Vertraulichkeit finden Sie auf der Seite der Gesellschaft für Datenschutz und Datensicherheit (GDD) www.gdd.de (Link: »Verpflichtung-Vertraulichkeit«).

Verpflichten Sie Ihren Mitarbeiter auf Vertraulichkeit, können Sie sich am nachfolgenden Muster orientieren. Damit haben Sie das Wichtigste zum Thema Vertraulichkeit mit Ihrem Mitarbeiter geregelt.

Muster

Verpflichtung zur Vertraulichkeit

Hiermit bestätige ich, … [hier bitte Vor- und Nachnamen der Person einfügen], dass ich von meinem Arbeitgeber, … [hier bitte den Namen des Unternehmens einfügen], über den korrekten Umgang mit personenbezogenen Daten nach Maßgabe der Datenschutzgrundverordnung (DSGVO), dem Bundesdatenschutzgesetz (BDSG) sowie anderen anwendbaren Datenschutzbestimmungen unterrichtet wurde.

Nach den Vorgaben der Art. 29, 32 Abs. 4 DSGVO verpflichte ich mich dazu, personenbezogene Daten nur nach den von meinem Arbeitgeber erteilten Anweisungen, wie sie zur Erfüllung der übertragenen Aufgaben erforderlich sind und unter Berücksichtigung der anwendbaren Datenschutzbestimmungen, zu verarbeiten. Insbesondere verarbeite ich personenbezogene Daten nur auf Grundlage eines Rechtfertigungsgrundes gemäß Art. 6 Abs. 1 DSGVO oder für den Fall, dass besondere Kategorien von personenbezogenen Daten betroffen sind, Art. 9 Abs. 2 DSGVO.

Gemäß Art. 5 DSGVO müssen personenbezogene Daten

a) auf rechtmäßige und in einer für die betroffene Person nachvollziehbaren Weise verarbeitet werden (»Rechtmäßigkeit, Verarbeitung nach Treu und Glauben, Transparenz«);

b) für festgelegte, eindeutige und legitime Zwecke erhoben werden und nicht in einer mit diesen Zwecken nicht zu vereinbarenden Weise weiterverarbeitet werden (»Zweckbindung«);

c) dem Zweck angemessen und erheblich sowie auf das für die Zwecke der Verarbeitung notwendige Maß beschränkt sein (»Datenminimierung«);

d) sachlich richtig und erforderlichenfalls auf dem neuesten Stand sein; es sind alle angemessenen Maßnahmen zu treffen, damit personenbezogene Daten, die im Hinblick auf die Zwecke ihrer Verarbeitung unrichtig sind, unverzüglich gelöscht oder berichtigt werden (»Richtigkeit«);

e) in einer Form gespeichert werden, die die Identifizierung der betroffenen Personen nur so lange ermöglicht, wie es für die Zwecke, für die sie verarbeitet werden, erforderlich ist (»Speicherbegrenzung«);

f) in einer Weise verarbeitet werden, die eine angemessene Sicherheit der personenbezogenen Daten gewährleistet, einschließlich Schutz vor unbefugter oder unrechtmäßiger Verarbeitung und vor unbeabsichtigtem Verlust, unbeabsichtigter Zerstörung oder unbeabsichtigter Schädigung durch geeignete technische und organisatorische Maßnahmen (»Integrität und Vertraulichkeit«).

> *Ich weiß, dass die Vertraulichkeit der personenbezogenen Daten, welche ich im Rahmen meiner Tätigkeit für meinen Arbeitgeber einsehen, erfassen oder verarbeiten werde, strengstens zu wahren ist. Die personenbezogenen Daten dürfen anderen natürlichen oder juristischen Personen nur offengelegt werden, wenn es eine ausdrückliche Anweisung meines Arbeitgebers, mein Arbeitsvertrag oder eine gesetzliche Verpflichtung vorsieht. Die Verpflichtung gilt auch nach Beendigung meiner Tätigkeit für meinen Arbeitgeber weiter.*
>
> *Mir ist bewusst, dass ein Verstoß gegen diese Verpflichtung oder gegen geltendes Recht mit Geldbußen geahndet werden oder Schadensersatz- bzw. Schmerzensgeldforderungen nach sich ziehen kann. Ein Verstoß kann zudem eine Verletzung von arbeitsvertraglichen Pflichten oder spezieller Geheimhaltungspflichten darstellen.*
>
> *Über die Verpflichtung auf das Datengeheimnis und die sich daraus ergebenden Verhaltensweisen wurde ich unterrichtet.*
>
> *Ein Exemplar dieser Verpflichtungserklärung habe ich erhalten.*

Die Verpflichtung zur Vertraulichkeit sollten Sie so frühzeitig wie möglich und in Schriftform abschließen. Neue Mitarbeiter sollten eine solche Verpflichtungserklärung zusammen mit dem Arbeitsvertrag unterschreiben. Falls noch keine Verpflichtungserklärungen bei Ihnen vorhanden sind, sollten die bereits in Ihrem Unternehmen vorhandenen Beschäftigten so bald wie möglich verpflichtet werden.

Fügen Sie die unterschriebenen Verpflichtungserklärungen der Personalakte jedes Beschäftigten hinzu. Ihre Beschäftigten erhalten jeweils eine Kopie der unterschriebenen Verpflichtungserklärung.

13.2 Privatnutzung von Telefon, Internet & E-Mail

Dürfen Ihre Mitarbeiter im Büro das Büro-Telefon oder den geschäftlichen E-Mail-Account auch privat nutzen? Dann heißt es »Vorsicht«! Denn wenn Sie eine Privatnutzung von Telefon, Internet und E-Mail am Arbeitsplatz ausdrücklich gestatten oder zumindest dulden, kann das datenschutzrechtliche Probleme nach sich ziehen.

Der Mitarbeiter der Architektin Korn befindet sich im Urlaub. Aus geschäftlichen Gründen muss Frau Korn dringend an eine (geschäftliche) E-Mail herankommen, die sich in seinem Postfach befindet. Wenn Frau Korn ihrem Mitarbeiter die private Nutzung der geschäftlichen E-Mail-Adresse erlaubt hat, darf sie nicht ohne seine Zustimmung auf dessen E-Mails zugreifen. Denn in seinem E-Mail-Account könnten sich auch private Nachrichten befinden.

Aus datenschutzrechtlicher Sicht ist es empfehlenswert, die Privatnutzung der beruflich zur Verfügung gestellten Telefone, Internetzugänge und E-Mail-Konten generell zu untersagen. Das kann etwa im Rahmen einer schriftlichen Arbeitsanweisung erfolgen, die von allen Beschäftigten zur Kenntnis zu nehmen und zu unterschreiben ist. Existiert in Ihrem Unternehmen ein Betriebsrat, so kann eine solche Anweisung auch in Form einer Betriebsvereinbarung umgesetzt werden.

Musterformulierung in einer Betriebsvereinbarung

1. *Der dienstliche Internetzugang und das dienstliche E-Mail-System werden den Beschäftigten nur für die dienstliche Nutzung zur Verfügung gestellt, jegliche private Nutzung ist untersagt.*
2. *Über die dienstlichen E-Mail-Adressen eingehende private E-Mails sind wie private schriftliche Post zu behandeln. Eingehende private, aber fälschlich als Dienstpost behandelte E-Mails sind den betreffenden Beschäftigten unverzüglich nach Bekanntwerden ihres privaten Charakters zur alleinigen Kenntnis zu geben. Private E-Mails sind von Beschäftigten nach Kenntnisnahme des privaten Charakters unverzüglich zu löschen.*
3. *Den Beschäftigten ist es gestattet, private Kommunikation über ihre privaten Endgeräte (z.B. Smartphone, Tablet) auch während der Arbeitszeit zu führen, soweit dies in einem geringen, angemessenen Umfang geschieht und die Arbeitsleistung der Beschäftigten dadurch nicht negativ beeinträchtigt wird.*

In Zeiten, in denen im Grunde jeder ein privates Smartphone hat, besteht keine Notwendigkeit, dass das Büro-Telefon oder der betriebliche Internetzugang zu privaten Zwecken genutzt werden muss. Die telefonische Terminvereinbarung beim Friseur oder ein kurzer Einkauf bei Amazon sind im Arbeitsalltag sicherlich an der Tagesordnung und auch kein Problem. Das gilt jedenfalls dann, wenn die Beschäftigten dazu ihr eigenes privates Smartphone nutzen und nicht auf die Büro-Infrastruktur zurückgreifen.

13.3 Home-Office, Tele-Arbeit & Co.

Mobiles Arbeiten, Telearbeit, Home-Office – verschiedene Begriffe für das gleiche Prinzip. Es ermöglicht eine moderne, flexible Arbeitsweise und ist aus juristischer Sicht auch generell zulässig.

Der Begriff »**Telearbeit**« bezieht sich auf eine Arbeitsleistung, die ausschließlich zu Hause erbracht wird. Hier hat der Beschäftigte keinen Arbeitsplatz mehr im Unternehmen, sein häuslicher Arbeitsplatz wird daher vonseiten seines Arbeitgebers ausgestattet, welcher auch die dafür anfallenden Kosten übernimmt. Bei »**alternierender Telearbeit**« erbringt der Beschäftigte seine Arbeitsleistung zeitweise von zu Hause und zeitweise im Büro. Hierbei werden regelmäßig Arbeitsplätze im Unternehmen von mehreren Beschäftigten zu unterschiedlichen Zeiten genutzt, um so die Anzahl der Arbeitsplätze reduzieren zu können.

Bei »**mobiler Arbeit**« hat der Beschäftigte die Wahl, von welchem Ort aus er seine Arbeit erledigt. Das kann z.B. bei Kunden, im Zug oder auch bei ihm zu Hause sein. Zu diesem Zweck wird in aller Regel vonseiten des Arbeitgebers ein mobiles Endgerät (z.B. Laptop oder Tablet) gestellt.

»**Home-Office**« ist hingegen ein umgangssprachlicher Begriff, der häufig für beide Arbeitsformen verwendet wird.

Beschäftigte haben aber keinen Anspruch auf Home-Office oder mobiles Arbeiten, es bedarf an Vereinbarungen über die verschiedenen Arbeitsmöglichkeiten mit Ihnen als Arbeitgeber. Und natürlich können auch äußere Rahmenbedingungen Ihre Mitarbeiter sozusagen ins heimische Büro oder den Küchentisch zwingen. Gerade die Corona-Pandemie hat gezeigt, dass das Arbeiten von zu Hause auf erstaunlich breiter Basis möglich ist. Auch in solchen Fällen müssen Vereinbarungen getroffen werden, um das Arbeiten datenschutzrechtlich auf eine sichere Basis zu stellen. Diese Vereinbarungen haben ihren Schwerpunkt allerdings im Bereich des Arbeitsrechts und ihre konkrete Ausgestaltung hängt von diversen Faktoren ab, u.a. von den bestehenden Regelungen im Arbeitsvertrag, von der Existenz eines Betriebsrats usw. Nachfolgend daher nur auszugsweise eine exemplarische Musterregelung, wie sie in einer »typischen« Home-Office-Vereinbarung enthalten sein kann:

Musterformulierung in einer Home-Office-Vereinbarung

Arbeitsmittel

(1) Das Unternehmen stellt dem Mitarbeiter für die Tätigkeit im Home-Office folgende Arbeitsmittel kostenfrei zur Verfügung: ...

(2) Es ist dem Mitarbeiter nicht gestattet, diese ihm bereitgestellten Arbeitsmittel für private Zwecke zu nutzen oder diese an Dritte weiterzugeben. Beschädigte Arbeitsmittel sind dem Unternehmen zurückzugeben.

(3) Mit Unterschrift dieses Vertrages bestätigt der Mitarbeiter den Erhalt der vorgenannten Gegenstände.

(4) Das Unternehmen trägt die Kosten der Wartung und Unterhaltung der von ihm bereitgestellten Arbeitsmittel.

(5) Das Unternehmen trägt dafür Sorge, dass die von ihm bereitgestellten Arbeitsmittel so gestaltet bzw. konfiguriert sind, dass sie den Mitarbeiter wirksam bei der Erfüllung seiner arbeitsvertraglichen Pflichten sowie bei der Einhaltung der einschlägigen Datenschutzbestimmungen unterstützen und entlasten. Das Unternehmen sorgt für die Umsetzung der entsprechenden technischen und organisatorischen Maßnahmen.

(6) Die vom Unternehmen bereitgestellten Arbeitsmittel verbleiben in dessen Eigentum, auch nach Ende dieser Vereinbarung bzw. nach Ende des Arbeitsvertrages.

Besonders wichtig ist, dass Arbeitgeber und Arbeitnehmer gemeinsam sowohl den technischen als auch den juristischen Rahmen schaffen, damit die Arbeit von zu Hause oder unterwegs erledigt werden kann. Und dieser juristische Rahmen muss auch den Datenschutz berücksichtigen.

Es müssen insbesondere folgende Fragen geklärt werden:

- Werden personenbezogene Daten verarbeitet? Wenn nicht, dann ist Arbeit im Home-Office jedenfalls aus datenschutzrechtlicher Sicht unproblematisch.
- Werden personenbezogene Daten besonderer Art im Sinne von Art. 9 Abs. 1 DSGVO verarbeitet (z.B. Gesundheitsdaten, Daten über Religionszugehörigkeit oder Daten über politische Ansichten)? Wenn ja, dann ist die Arbeit im Home-Office nur unter strengen Voraussetzungen möglich und es sollte lieber eine Alternative gesucht werden.
- Werden Sozialdaten oder Personaldaten verarbeitet? Wenn ja, dann sollte auch hier eher Abstand vom Home-Office oder mobilen Arbeiten genommen werden.

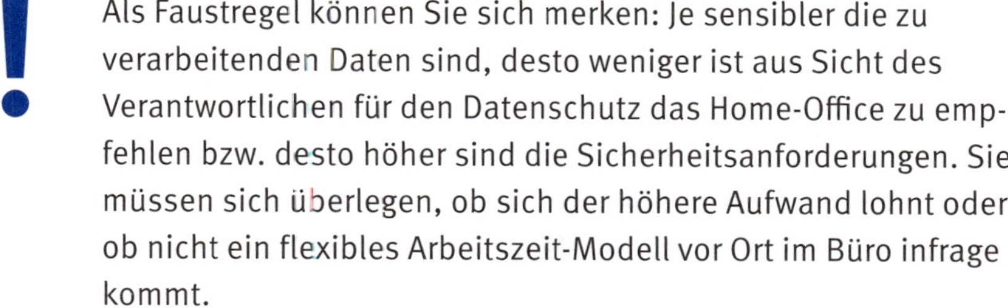

Als Faustregel können Sie sich merken: Je sensibler die zu verarbeitenden Daten sind, desto weniger ist aus Sicht des Verantwortlichen für den Datenschutz das Home-Office zu empfehlen bzw. desto höher sind die Sicherheitsanforderungen. Sie müssen sich überlegen, ob sich der höhere Aufwand lohnt oder ob nicht ein flexibles Arbeitszeit-Modell vor Ort im Büro infrage kommt.

Die Corona-Situation hat gezeigt, dass viele Unternehmen, ob groß oder klein, ohne Beachtung der datenschutzrechtlichen Grundlagen ihre Mitarbeiter »von jetzt auf gleich« ins Home-Office geschickt haben, einfach aus dem Grund, weil es keine Alternative gab. Dies geschah jedoch oftmals, ohne vorab zu klären, wie die Situation zu Hause überhaupt aussieht. Und nur weil das viele getan haben, heißt das nicht, dass das aus Datenschutzsicht auch in Ordnung war. Es wurde (jedenfalls eine Zeit lang) aufgrund der Ausnahmesituation von den Datenschutzaufsichtsbehörden in gewisser Weise stillschweigend geduldet. Es ist klar, dass nicht zwingend alle Punkte immer umgesetzt werden müssen oder können. Es ist aber ideal, wenn Sie so viele Punkte wie möglich beachten.

Der technische Rahmen im Home-Office sollte insbesondere die folgenden Aspekte berücksichtigen:

- separates, abschließbares Arbeitszimmer oder alternativ zumindest ein verschließbarer Schreibtisch bzw. Schrank
- klare Trennung von beruflichen und privaten Daten
- Zugangsregelung zu sensiblen Daten (z.B. durch Benutzer-ID, PIN, Chipkarte o.Ä.)
- sichere, verschlüsselte Verbindung zum Firmen-Netzwerk (VPN-Lösung)
- Verschlüsselung der Daten (sowohl die Inhalte als auch deren Übertragung)
- Zugangs- und Kontrollmöglichkeit des Arbeitgebers, eines evtl. Datenschutzbeauftragten sowie auch der zuständigen Datenschutzaufsichtsbehörde zum Home-Office
- Sperrung von USB-Zugängen & anderen Anschlüssen
- Vereinbarung über die Unzulässigkeit der privaten Nutzung von beruflich zur Verfügung gestellter IT-Ausstattung

Bei diesen Maßnahmen handelt es sich um die idealerweise umzusetzenden Punkte. Aus Datenschutzsicht sind noch weitere Dinge empfehlenswert:

- eine Vereinbarung über die Verantwortlichkeiten im Umgang mit den zu verarbeitenden Daten
- Verbot der Nutzung privater Hard- und Software im Home-Office
- berufliche E-Mails und Telefonate dürfen nicht auf private Mail-Postfächer oder private Telefonanschlüsse umgeleitet werden
- ggf. frühzeitige Beteiligung des Datenschutzbeauftragten bei der Entscheidung über die Home-Office-Tätigkeit

Es leuchtet ein, dass nicht jede einzelne Maßnahme von jedem Arbeitnehmer bzw. an jedem Wohnort umgesetzt werden kann. Nicht jeder verfügt über ein separates Arbeitszimmer, nicht jeder hat eine ausreichend schnelle DSL-Verbindung. Aber je mehr der genannten Maßnahmen umgesetzt werden können, desto besser.

Je nachdem, ob im jeweiligen Unternehmen ein Betriebsrat existiert, kann die Entscheidung über die Gestattung von Home-Office bzw. mobiler Arbeit mitbestimmungspflichtig sein. In diesem Fall kann dann eine Regelung in Form einer Betriebsvereinbarung getroffen werden.

13.4 Umgang mit Bewerberdaten

Egal, ob es um eine Stellenausschreibung oder um eine Initiativbewerbung geht – bei der Verarbeitung personenbezogener Daten von Bewerbern gelten spezielle Regelungen. Denn Bewerber werden datenschutzrechtlich im Rahmen des Bewerbungsverfahrens als Beschäftigte angesehen.

Daten von Bewerbern dürfen Sie zu Zwecken der Durchführung des Bewerbungsverfahrens zulässigerweise verarbeiten. Zu diesen Daten zählen:

- Bewerbungsanschreiben,
- Lebenslauf (inklusive Anlagen),
- Daten aus öffentlich zugänglichen Quellen (wie z.B. Xing oder LinkedIn),
- Daten aus Bewerbungsgesprächen oder auch
- Kontodaten (zwecks Erstattung von Reisekosten).

Wenn Sie einen Bewerber einstellen, gehen seine Daten in die Personalakte über. Die Daten derjenigen Bewerber, die eine Absage erhalten, müssen Sie anschließend löschen, da der Zweck ihrer Verarbeitung – nämlich das Bewerbungsverfahren – beendet ist.

Allerdings haben **abgelehnte Bewerber** generell die Möglichkeit, eine Klage nach dem Allgemeinen Gleichbehandlungsgesetz (AGG) zu erheben, wenn sie sich z.B. aufgrund ihres Geschlechts, ihrer Religion oder ihres Alters benachteiligt fühlen. Um auf eine etwaige AGG-Klage reagieren zu können, dürfen und sollten Sie die Daten abgelehnter Bewerber nicht sofort nach Vergabe der Stelle löschen, sondern noch eine Zeit lang aufbewahren. Die Bemessung dieser Zeitspanne ergibt sich aus der im AGG vorgesehenen Klagefrist von zwei Monaten. Hinzu kommt eine arbeitsgerichtliche Frist von drei Monaten sowie ein gewisser Zuschlag für Bearbeitungs- und Postlaufzeiten.

Im Ergebnis dürfen und sollten Sie die Daten von abgelehnten Bewerbern erst sechs Monate nach Abschluss des Bewerbungsverfahrens löschen.

Wenn Sie diese Daten länger aufheben möchten, weil sie beispielsweise in einen **Bewerberpool** zur späteren Weiterverwendung überführt werden sollen, so benötigen Sie hierfür eine Einwilligung der betreffenden Bewerber.

Für die optimale Durchführung eines Bewerbungsverfahrens sollten Sie in der Praxis folgende Aspekte berücksichtigen:

- falls möglich und sinnvoll: Bereitstellung einer speziellen Website für Stellenausschreibungen bzw. als Anlaufstelle für Initiativbewerbungen. Alternativ können auch entsprechende Zeitungsannoncen geschaltet werden.
- Einrichtung einer »sprechenden« E-Mail-Adresse (also z.B. »bewerbung@xyz.de«, »personal@xyz.de« o.ä.), die nicht im »normalen« E-Mail-Archiv gespeichert und archiviert wird
- definierte Benutzerrechte, durch die nur solche Personen Zugriff auf die Bewerberdaten erhalten, die auch dazu berechtigt sind (z.B. Mitarbeiter der Personalabteilung)
- Erstellung und Pflege eines Löschkonzepts, u.a. mit Regeln zur Sechs-Monats-Frist für Daten abgelehnter Bewerber

- ggf. Einholung einer Einwilligung zur längerfristigen Speicherung von Bewerber-Daten
- Bereitstellung der allgemeinen Datenschutzhinweise nach Art. 13, 14 DSGVO durch einen entsprechenden Hinweis auf der speziellen Website für die Stellenausschreibungen, in Zeitungsanzeigen etc. (hier reicht auch ein Link auf eine andere Internetseite, z.B. die Homepage des Unternehmens, auf der die Datenschutzhinweise bereitgestellt werden)

Je nach Organisation und Größe Ihres Unternehmens bzw. je nach Anzahl an Bewerbungsverfahren sollte geprüft werden, ob sich eventuell der Einsatz einer HR-Software lohnt, also eines speziellen Bewerber-Management-Tools.

13.5 Datenschutz bei Videokonferenzen & Messenger-Diensten

In Zeiten von Corona-Pandemie und steigenden Benzinkosten hat man recht schnell gemerkt, dass viele Meetings, die zuvor in persönlicher Anwesenheit der Beteiligten durchgeführt wurden, ohne größere Probleme auch im virtuellen Raum stattfinden können. Konferenzen per Video-Call, Besprechungen via Teams, Fortbildungen per Zoom – sowohl Arbeitgeber als auch Arbeitnehmer haben die Vorteile entdeckt, die diese Form der Zusammenarbeit bieten.

Hinweis: Die folgenden Ausführungen gelten nicht nur im Rahmen eines Beschäftigungsverhältnisses, sondern auch beim Einsatz von Videokonferenzsystemen gegenüber von Kunden, Lieferanten etc.

Allerdings sind auch hier die Themen Datenschutz und IT-Sicherheit zu beachten. Erschwerend kommt hinzu, dass viele der Tools, die beliebt sind und somit auch regelmäßig genutzt werden, von Anbietern mit Sitz in den USA stammen. Daher ist der Einsatz von Adobe

Connect, Microsoft Teams oder Zoom – um nur die bekanntesten aufzuzählen – aus datenschutzrechtlicher Sicht problematisch (zum Problem der Datenübermittlung in unsichere Drittstaaten → Kapitel 8.4 »Datenübermittlung ins Ausland«).

13.5.1 Das sollten Sie bei Videokonferenzen beachten

Gibt es eine Alternative?

Von einigen Datenschutzaufsichtsbehörden wird empfohlen, vorab zu prüfen, ob zwingend eine Videokonferenz/ein Video-Call o.Ä. durchgeführt werden muss oder ob nicht auf **»klassische« Alternativen** zurückgegriffen werden kann. So empfiehlt der Landesbeauftragte für den Datenschutz und die Informationsfreiheit Baden-Württemberg (LfDI BW) im Beitrag »Datenschutzfreundliche technische Möglichkeiten der Kommunikation« auf seiner Internetseite folgende Alternativen (Link: LfDI BW):

- Telefon- oder Audiokonferenzen
- datenschutzfreundliche und sichere Messenger
- E-Mail, ggf. per Ende-zu-Ende-Verschlüsselung gesichert
- Text-Chats über datenschutzfreundliche und Ende-zu-Ende-verschlüsselte Plattformen
- einfache Werkzeuge zur gleichzeitigen Bearbeitung von Textdokumenten, wie Etherpad, Cryptpad oder Nextcloud

Soll es dann doch eine Videokonferenz o.Ä. sein, sollten Sie auf sogenannte **On-Premise-Lösungen** setzen – also solche Tools, die auf einem eigenen Server in Eigenregie betrieben werden können (z.B. Nextcloud Talk, BigBlueButton oder Jitsi Meet). Allerdings benötigen Sie dazu einerseits die entsprechende Hardware und andererseits ausreichendes Know-how. Daher kommen solche On-Premise-Lösungen nicht für jedes Unternehmen in Betracht.

Welche Kriterien müssen für eine datenschutzkonforme Nutzung eines Videokonferenzsystems erfüllt sein?

Das Bayerische Landesamt für Datenschutzaufsicht (BayLDA) hat Best-Practice-Prüfkriterien für die Nutzung von Videokonferenzsystemen herausgearbeitet. Nach Ansicht der bayerischen Aufsichtsbehörde sollten Sie bei der Auswahl einer passenden Lösung folgende Kriterien prüfen:

Checkliste

☐	Ist ein Vertrag zur Auftragsverarbeitung nach Art. 28 DSGVO abgeschlossen?
☐	Sind bei Anbietern in unsicheren Drittstaaten geeignete Garantien vorhanden (z.B. unveränderte EU-Standardverträge oder Privacy-Shield-Zertifizierung bei US-Anbietern)?
☐	Wird eine Transportverschlüsselung (z.B. TLS) nach Stand der Technik verwendet?
☐	Wird eine Ende-zu-Ende-Verschlüsselung verwendet, sofern Daten mit hohem Risiko besprochen bzw. übertragen werden?
☐	Gibt es einen Zugangsschutz zu Konferenzräumen über Passwörter oder individuelle Einladungslinks?
☐	Die Inhalte werden durch den Anbieter zum Zweck der Qualitätsverbesserung oder sonstiger Auswertung nicht aufgezeichnet?
☐	Es gibt Konfigurationsmöglichkeiten bei Erhebung von Telemetriedaten durch den Anbieter des Videokonferenzsystems? (Empfehlung: Deaktivierung)
☐	Es erfolgt keine Aufzeichnung der Videokonferenz durch das Unternehmen?
☐	Biometrische Features, wie Aufmerksamkeitserkennung, sofern solche Verarbeitungen angeboten werden, sind deaktiviert?
☐	Es sind Regelungen vorhanden, wann und durch wen Screen Sharing verwendet wird?
☐	Es sind Regelungen vorhanden zum Zweck und der Speicherdauer (z.B. Löschung bei Beendigung der Konferenz) von Chat-Funktionen

☐	Es werden keine unzulässigen Tracking-Informationen an die App-Anbieter weitergeleitet?
☐	Kann der Hintergrund eines Nutzers softwareseitig unscharf gestellt werden (sog. »Blurring«)?
☐	Es gibt die Möglichkeit eines virtuellen Warteraumes, in dem Teilnehmer bis zu Beginn der Konferenz ohne Audio- bzw. Videoübertragung warten können?
☐	Es gibt eine Moderator-Funktion zur Steuerung der Konferenz (Screen-Sharing-Option, Stummschaltung, Entfernen von Teilnehmern, ...)?

Je mehr dieser Vorgaben von einem Videokonferenzsystem erfüllt werden, desto mehr ist man demnach im Hinblick auf den Datenschutz auf der sicheren Seite.

Bei der Einführung eines neuen Videokonferenzsystems muss, wenn vorhanden, der Betriebsrat beteiligt werden. Auch ein vorhandener Datenschutzbeauftragter muss bei der Entscheidung so früh wie möglich einbezogen werden.

Wertvolle Tipps, insbesondere zum Thema IT-Sicherheit, finden Sie im »Kompendium Videokonferenzsysteme« des Bundesamtes für Sicherheit in der Informationstechnik (BSI) (Link: »Videokonferenzsysteme«).

Nicht vergessen!

Aus datenschutzrechtlicher Sicht sollten Sie vor dem Einsatz einer Lösung für Videokonferenzen auch folgende Aspekte für Ihr Unternehmen berücksichtigen:

- Müssen alle an einem Video-Call Beteiligten zwingend eine Kamera aktiviert haben und genügt von einigen oder gar allen Teilnehmern die Tonübertragung?
- Ist die Datenverarbeitung »Videokonferenz« im Verarbeitungsverzeichnis beschrieben?

- Ist die Pflicht zur Durchführung einer Datenschutzfolgenabschätzung geprüft und ist gegebenenfalls eine DSFA durchgeführt worden?
- Werden die Pflichtinformationen nach Art. 13, 14 DSGVO gegenüber den beteiligten Personen mitgeteilt?

13.5.2 Nutzung von Messenger-Diensten

Natürlich können Sie statt eines Meetings in Präsenz auch zum Telefon greifen oder E-Mails verschicken. Insbesondere kurze Korrespondenz lässt sich aber auch mit der Hilfe von Messengern, wie WhatsApp, Signal, Threema oder Telegram, führen. Auch wenn sich WhatsApp nach wie vor einer großen Beliebtheit erfreut, sollte dies für geschäftliche oder behördliche Kommunikation nicht das Mittel der Wahl sein. Denn WhatsApp lässt sich nicht oder nur mit hohem technischem Aufwand datenschutzkonform einsetzen. Als sichere Alternativen sind hier Threema oder Signal zu nennen.

Das Bayerische Landesamt für Datenschutzaufsicht (BayLDA) hat auch für den Einsatz von Messenger-Diensten Best-Practice-Prüfkriterien aufgestellt:

Checkliste

☐	Die Kommunikation der Inhalte erfolgt Transport- und Ende-zu-Ende verschlüsselt?
☐	Verkehrsdaten (wer wann mit wem kommuniziert) werden nicht verwendet oder an den Anbieter für Zwecke wie Werbung oder Profiling weitergegeben?
☐	Es erfolgt auch eine Ende-zu-Ende-Verschlüsselung von Anhängen wie Bildern oder Textnachrichten?
☐	Es wird eine Mobile-Device-Management(-MDM)-Lösung eingesetzt, z.B. um den Messenger auf allen Mitarbeiter-Handys zentral und effizient konfigurieren zu können?

Die Best-Practice-Prüfkriterien des BayLDA finden Sie in der Veröffentlichung »Datenschutzrechtliche Regelungen bei Homeoffice«; diese können Sie auf deren Homepage www.lda.bayern.de kostenfrei beziehen (Link: »Home-Office«).

Ergänzend empfiehlt der Landesbeauftragte für Datenschutz und Informationsfreiheit Nordrhein-Westfalen (LDI NRW) in seinen »Leitplanken für die Auswahl von Messenger-Diensten während der Kontaktbeschränkungen aufgrund der Corona-Pandemie« zu prüfen, ob …

- der Diensteanbieter die Nutzer transparent über die mit der Nutzung verbundene Datenverarbeitung informiert. Die Informationen müssen in einem klar erkennbaren Bereich (z.B. Hinweise zum Datenschutz, Datenschutzerklärung) für den jederzeitigen Zugriff hinterlegt sein;
- der Diensteanbieter die Vorgaben der DSGVO einhält, insbesondere im Hinblick auf die (Nicht-)Weitergabe und (Nicht-)Auswertung personenbezogener Daten;
- die Applikation hinsichtlich ihrer Konfigurationseinstellungen dem Grundsatz datenschutzgerechter Voreinstellungen (Art. 25 Abs. 2 DSGVO) entspricht;
- die Applikation genutzt werden kann, ohne die im Adressbuch vorhandenen Kontaktdaten, insbesondere Telefonnummern, für Zwecke des Diensteanbieters bzw. für fremde Zwecke an den Diensteanbieter zu übermitteln;
- ausgeschlossen ist, dass eine Nutzer-ID weiterverwendet werden kann, nachdem diese dem Nutzer beim originären Dienst nicht mehr zur Verfügung steht;
- übermittelte Daten mit allgemein anerkannten und dem Stand der Technik entsprechenden Verfahren verschlüsselt werden.

14 »All-in-Checkliste«: Die Umsetzung des Datenschutzes Schritt für Schritt

Die Ausführungen zum Thema Datenschutz in diesem Ratgeber sind sehr umfassend und teilweise auch nicht einfach zu verstehen. Mit unserer »All-in-Checkliste« wollen wir Ihnen eine grobe Zusammenfassung des Themas an die Hand geben.

Wie ein roter Faden führt Sie die Checkliste durch die Umsetzung des Datenschutzes in Ihrem Unternehmen. Gehen Sie die folgenden Punkte Schritt für Schritt durch, dann können Sie mithilfe der Informationen in diesem Ratgeber die Umsetzung Ihrer Datenschutzorganisation gut gerüstet angehen.

»All-in-Checkliste«

Diese ist von Ihnen als selbstständigem Unternehmer auszufüllen!

☐	Habe ich die **Verantwortlichkeiten** geregelt: Wer ist in meinem Betrieb für die Umsetzung des Datenschutzes zuständig? Gibt es ggf. in jedem Fachbereich eine zuständige Person, die bei der Umsetzung des Datenschutzes mithilft? ______________________________
☐	Muss in meinem Unternehmen ein **Datenschutzbeauftragter** (DSB) benannt werden? ☐ Ja ☐ Nein **Wenn Ja:** Habe ich den Datenschutzbeauftragten an die zuständige Aufsichtsbehörde gemeldet? ☐ Ja ☐ Nein
☐	Habe ich die entsprechenden Datenschutzerklärungen bereitgestellt?

	Für meine Online-Tätigkeit:		
	☐	Ist ein **eigener Menüpunkt** auf der Website eingerichtet?	
	☐	Ist ein **»Sprechender Link«** in den sozialen Medien eingerichtet?	
	Für meine »Offline«-Tätigkeit:		
	☐	Datenschutzverordnung hängt im **Eingangsbereich** aus?	
	☐	**PDF**-Datei mit Datenschutzhinweisen liegt vor?	
		Sprechender Link eingerichtet auf/in	
		☐	Briefbogen?
		☐	Visitenkarte?
		☐	E-Mai-Signatur?
☐	Ist eine **Datenschutz-Dokumentation** vorhanden?		
	☐	Verarbeitungsverzeichnis	
	☐	TOMs	
	☐	Anlagen zum Verarbeitungsverzeichnis	
	☐	ggf. Datenschutzhandbuch	
	☐	ggf. Datenschutzrichtlinie	
☐	Habe ich ein **Einwilligungsmanagement** eingerichtet?		
	☐	Übersicht Einwilligungen	
	☐	Übersicht erteilte Widerrufe	
	☐	ggf. korrekte Umsetzung Double-Opt-in-Prinzip	
	☐	Bestandskundenausnahme für elektronische Werbung	
	☐	Cookie-Banner	

☐	Sind in meinem Unternehmen alle **Datenübermittlungen** geprüft?	
	☐	Übersicht Datenfluss an Dritte
	☐	Übersicht AV-Verhältnisse/gemeinsame Verantwortlichkeit/ getrennte Verantwortlichkeit
	☐	Übersicht erforderliche Verträge
	☐	Datentransfers ins Ausland bzw. in Drittstaaten geprüft und ggf. SCCs abgeschlossen
☐	Sind Prozesse zum **Umgang mit Betroffenenrechten** etabliert?	
	☐	Schulung und Sensibilisierung meiner Mitarbeiter
	☐	Muster-Antwortschreiben für fristgerechte Reaktion liegt vor?
☐	Sind Prozesse zum Umgang mit **Datenpannen** etabliert?	
	☐	Schulung und Sensibilisierung der Mitarbeiter
	☐	Ablaufplan für Datenpannen ist vorhanden und im Unternehmen bekannt gegeben
☐	Ist der Prozess zur Prüfung und ggf. Durchführung von **Datenschutz-Folgenabschätzungen** etabliert? (Risikoeinstufung der eigenen Datenverarbeitungen)?	
☐	Ist die Schulung bzw. Sensibilisierung von **Mitarbeitern** organisiert?	
	☐	Vermittlung der Grundlagenkenntnisse für alle plus Vermittlung von Spezialthemen für einzelne Abteilungen (z.B. Personalabteilung)
	☐	regelmäßige Auffrischungsschulungen

15 Toolbox

In der Toolbox finden Sie eine Sammlung von weiter gehenden Informationen, Tools, Websites etc., die beim Thema Datenschutz für Sie hilfreich sein können.

Hinweis: Um Ihnen das fehleranfällige Abtippen langer Internetadressen zu ersparen, haben wir alle Links im Servicebereich des Ratgebers aufgenommen. Von dort gelangen Sie mit einem einfachen Klick direkt auf die angegebene Internetseite.

15.1 Überblick Datenschutz-Software

In der Tabelle sind verschiedene Programme aufgeführt, mit denen Sie Ihre Datenschutz-Dokumentation umsetzen bzw. organisieren können. Bei unserer Auswahl haben wir ein Augenmerk darauf gelegt, dass sie besonders zum Einsatz in kleineren Unternehmen und auch bei Solo-Selbstständigen geeignet sind:

Tool	Website
Datenschutzeinfach.com	https://datenschutzeinfach.com
DSD-Easy 2.0	https://www.hsp-datenschutz.de/Datenschutztool_HSP-EASY
DSGVO App	https://www.dsgvoapp.at
DSGVO Compliance Kit 2.0	https://www.iitr.de/
DSGVO Vorlagen	https://dsgvo-vorlagen.de/
DSM-Online	https://www.dsm-online.eu
Ecomply	https://www.ecomply.io/
ER-Secure DSGVO Tool	https://www.er-secure.de/
MoeWe Datenschutz-Tool	https://moewe-datenschutz.de
myDSE/Proliance 360	https://www.datenschutzexperte.de
Privacy Port	https://www.privacy-port.de
Privacysoft	https://www.privacysoft.de

Tool	Website
WEKA Manager Verarbeitungstätigkeiten	https://shop.weka.de/eu-konformes-verfahrensverzeichnis

Die Auflistung ist weder abschließend noch wertend gemeint, es gibt sicherlich noch weitere Datenschutz-Tools am Markt. Alle genannten Tools sind kostenpflichtig, Sie können aber bei fast jedem Anbieter vorab eine **kostenfreie Demo-Version** beantragen.

Auf Youtube können Sie sich im Kanal von »MTH Training« (https://www.youtube.com/mthtraining) ohne Registrierung bei den einzelnen Herstellern einen ersten Eindruck von manchen der Tools verschaffen.

15.2 Datenschutz-Podcasts – hören Sie doch mal rein

Das Medium Podcast ist mittlerweile sehr beliebt. Wenn Sie das Thema Datenschutz gepackt hat und Sie sich dazu regelmäßig auf dem Laufenden halten wollen – was aufgrund der vielen Änderungen in diesem Bereich sehr zu empfehlen ist –, dann probieren Sie doch einen der nachfolgenden Podcasts aus:

Podcast	Website
#Datenpanne	https://www.podcast.de/podcast/1941332/datenpanne-der-podcast-zu-datenschutz-und-cyber-sicherheit
Audatis Dialog	https://www.audatis.de/audatis-dialog/
Datenschutz für Einsteiger	https://www.podcast.de/podcast/919805/datenschutz-der-podcast-fuer-einsteiger
Datenschutz Guru	https://www.datenschutz-guru.de/category/podcast/
Datenschutz ist Ehrensache	https://www.datenschutzhelden.eu/podcast-die/

Podcast	Website
Datenschutz Notizen	https://www.podcast.de/podcast/1840824/audiospur-datenschutz-notizen-news-blog-der-datenschutz-nord-gruppe
Datenschutz Praxis	https://www.datenschutz-praxis.de/podcasts/
Datenschutz Sprechstunde	https://www.listennotes.com/de/podcasts/datenschutz-sprechstunde-denis-und-fabian-QuxdX_rRU-Z/
Der Datenschutz Talk	https://migosens.de/ddt000-der-datenschutztalk-ein-kleines-intro/
Dr. Datenschutz	https://www.dr-datenschutz.de/podcast/
Dr. Schwenke Rechtsbelehrung	https://rechtsbelehrung.com/
Heise/c't Auslegungssache	https://www.heise.de/hintergrund/Auslegungssache-Der-Datenschutz-Podcast-des-c-t-Magazins-5069656.html
IUBH – Einführung in Datenschutz und IT-Sicherheit	https://up.audio/podcasts/itunes1233653014
Nichts zu verbergen	https://nichtszuverbergen.podigee.io/
Trusted Shops Datenschutz Donnerstag	https://soundcloud.com/user-402769447

15.3 Kostenlose Newsletter

Natürlich gibt es auch verschiedene Newsletter, mit denen Sie sich rund um den Datenschutz auf dem Laufenden halten können. Die aufgeführten Newsletter können Sie kostenfrei abonnieren:

Newsletter	Website
DataAgenda	https://dataagenda.de/datenschutz-newsbox/
Datenschutz Praxis	https://www.datenschutz-praxis.de/datenschutz-newsletter/
Datenschutz-Guru	https://www.datenschutz-guru.de/datenschutz-tipps/

Newsletter	Website
Dr. Datenschutz	https://www.dr-datenschutz.de/newsletter/
Stiftung Datenschutz (DatenschutzWoche)	https://stiftungdatenschutz.org/veroeffentlichungen/datenschutzwoche

15.4 Nützliche Internetseiten

Auf diesen Internetadressen finden Sie wertvolle weiterführende Informationen rund um die Themen Datenschutz und IT-Sicherheit:

Allgemeine Websites

Anbieter	Inhalt	Website
Datenschutzkonferenz	Offizielle Entschließungen, Orientierungshilfen	https://www.datenschutzkonferenz-online.de/
Deloitte	Übersicht mit Links zu Veröffentlichungen verschiedenster Institutionen zum Thema Datenschutz	https://www2.deloitte.com/de/de/pages/risk/solutions/gdpr-navigator.htm
intersoft consulting	Gesetzestext DSGVO	https://dsgvo-gesetz.de/
Stiftung Datenschutz	Diskussionsforum zur Datenpolitik und Informationen zur Umsetzung der EU-Datenschutzgrundverordnung	https://stiftungdatenschutz.org

Muster/Vorlagen/Praxishilfen

Anbieter	Website
Bayerisches Landesamt für Datenschutzaufsicht	https://www.lda.bayern.de/de/muster.html
Gesellschaft für Datenschutz und Datensicherheit e.V.	https://www.gdd.de/gdd-arbeitshilfen/praxishilfen-ds-gvo/praxishilfen-ds-gvo
Landesbeauftragter für Datenschutz und Informationsfreiheit Baden-Württemberg	https://www.baden-wuerttemberg.datenschutz.de/mehr-licht-gemeinsame-verantwortlichkeit-sinnvoll-gestalten/

Bußgeld & Co.

Anbieter	Website
CMS	https://www.enforcementtracker.com/
Compliance Essentials GmbH	https://www.dsgvo-portal.de/dsgvo-bussgeld-rechner.php
Werning.com GmbH	https://www.werning.com/artikel/dsgvo-bussgeldsimulator/

Auftragsverarbeitungsverträge (AV/SCC)

Anbieter	Website
Christopher Schmidt	https://www.essentialguarantees.com/scc/
Finn Hillebrandt	https://www.blogmojo.de/av-vertraege
Härting Rechtsanwälte AG	https://shop.haerting.ch/scc-generator/
Hogan Lovells	https://engagepremium.hoganlovells.com/standard-contractual-clauses-generator
Taylor Wessing	https://www.taylorwessing.com/de/online-services/scc-generator

Datenschutz-Generatoren

Anbieter	Website
activeMind AG Management- und Technologieberatung	https://www.activemind.de/datenschutz/generatoren/datenschutzerklaerung
AdSimple GmbH	https://www.adsimple.de/datenschutz-generator
Anwaltskanzlei Weiß & Partner	https://www.ratgeberrecht.eu/leistungen/muster-datenschutzerklaerung.html
avalex GmBH	https://www.avalex.de
Deutsche Gesellschaft für Datenschutz GmbH	https://dsgvo-muster-datenschutzerklaerung.dg-datenschutz.de/

Anbieter	Website
eRecht24 GmbH & Co.KG	https://www.e-recht24.de/muster-datenschutzerklaerung.html
Landesbeauftragter für Datenschutz und Informationsfreiheit Baden-Württemberg	https://www.baden-wuerttemberg.datenschutz.de/ds-gvo.clever/
Rechtsanwaltskanzlei Dr. Thomas Schwenke	https://www.datenschutz-generator.de
SOS Recht	https://www.sos-recht.de/datenschutz/dsgvo-datenschutz-generator
WILDE BEUGER SOLMECKE Rechtsanwälte Partnerschaft mbB	https://www.wbs-law.de/it-und-internet-recht/datenschutzrecht/datenschutzerklaerung/datenschutzgenerator

Praktische Umsetzung/organisatorischer Datenschutz

Anbieter	Website
Bundesamt für Sicherheit in der Informationstechnik	https://www.bsi.bund.de/DE/Themen/Unternehmen-und-Organisationen/Standards-und-Zertifizierung/IT-Grundschutz/it-grundschutz_node.html
Unabhängiges Landeszentrum für Datenschutz Schleswig-Holstein	https://www.datenschutzzentrum.de/sdm/
VdS Schadensverhütung GmbH	https://vds.de/kompetenzen/cyber-security/vds-richtlinien/anforderungsrichtlinien-/-leitfaeden/vds-10010-datenschutz-fuer-kmu-gem-dsgvo

Alle **Checklisten, Muster und Musterformulierungen** stehen Ihnen auch als Download im Servicebereich des Ratgebers im Internet zur Verfügung.

www.steuertipps.de/Datenschutz-einfach-umsetzen

Hier finden Sie auch alle **weiterführenden Links**.

Abkürzungsverzeichnis

Abs. Absatz
AG Aktiengesellschaft
AG Amtsgericht
AGG Allgemeines Gleichbehandlungsgesetz
AO Abgabenordnung
ArbG Arbeitsgericht
ArbSchG Arbeitsschutzgesetz
ArbZG Arbeitszeitgesetz
Art. Artikel
AV Auftragsverarbeitung
Az. Aktenzeichen
BayLDA Bayerisches Landesamt für Datenschutzaufsicht
BDSG Bundesdatenschutzgesetz
BetrVG Betriebsverfassungsgesetz
BFDI Bundesbeauftragter für den Datenschutz und die Informationsfreiheit
BGH Bundesgerichtshof
BSI Bundesamt für Sicherheit in der Informationstechnik
BvD Berufsverband der Datenschutzbeauftragten Deutschlands e.V.
DSB Datenschutzbeauftragter
DSFA Datenschutzfolgeabschätzung
DSGVO Datenschutzgrundverordnung
DSK Datenschutzkonferenz
EDSA Europäischer Datenschutzausschuss
EU Europäische Union
EuGH Europäischer Gerichtshof
evtl. eventuell
EWR Europäischer Wirtschaftsraum

FAQs	Frequently Asked Questions
GDD	Gesellschaft für Datenschutz und Datensicherheit e.V.
ggf.	gegebenenfalls
GmbH	Gesellschaft mit beschränkter Haftung
HGB	Handelsgesetzbuch
IfSG	Infektionsschutzgesetz
JC	Joint Controllership
KI	Künstliche Intelligenz
LArbG	Landesarbeitsgericht
LDI NRW	Landesbeauftragter für Datenschutz und Informationsfreiheit Nordrhein-Westfalen
o. Ä.	oder Ähnliches
OLG	Oberlandesgericht
QM	Qualitätsmanagement
SGB	Sozialgesetzbuch
SSL	Secure Sockets Layer
StBG	Steuerberatergesetz
StGB	Strafgesetzbuch
TLS	Transport Layer Security
TOMs	technische und organisatorische Maßnahmen
TPG	Transplantationsgesetz
TTDSG	Telekommunikation-Telemedien-Datenschutz-Gesetz
UWG	Gesetz gegen den unlauteren Wettbewerb
VG	Verwaltungsgericht
VGH	Verwaltungsgerichtshof
VPN	Virtual Privat Network
VVT	Verzeichnis von Verarbeitungstätigkeiten
z. B.	zum Beispiel

Index